SEC 会計監査執行通牒

1982年－1985年

The U. S. Securities and Exchange Commission
Accounting and Auditing Enforcement Releases

責任編集
福川 裕徳

翻訳・解説
鈴木 孝則
鳥羽 至英
永見 尊
林 隆敏
福川 裕徳
大森 一幸（公認会計士）

協力
KPMG / あずさ監査法人

国元書房

は　し　が　き

　周知のとおり，2001年にアメリカにおいてエンロン事件が起きて以降，会計プロフェッションをめぐる環境は大きく変化した。特に監査規制のあり方は，アメリカにおいてのみならずグローバルにみても一変したと言えるであろう。こうした変化を踏まえると，これからの監査研究が取り組むべき重要な研究テーマとして，会計プロフェッションのプロフェッショナリズムと行政による外部規制との関係，監査の失敗の背後にある監査判断，監査基準・会計基準適用の観点からの監査人の責任などが挙げられる。これらの問題の「今」を分析するだけではなく，時系列的にどのように変化してきているのかを明らかにすることは，監査研究上の重要な課題であるばかりでなく，監査実務にとっても大きな意義を有している。

　これらの問題は，文化，社会の意識，法制度などの影響を受けるため，国によってその内実を異にしている。しかし，それらを広く視野に入れた包括的な研究を構想する場合，グローバルな監査実務への影響の観点からすると，監査研究者がまず取り上げるべき研究の対象は，アメリカの連邦証券諸法のもとで実施されている財務諸表監査であろう。具体的には，証券取引委員会（SEC）が監督官庁として公認会計士の実施する財務諸表監査をどのように規制しようとしているのか，そしてSECによる規制のあり方が時代とともにどのように変化しているのかを探求することが，学術的にも実務的にも喫緊の課題となっている。たとえば，監査クライアントに対する非監査業務の同時提供禁止やパートナーローテーション制度の導入といった規制強化によって，あるいは2000年代以降の会計基準の変化（公正価値の重視，見積り要素の増大など）によって，監督官庁による処分の対象となる監査人の行為の性質がそれ以前と比べてどのように変化したのかを時系列的に明らかにすることは，外部規制と自己規制との関係，事前規制と事後規制との関係についての将来を見通すためにも必要である。

　そして，これらの研究課題に取り組む上で，SECが公表している会計監査

執行通牒（Accounting and Auditing Enforcement Releases：以下，AAER）は恰好の材料を提供する。監査人の判断や監査の質といった，通常外部からは窺い知ることのできない領域を学術的に探求することが可能になると考えられるためである。特に，監査実務の経験を有さない若手研究者が，監査判断の形成，監査手続の適用，監査チーム構成員の相互作用，経営者等との交渉といった実務上の問題を擬似的にでも体感し，実務を踏まえた研究を遂行するのにAAER の分析は極めて有効である。

　2015 年に開始したこのたびの研究プロジェクトでは，有限責任あずさ監査法人からの研究支援を受け，1982 年以降公表されている AAER（2018 年 1 月時点で 3917 号まで公表）の中で，内容的に監査に関連する重要なものを選択し，その翻訳と内容の要約とをシリーズ化して出版する。本書はその第 1 巻である。かつて，鳥羽至英先生および村山德五郎先生が責任編集者として SEC の会計連続通牒（Accounting Series Releases）を翻訳するプロジェクトに取り組んでおられた。その成果は，『SEC「会計連続通牒」』（中央経済社）全 4 巻として出版されている。このたびの研究プロジェクトは，その後継プロジェクトと位置づけることができる。鳥羽先生にアドバイザーをお引き受けいただくとともに，以前の ASR 翻訳プロジェクトに参画していた研究者や有望な若手研究者に翻訳担当をお願いすることとした。また，このプロジェクトが今後長期にわたって継続されることからも翻訳メンバーは固定していない。

　エンロン事件を境に，会計プロフェッションに対する外部規制のあり方は大きく変化していることを踏まえ，このプロジェクトでは，(1) 1982 年以降の初期の AAER の翻訳と，(2) 2000 年代以降の AAER（特に，エンロン，ワールドコム両事件以降の AAER）の翻訳とを並行して進めることとした。両時代の AAER の翻訳を並行して進め，その成果を蓄積することにより，外部規制のあり方の特徴とその変容をより鮮明にできるものと期待されるためである。

　本書は，監査研究者のみならず，監査業務に従事する実務家もその主たる読者として想定している。実務家にとって本書 1 冊が持つ価値はそれほど大きくはないかもしれない。各事例の個別性を考えると，少数の，しかも発生からかなりの年月が経過した実務から学べることは限られているからである。しかし，この研究プロジェクトが継続して実施され，研究成果が蓄積されればされ

るほど，その全体としての価値は逓増的に大きくなると期待される。研究成果がある程度蓄積された段階で，その情報を，監査局面，監査手続・証拠，財務諸表項目（勘定科目）などの観点から検索できるようデータベース化するなど，実務に役立つ形にまとめ直すことも構想している。

　さらに，本書は財務諸表監査を含め会計学を学ぶ学生にも広く読まれることを願っている。会計学を学ぶ学生は，往々にして，会計とは決められたルールを適用して企業に生起した取引を記録し，それを集計して財務諸表を作成する機械的作業であると考えがちである。会計情報が経営者の判断の結果として作成されるものであると説明されても，そのことを頭ではわかっても，実感をもって理解するのは難しい。それが，会計学を学ぶことを退屈で無味乾燥なものにしているのではないであろうか。本書では，経営者が何らかの意図をもって会計数値を操作する姿が生々しく描かれている。それらは主に会計不正と関係しているため極端ではあるが，経営者の判断が会計情報の作成にとっていかに重要か，またそれがゆえに，財務諸表利用者の保護という観点から財務諸表監査という機能が社会的なインフラとしていかに重要か，ということを理解するのに役立つであろう。

　前述したとおり，この研究プロジェクトは，有限責任あずさ監査法人からの研究支援を受けている。研究の趣旨をご理解くださり，多大なご支援を決断してくださった酒井弘行理事長に心よりお礼申し上げたい。いただいたご支援とご期待に応えられるだけの成果を出し続けていけるよう研究に取り組んでまいる所存である。

　このシリーズの出版は国元書房に引き受けていただくこととなった。市場性が限られているにもかかわらず，最初に話を持ちかけた際，代表取締役社長の國元孝臣氏が二つ返事でご快諾くださったことは本当に心強かった。この場を借りてお礼を申し上げる。

　最後に，本書は，当初，2017年の秋には出版される予定であった。それが半年近く遅れたのはひとえに責任編集者である私の責任である。1冊目ということもあり，訳語や表記の検討，統一に予想以上に時間がかかったのが大きな要因であるが，ご支援いただいている有限責任あずさ監査法人，国元書房，そして何よりも翻訳を担当していただいている研究者の皆様にご迷惑とご心配を

おかけした。今後，研究のスピードをあげ，遅れを取り戻すことをお約束することでご容赦いただきたい。

責任編集
福川　裕徳

目　次

Contents

会計監査執行通牒　第 2 号 ………………………………………………………………… 1
　監査上の論点　監査計画，補助者の監督および監査調書の作成・査閲の不十分性，棚卸資産の監査（立会，棚卸結果の集計，評価），現預金の監査（監査手続の不十分性），買掛金の監査（確認），独立性の欠如

会計監査執行通牒　第 12 号 ……………………………………………………………… 25
　監査上の論点　見積りの監査，経営者の言明の受け入れ，リスクに対応した監査手続の拡張，監査チーム内のコミュニケーション，専門家の利用

会計監査執行通牒　第 13 号 ……………………………………………………………… 81
　監査上の論点　残高確認の範囲の不十分性（監査範囲の制約），内部統制システムのレビューの不適切性

会計監査執行通牒　第 16 号 ……………………………………………………………… 97
　監査上の論点　コストの回収可能性の評価（Litton 社），取引の性質（ビジネス）の理解（Gelco 社）

会計監査執行通牒　第 18 号 ……………………………………………………………… 131
　監査上の論点　職業的専門家としての正当な注意，補足報告書における会計システム，内部会計統制および証券保全手続における重要な欠陥の不開示

会計監査執行通牒　第 27 号 ……………………………………………………………… 153
　監査上の論点　監査契約リスクの評価，監査計画の策定，監査業務の監督，職業的懐疑心，不十分な監査手続

会計監査執行通牒　第 29 号 ……………………………………………… 183
　監査上の論点　取引実態の把握のための手続の不実施，経営者の陳述の無批
　　判な受け入れ，精神的独立性の保持，正当な注意の行使

会計監査執行通牒　第 32 号 ……………………………………………… 203
　監査上の論点　GAAP に関連する会計文献，オピニオンショッピング，健全
　　な懐疑心，監査人の交替

会計監査執行通牒　第 36 号 ……………………………………………… 225
　監査上の論点　内部統制の評価，十分かつ適格な監査証拠の入手

会計監査執行通牒　第 38 号 ……………………………………………… 241
　監査上の論点　GAAP に準拠しておらず，虚偽を含み利用者を誤導する財務
　　諸表の作成への実質的関与

会計監査執行通牒　第 39 号 ……………………………………………… 281
　監査上の論点　GAAP に準拠しておらず，虚偽を含み利用者を誤導する財務
　　諸表の作成への実質的関与

会計監査執行通牒　第 45 号 ……………………………………………… 307
　監査上の論点　実質優先（経済的実質と法的形式の批判的評価），財務諸表
　　の最も意味のある表示

会計監査執行通牒　第 53 号 ……………………………………………… 323
　監査上の論点　独立性，連邦証券諸法の詐欺行為禁止条項違反

会計監査執行通牒　第2号

Accounting and Auditing Enforcement Releases No.2

1982年8月18日
証券取引所法通牒　第18976号
行政審判書類　第3-6162号

Louis Pokat 株式会社および Louis Pokat 会計士の事案に関する，証券取引委員会実務規則第2条第e項に基づく行政審判開始命令および審決・命令

| 被審理人となった監査人 | Louis Pokat 会計士および Louis Pokat 会計事務所（株式会社形態の個人会計事務所）

| 被監査会社 | Hermetite 社（店頭市場上場，電機部品である溶接用シールの製造）

| 対象期間・書類 | 1978年，1979年，1980年の8月31日に終了する事業年度にかかるフォーム 10-K 報告書

| 会計上の論点 | 棚卸資産の評価とそれに関連する開示，経理・総務担当部長による会社資金の横領

| 監査上の論点 | 監査計画，補助者の監督および監査調書の作成・査閲の不十分性，棚卸資産の監査（立会，棚卸結果の集計，評価），現預金の監査（監査手続の不十分性），買掛金の監査（確認），独立性の欠如

| 関連する会計基準・監査基準 | SAS 第1号，SAS 第22号

解 説

1. 概 要

　店頭登録市場に上場していた，電子業界向けの電気部品を製造・販売していた Hermetite 社の 1978 年，1979 年および 1980 年の 8 月 31 日に終了する事業年度にかかる財務諸表は，棚卸資産が過大評価され，買掛金が過小評価され，棚卸資産の評価基準について虚偽の開示がなされていたという点で，重要な虚偽表示を含んでいた。監査人である Pokat 会計事務所は，Hermetite 社に対して，広範囲にわたる記帳代行電算処理業務を提供し，財務諸表の作成に実質的に深く関与していた。

　同社の棚卸資産の金額が総資産に占める割合は高く，同社の内部統制が全体として脆弱であったことからすると，棚卸資産の監査リスクは極めて高かった。それにもかかわらず，Pokat 会計事務所は，十分な監査手続を実施しなかった。たとえば，実地棚卸の立会の範囲は極めて限定され，問題が検出された場合にも追加手続を実施しなかった。また，棚卸結果の集計・要約に関して十分な手続を実施しなかったため，そこで生じているミスを検出できなかった。加えて，Hermetite 社が用いた棚卸資産の評価方法は適切でなく，またそのことが財務諸表において適切に開示されていなかったにもかかわらず，監査人はこれに関して何らの監査手続も実施しなかった。

　経理・総務担当部長が 1975 年 9 月以降，会社資金を横領していたが，監査人は職業的専門家として正当な注意を払って現預金の監査を行っていなかったため，適時にこれを検出できなかった。さらに，1980 年 10 月に横領を検出した際にも，監査人はその事実を Hermetite 社の経営者に適切に報告せず，監査調書を改ざんした。

　監査人は，Hermetite 社の監査に際して，職業的専門家として正当な注意を欠いていただけでなく，独立性を保持していなかった。

2. 会計上の論点

(1) 棚卸資産の評価

- 仕掛品・製品の評価に当たり，「試行錯誤による方法」を採用
    - イ）棚卸資産を時価で評価
    - ロ）棚卸資産の原価見積額の数値を任意に決定
    - ハ）任意に決定された数値に基づいて，売上原価，売上総利益，売上総利益率を決定
    - ニ）棚卸資産の時価を，売上総利益率を用いて減額
    - ホ）減額後の棚卸資産額と当初の任意の数値とを比較
    - ヘ）両者が一致するまでロ）からホ）の手順を反復
- 開示の不適切性：棚卸資産の評価額が，実際原価に等しい旨を記載

(2) 経理・総務担当部長による会社資金の横領
- 未使用小切手帳を盗みだして，銀行宛てに小切手を作成して裏書きすることで横領を実行
- 横領隠蔽のために帳簿，会計記録を偽造
- Hermetite社における現預金に対する有効な内部統制の欠如

3. 監査上の論点

(1) 棚卸資産の評価
- 実地棚卸の立会の範囲は極めて限定
- Hermetite社の棚卸計画や棚卸手続についてのレビュー・質問の不実施
- 棚卸結果の集計・要約に対する不十分な監査手続
- 棚卸資産評価額が実際原価と一致しているかどうかを確かめるための手続の不実施

(2) 経理・総務担当部長による会社資金の横領
- 現預金に対する内部統制の有効性を評価するための適切な手続の不実施
- 現預金に対するHermetite社の内部統制は有効ではなかったにもかかわらず，現預金に対する基本的な監査手続が不実施
- 横領を検出した際のHermetite社経営者への不報告と監査調書の改ざん

(3) 正当な注意の不行使と独立性の欠如

4. 本事案の実務的意義

　本事案は，棚卸資産をめぐる基本的な監査対応が行われていなかった事例に役職者の横領が重なった複合的な事案である。監査手続の基本を最後まで適切に実施することの重要性を再認識させるものであり，また，経験の浅い監査担当者の業務を指導する立場の公認会計士への警鐘になるものである。

証券取引委員会実務規則第 2 条第 e 項第 1 号［17CFR 201.2(e)(1)］[1] による本審決と命令は，1978 年，1979 年および 1980 年の各 8 月 31 日に終了する事業年度にかかる Hermetite 株式会社（以下，Hermetite 社）の財務諸表の監査に関して，Louis Pokat 株式会社（以下，Pokat 会計事務所）[2] および公認会計士 Louis Pokat（以下，Pokat 会計士）が従事した行為に関するものである。上記の事業年度にかかる財務諸表は，Hermetite 社が証券取引委員会（以下，本委員会）に提出したフォーム 10-K による年次報告書および株主に送付した年次報告書に含まれていた。

　Pokat 会計事務所はマサチューセッツ州ウォルサムに所在し，公共会計実務に従事し，主として小企業向けの非監査業務（会計業務）を行っている。Hermetite 社は，本委員会に有価証券を登録している同会計事務所唯一の顧客であった。

　Pokat 会計士は，Pokat 会計事務所を個人で所有し，現在，同会計事務所の唯一の株主である。Pokat 会計士は，マサチューセッツ州登録の公認会計士であり，Hermetite 社との監査契約の責任者であった。

　本通牒で取り上げられている事案に関連して，Pokat 会計士と Pokat 会計事務所は和解申入書を提出した。本委員会は当該申入書を検討し，受理することを決定した。和解申入書が予定しているところにしたがい，両者は本通牒においてなされている記述または結論のいかなる部分についても認否することなく，本審決・命令の発行に同意した。したがって，証券取引委員会実務規則第

---

[1]　証券取引委員会実務規則第 2 条第 e 項第 1 号は以下のように規定している。
「本委員会は，関与事案に関する告知および聴聞の機会の後，以下の事由に該当すると本委員会が認定した者に対して，本委員会に出頭し，あるいは本委員会所轄業務に従事することのできる権利を一時的に，または永久に拒否することができる。
（ⅰ）他の者の代理となるのに必要な資格を有していないこと，または，
（ⅱ）品位または誠実性を欠いていること，あるいは，職業的専門家として非倫理的または不適切な行為に従事していたこと，もしくは，
（ⅲ）連邦証券諸法（15 U.S.C. 第 77a 条から第 80b-20 条）または同法に基づく規則および規制に故意に違反し，もしくは，かかる違反を故意に幇助および教唆していたこと。」
[2]　Louis Pokat Company は，1981 年 1 月に専門業務の提供を生業とする株式会社として設立され，その名称は Louis Pokat, P.A., P.C. に変更された。1979 年以前，同会計事務所は Blonder-Pokat and Associates として知られていた。

2条第e項に基づく行政審判はこれをもって開始される。

I. 序

　本行政審判の開始に至った事案は，Hermetite 社の一部の業務について実施された本委員会スタッフによる非公表の調査の過程で明らかになったものである[3]。

　Hermetite 社は，マサチューセッツ州エイボンに所在するマサチューセッツ州で設立登記されている会社である。同社は，電子業界向けの電機部品である溶接用シールを製造している。Hermetite 社の普通株式は証券取引所法第12条第 g 項に基づき本委員会に登録され店頭売買市場で取引されている。1980年8月31日および1981年8月31日に終了する事業年度にかかる Hermetite 社の報告売上高はそれぞれ 11,169,718 ドルと 9,483,550 ドル，また純利益は 487,194 ドルと 466,022 ドルであった。Pokat 会計士は，Pokat 会計事務所およびその前身の会社を通して Hermetite 社の監査をおよそ20年にわたって担当してきた。

　本委員会が調査した結果，とりわけ次のことが明らかとなった。すなわち，Hermetite 社の棚卸資産の評価は一般に認められた会計原則に準拠しておらず，また棚卸資産の評価基準に関して虚偽の開示がなされていた点において，

---

[3] 1982年5月4日，アメリカ合衆国コロンビア地区地方裁判所は，一部の被告の同意のもとに，*SEC v. Hermetite Corp., Morton Ladge, Shedon I. Avratin and Samson Gilman*（CIV. No.82-1223）によって開始された執行訴訟の中で違反があったと申し立てられた連邦証券法の規定を，今後，Hermetite 社，同社の社長兼財務担当役員 Morton Ladge 氏，および前財務課長 Shedon I, Avratin 氏が違反することを永久に禁止する終局的差止判決を登録した。Gilman 氏に対する訴訟は係争中である。判決の登録に同意するに際して，Ladge 氏と Avratin 氏は，Hermetite 社から受け取っていたと主張されている未承認の資金および Hermetite 社の事業に関係のない個人的支出のために引き出したと主張されている資金を同社に返還することを約束した。本委員会の申し立ては，とりわけ虚偽を含み利用者を誤導する財務諸表の本委員会への提出を含む，本通牒の中で取り上げられている事案の一部に関するものである。さらに本委員会は，Ladge 氏と Avratin 氏による幇助および教唆のもとに，Hermetite 社が1934年証券取引所法第13条第 b 項第2号の内部統制と帳簿作成に関する諸規定に違反したとの申し立てを行った。訴訟通牒第9663号（1982年5月4日）を参照されたい。

1978 年，1979 年および 1980 年の各 8 月 31 日に終了する事業年度にかかる同社の財務諸表は著しく誤っており，利用者を誤導するものであることが明らかとなった。

本委員会は，上記の財務諸表について行われた Pokat 会計事務所の監査は，多くの重要な点において，一般に認められた監査基準に準拠して行われていなかった，と結論づけた。Pokat 会計事務所が実施した棚卸資産，現預金および買掛金についての監査は適切でなく，また当該監査についての全体的な監査計画，補助者の監督および監査調書の査閲も不十分であった。さらに不十分な監査が行われた結果，Pokat 会計事務所は，少なくとも 5 年にわたって行われた会社資金の重大な横領にまったく気づかなかった。

したがって，1978 年，1979 年および 1980 年の各事業年度にかかる Hermetite 社の財務諸表についての監査報告書は，(1) Pokat 会計事務所の監査は一般に認められた監査基準に準拠していないにもかかわらず，それに準拠したと記述している点，および (2) 同社の財務諸表は一般に認められた会計原則に準拠して適正に表示されていないにもかかわらず，適正に表示されているとの意見を表明している点において，著しく誤っており，利用者を誤導するものである，と本委員会は結論づけた。

本委員会はまた，Pokat 会計士が監査プロセスにおいて横領を検出していたにもかかわらず，その全貌を Hermetite 社に報告しなかったという点において，1980 年度の財務諸表監査において同会計士がとった行為は不適切であったと結論した。さらに，Pokat 会計士は監査調書の一部について改ざんを行い，また同会計士が行った横領の調査に関して，Hermetite 社の役員に対して虚偽の報告と説明を行った。

加えて，本委員会は，Pokat 会計事務所が Hermetite 社に対して広範囲にわたって記帳代行電算業務を提供していたという点において，またそれ以外にも，同会計事務所の監査のプロセスにおいて同社の経営者から不当な干渉を受けていたという点において，Pokat 会計士は Hermetite 社監査において独立性を保持していなかったと結論した。

上記に基づき，本委員会は，証券取引委員会実務規則第 2 条第 e 項第 1 号(ii)の規定に照らし，Pokat 会計士の行為は職業的専門家として非倫理的で不適切

であったと結論するとともに，証券取引委員会実務規則第 2 条第 e 項第 1 号(iii)の規定に照らし，Pokat 会計事務所と Pokat 会計士は 1934 年証券取引所法第 10 条第 b 項および同法規則 10b-5 に違反し，証券取引所法第 13 条第 a 項，同法第 14 条第 c 項および同法規則 13a-1 の違反を幇助および教唆したと結論した。

II. 監査の欠陥

調査の結果，Hermetite 社の 1978 年度，1979 年度および 1980 年度の財務諸表に対して行われた Pokat 会計事務所の監査には，以下に示すような広範囲にわたる重要な欠陥があったことが明らかとなった。

A. 監査計画の策定，補助者の監督，監査業務のレビュー，および監査調書の作成

監査基準書（Statement on Auditing Standards：以下，SAS）第 1 号のセクション 310 は，監査業務に際して，適切な監査計画を策定することを要求している。SAS 第 1 号のセクション 320 に準拠して適切な監査計画を策定するには，監査手続と試査の範囲を決定する際の基礎として，存在する内部統制についての適切な調査と評定を含む，組織的で分析的なアプローチが求められる。また，SAS 第 22 号が要求しているように，適切な監査計画を策定するには，適用される監査手続を合理的な詳細さで説明した監査計画書の作成が極めて重要である。

Pokat 会計事務所は Hermetite 社の監査計画を適切に策定していなかった。同会計事務所の監査調書には，1978 年度と 1979 年度において Hermetite 社の会計システムと内部統制システムに対するレビューが行われたことを示す記述はなかった。1980 年度の監査では，内部統制質問書が監査スタッフによって部分的に利用されていたが，適用されるべき監査手続の種類と試査範囲を判断するに際して，それが考慮されていたことを示す記述はなかった。

上記期間の Hermetite 社の監査において，採用されるべき監査手続の種類と試査範囲に関して，Pokat 会計事務所は監査計画書もそれ以外の監査手続に

関する指示書も作成していなかった。Hermetite 社の会計システムと内部統制上の明らかな欠陥は，同社の不十分な帳簿組織と会計担当者間での職務の分離がなされていなかったことに起因していた。にもかかわらず，これらの欠陥が監査において考慮されていたことを示す記述は監査調書にはなかった。

また，SAS 第1号のセクション 310 は，監査業務に対する適切な監督を求めている。SAS 第22号において述べられているように，監督には補助者の適切な指導と実施された監査業務に対するレビューが含まれる。Pokat 会計士は Hermetite 社の監査において補助者の監督と監査業務のレビューに対して直接的な責任を有していたにもかかわらず，その実施に際して職業的専門家としての正当な注意を欠いていた。監査計画書は作成されていなかったので，Hermetite 社の監査に従事した補助者には，実施すべき監査の内容や適用すべき監査手続について文書化された指針は与えられていなかった。補助者の中には実務経験が1年未満の未熟な会計士も含まれていた。にもかかわらず，Pokat 会計士は，Hermetite 社の監査において極めて重要な領域をそうした会計士に任せていた。監査計画書がないにもかかわらず，Pokat 会計士は補助者に対して実施されるべき監査手続に関して具体的な指示を与えることはなかった。さらに監査調書には，監査補助者の実施した業務が何らかのレビューを受けていたことを示す記述はない。

SAS 第1号セクション 338 は，独立監査人に対して，監査の実施に際して監査人を助け，また監査意見を表明するための重要な根拠を提供するため，監査調書の作成を要求している[4]。監査調書には，当該監査に関連して，適用された監査手続，実施された試査による監査手続の内容，入手した情報，および得られた結論が記載されるべきである。しかしながら，Hermetite 社の監査に関して Pokat 会計事務所が作成した監査調書には，実施した監査手続，検討された証拠，監査調書の作成者の氏名，および監査調書の査閲が行われたことを示す記述がなく，その意味において不十分であった。とりわけ監査調書における記述が不備であったために，Hermetite 社の財務諸表に関する同会計事務

---

[4] SAS 第1号セクション 338 は，1982年4月に公表された SAS 第41号によって差し替えられている。SAS 第41号は上述したような監査調書に関する規準を含んでいる。

所の監査意見を支える根拠はなかった。

　Hermetite 社の監査において Pokat 会計事務所が行った監査計画の策定，補助者の監督，および監査業務のレビューには上述したような不備があった。そして，かかる不備こそが以下で取り上げる個別項目における監査手続上の不備をもたらした主たる原因であった。

B. 棚卸資産の監査

　Hermetite 社の棚卸資産は，問題の事業年度において同社の最も重要な資産であり，1978 年度，1979 年度および 1980 年度における総資産に対する割合はそれぞれ 40％，44％および 47％であった。この点を考慮し，かつ，Hermetite 社の内部統制が全体として脆弱であったことを踏まえれば，広範囲で十分に計画された棚卸資産の監査を Pokat 会計士および同会計事務所は実施すべきであった。しかしながら，Pokat 会計士は，上記の事業年度における棚卸資産の監査において職業的専門家としての正当な注意を行使していなかった。

1. 実地棚卸の立会

　Hermetite 社は，年次財務諸表作成目的で，実地棚卸によって在庫数量を決定していた。SAS 第 1 号セクション 331 は，独立監査人に対して，実地棚卸現場に赴き，適切な立会，一部の在庫品目についてのテスト・カウントおよび質問によって，実地棚卸の方法の有効性と，棚卸資産の数量およびその物理的状態に関する被監査会社の陳述にどの程度の信頼を置くことができるかを，監査人自らが確かめることを要求している。Hermetite 社の実地棚卸に対する Pokat 会計事務所の手続は著しく不適切であった。同社の棚卸計画や棚卸手続について，同会計事務所のレビューは実施されていなかった。実地棚卸に対する同会計事務所の手続は，Hermetite 社の棚卸資産の中で最も在庫数量の少ないもの 1 つを選び，その数量をカウントする，という手続だけであった。同会計事務所が原材料の一部について実施したこの限られたテスト・カウントの結果からも，在庫台帳の誤謬率が高いこと——1978 年度，1979 年度および 1980 年度においてそれぞれ 27％，17％および 12％——が判明していた。それ

にもかかわらず，同会計事務所は追加的なテスト・カウントもその他の監査手続も実施しなかった。さらに，同会計事務所は，Hermetite 社が実際に採用している実地棚卸の方法，棚卸手続や統制手続を確かめようとはせず，またこれらについて質問も実施していなかった。同会計事務所の監査手続には上記のような欠陥があったため，Hermetite 社の年次財務諸表上の棚卸資産価額の計算において用いられる在庫数量について，同会計事務所が依拠できる根拠はなかった。

2. 棚卸結果の集計と要約

実地棚卸の終了後，Hermetite 社は，財務諸表に計上される最終的な棚卸資産金額を計算するため，棚卸集計表に棚卸数量を記録・集計するとともに，単価を計算し，積算し，そして各在庫品目について詳細な棚卸記録を合計した。この棚卸結果の集計と要約の過程では，膨大な量の詳細な棚卸情報についてさまざまな明細表の間での振替，転記，積算および加算が行われ，その結果，最終的な棚卸資産金額が計算された。

Pokat 会計事務所は，Hermetite 社が行った棚卸結果の集計と要約のプロセスを十分な試査によって確かめず，その他の監査手続も実施しなかった。そのため，同会計事務所は棚卸結果の集計・要約プロセスの正確さについて十分な証拠を入手しなかった。1980 年度において Hermetite 社は，総額で 164,976 ドルの棚卸結果の集計ミスを犯したが，同会計事務所は棚卸結果の集計と要約の監査を実施していなかったため，そのミスを検出することができなかった。その結果，Hermetite 社の 1980 年度の税引前当期利益は 15.4％過大に計上されることとなった。

3. 棚卸資産の評価

1978 年度から 1980 年度までの各事業年度において，Hermetite 社は仕掛品と製品を原価ではなく時価で評価し，その結果計算された棚卸資産の期末評価額を Pokat 会計士と Pokat 会計事務所に提出した[5]。そこで，Pokat 会計士は，当該棚卸資産の実際原価を試行錯誤を繰り返して見積ることで，Hermetite 社の財務諸表に記載されるべき仕掛品と製品の金額を決定した。この試行錯誤に

よる方法では，まず棚卸資産の原価見積額を代表していると思われる数値が任意に選ばれた。次に，その任意に選ばれた数値は Hermetite 社の売上原価，売上総利益，および売上総利益率を計算するために用いられた。Pokat 会計士は，それから仕掛品と製品の時価による評価額に対応する原価見積額をこの任意に計算された売上総利益率を用いて計算し，計算された棚卸資産額と売上総利益率を計算するために当初用いた任意の数値とを比較した。もし両者の金額が一致すれば，当初任意に選ばれた数値は実際原価によって評価された見積額であると想定された。もし両者の金額が一致しなかったならば，引き続き数値が任意に選ばれ，両者が一致するまで一連の手順が繰り返された。

Pokat 会計士と Pokat 会計事務所は，棚卸資産評価額が実際原価にほぼ等しいかどうかを決定するための監査手続，分析あるいはその他の手続を何ら実施することなく，上記の任意の棚卸資産評価額を Hermetite 社の財務諸表に表示した。Pokat 会計士と同会計事務所のスタッフは，期末棚卸資産評価額の基礎となる売上総利益率の妥当性を確かめる際，Hermetite 社の製品製造原価をレビューしなかった。Pokat 会計事務所は Hermetite 社の 1978 年度，1979 年度および 1980 年度の財務諸表に記載される注記として，以下のような内容の注記原案を作成した。

「原材料と部品の原価は先入先出法で計算され，期末評価には低価基準が適用されている。仕掛品と製品は（**先入先出法で計算された**）**見積原価で表示されており，その見積評価額は概ね実際原価に等しく，かつ時価を超えない額である。**」（強調追加）

本委員会は，仕掛品と製品の評価額がその実際原価と概ね等しいとの注記を Pokat 会計事務所が行う合理的な根拠はないという点で，上記の開示は利用者を誤導するものであった，との判断を下した。仕掛品と製品の評価のために Pokat 会計士が採用した方法では，Hermetite 社のプロダクト・ミックスが著

---

5 一般に認められた会計原則によれば，棚卸資産は低価法で評価することが求められている（AICPA Professional Standards, Volume 3, AC 5121.08）。

しく変化していたという事実が考慮されていなかったために，著しく不正確な金額となっていた。

Hermetite 社の棚卸資産を評価するために用いられた方法自体に問題があったこと，当該棚卸資産の監査において Pokat 会計事務所が適切な監査手続を実施しなかったこと，および Hermetite 社の財政状態と経営成績にとって棚卸資産の評価額が重要であったことから，Pokat 会計事務所が監査報告書に記載した「監査は一般に認められた監査基準に準拠して行われた」および「Hermetite 社の財務諸表は一般に認められた会計原則に準拠して適正に表示されている」との結論には根拠がなかった。

C. 会社資金の横領

1. 背景

少なくとも 1975 年 9 月から 1980 年 10 月にわたって，Hermetite 社の経理・総務担当部長である Samson Gilman 氏（以下，Gilman 氏）はおよそ 240,000 ドルに及ぶ同社の資金を横領した。横領金額は 1976 年，1977 年および 1978 年の各 8 月 31 日に終了する事業年度にかかる同社の税引前当期損失の 8.5%，7.3% および 12.9% を占めていた。また 1979 年および 1980 年の各 8 月 31 日に終了する事業年度にかかる税引前当期利益の 34.4% および 12.2% を占めていた。

Gilman 氏は，未使用小切手帳を盗みだし，Hermetite 社が従業員の給料支払用口座を開設している地元の銀行宛に小切手を作成し，同社社長で財務担当役員兼取締役会会長である Morton Ladge 氏（以下，Ladge 氏）の署名を署名印字器を用いて小切手に付し，当該小切手を裏書きして地元の銀行で現金化することで，横領を行った[6]。

Gilman 氏はまた，この横領を隠蔽するために Hermetite 社の帳簿と会計記録を偽造した。Gilman 氏は横領した小切手を現預金支払帳には記載せず，その一方で，その横領した小切手の金額を同支払帳の合計額には含めるという方

---

[6] Hermetite 社は，未使用の小切手用紙あるいは署名印字器を適切に管理していなかった。Ladge 氏の署名は同社の小切手の現金化に不可欠な唯一の正式に認められたものであった。

法で，現預金支払帳を偽造した。さらに Gilman 氏は横領した小切手の金額を「原材料の購入代金」として処理し，Pokat 会計士に依頼するコンピュータ処理業務の入力データを改ざんした[7]。最後に，同氏は取引銀行から月次銀行計算書を受け取るや，直ちに横領資金に対応する決済済み小切手を処分した。

　Hermetite 社では現預金に対する有効な内部統制が欠如していたため，Gilman 氏はほとんど自由に会社の資金を横領することができた。Gilman 氏は Hermetite 社の経理・総務担当部長であったため，未使用の小切手用紙，署名印字器，チェック・ライター，原始記入簿，銀行計算書，および決済済み小切手を自由に入手・利用することができた。さらに Gilman 氏は，Hermetite 社の現預金支払帳，小切手，銀行勘定調整表，および同社の総勘定元帳やその他の記録を作成するために Pokat 会計士が所有する会計事務所によって処理されるインプット資料を自分一人で作成した。

　小切手，署名印字器，銀行計算書，および決済済み小切手に対する Hermetite 社の内部統制の欠如は，職務の分離がなされていなかったことと相俟って，Gilman 氏が長期にわたって横領を続けることを可能にした主要な要因であった。

2．横領に気づかなかった Pokat 会計事務所

　Gilman 氏が長期にわたり横領を続けることができたもう1つの主要な要因は，Pokat 会計事務所が，現預金の監査において，職業的専門家としての正当な注意を行使していなかったこと，および十分な監査手続を実施していなかったことである。Pokat 会計事務所は Hermetite 社の内部統制について書類上のレビューを十分に実施しなかったので，内部統制の欠如や現預金の保全管理の職務と関係帳簿・会計記録に関する職務の分離が行われていなかったことに関して，会計事務所にはほとんど情報が残されなかった。一般に認められた監査基準によれば，Hermetite 社の内部統制の欠如は，監査手続の拡張と試査範囲の拡大を要求していた。

---

[7] Ⅲで述べるように，Pokat 会計士は，Hermetite 社に対してコンピュータによる記帳処理業務を提供していた。

Pokat 会計事務所が当該期間に実施した現預金の監査手続は，主として銀行預金残高の確認と期末における銀行残高調整表の作成であった。これらの監査手続は経験の浅い監査スタッフによって行われていたにもかかわらず，監督もレビューもほとんど行われていなかった。同会計事務所の行った現預金の監査において，上記以外の監査手続が実施されたことを示すものは何もない。

　より具体的には，会計部門の規模が特に小さく，そのため職務の分離に制約のある Hermetite 社のような会社の監査において，通常適用される基本的な監査手続を Pokat 会計事務所は実施していなかった。以下の監査手続のいずれか 1 つでも実施されていれば，今回の横領を示唆する矛盾は検出されていたはずである。

(a) Pokat 会計事務所は現預金支払帳のレビューを行っておらず，その結果，小切手番号に欠落がないかどうかを確かめなかった。もしこの監査手続が実施されていれば，同帳簿に記載されていない小切手番号は検出されていたはずである。欠落した小切手番号は，Gilman 氏が横領し，現預金支払帳に記載されていなかった小切手のものであった[8]。

(b) Pokat 会計事務所は 1980 年 10 月まで，Hermetite 社の現預金支払帳の合計額の正確性について，試査による監査を実施していなかった。Gilman 氏は，少なくとも 1975 年 9 月以降ほとんど毎月，現預金支払帳を改ざんしていた。同会計事務所が，同帳簿上の金額について合計調べをしていたならば，1980 年度の監査より前に，改ざんの事実が検出されていたはずである[9]。

(c) 最後に，Pokat 会計事務所は総勘定元帳のレビューを実施しておらず，その結果，異常な転記額を検出できなかった。Gilman 氏は，転記するために現預金支払帳を要約する際，横領したすべての小切手を「原材料の購入代金」として処理した。同社の帳簿組織において，原材料購入にかかるすべての送

8　たとえば，Gilman 氏が 1980 年 2 月の 1 ヶ月間に Hermetite 社の現預金支払帳に記入した小切手番号は 1549 番から 1600 番へ跳んでいる。欠落した 1550 番から 1599 番までの小切手番号は，1979 年 6 月から同年 9 月までの期間に同氏が横領した小切手のものであり，その総額は 55,200 ドルであった。

9　Pokat 会計事務所が横領の事実を発見したのは，監査担当者が一部の現預金支払帳における合計が正確でないことに気づいた 1980 年度の監査においてであった。

り状は原材料仕入帳に記録され，総勘定元帳では原材料仕入帳への参照が付されていた。同会計事務所が総勘定元帳のレビューを行っていれば，原材料仕入勘定における異常な転記が検出されていたはずである。これらの転記金額は常に端数なく丸められ，原材料仕入帳からではなく現預金支払帳から転記されたように参照が付されていた。異常な転記額は各年度においてGilman氏が横領した金額の総額と符合していた。

3. 新たに検出された横領の不報告および監査調書の改ざん

前述のように，横領は，1980年8月31日に終了する事業年度にかかるHermetite社の監査の過程で，Pokat会計事務所が1980年10月に発見したものである。当該横領に関する検出事項は，Pokat会計士がHermetite社の社長であるLadge氏に提出した1980年11月3日付の報告書の中で説明されていた。

この報告書は，要するに，158,250ドルの資金が1979年1月1日から1980年9月30日までの期間に，Hapoalim銀行のHermetite社口座から横領されていた，と記述している。さらに，同報告書は，「われわれは，1979年1月1日から現在に至るまでのShawmut銀行からの預金払出票を監査したが，何らの齟齬も認められなかった」と記述している[10]。実際には，監査スタッフは，Shawmut銀行の預金払出票を1978年9月開始のまる2事業年度にわたって照合し，その結果，1978年10月について2,800ドル，1978年11月について3,750ドルの齟齬を検出していた。Pokat会計士は，不当にも，これらの検出事項を11月3日付のLadge氏宛報告書から除外した。

Pokat会計士が検出したShawmut銀行に関する齟齬は，横領が（1）1978年10月および11月には別の銀行口座で行われていたこと，（2）1978年10月より前にも，Shawmut銀行の口座を使って行われていた可能性があることを示していた。Pokat会計士は，Shawmut銀行に関する齟齬をLadge氏に報告しなかったばかりか，横領に関する調査を過去に遡って行いもしなかった[11]。

上記の齟齬はLadge氏には報告されなかったものの，監査スタッフが作成

---

10 Hermetite社のメインバンクは，1979年1月にHapoalim銀行に変更するまで，Shawmut銀行であった。Gilman氏は遅くとも1975年9月からShawmut銀行の口座を利用して横領を行っていたが，1979年1月にHapoalim銀行で横領を行うようになった。

した監査調書では触れられていた。しかもその監査調書には，1978年9月から12月までの各月のShawmut銀行の現預金支払帳について行ったレビューの結果が記載されていた。監査スタッフが作成した監査調書には，当初，1978年10月と11月の2ヶ月については齟齬が記載されていたものの，1978年9月と12月の2ヶ月については齟齬は記載されていなかった。Pokat会計士は，1978年10月から12月の3ヶ月の記録を監査調書から削除するように監査スタッフに指示した。その結果として，何ら齟齬のない1978年9月の1ヶ月の監査結果だけが記載されることとなった。この監査調書は，1978年9月から12月までの4ヶ月にかかるHapoalim銀行の現預金支払帳に齟齬がないことを記した監査調書と一緒に，1979年度の監査調書にファイルされた。このようにファイルされた監査調書は，上記の監査手続が1979年度の監査の一部としてなされ，また，何らの齟齬も検出されなかったとの外見を与えた[12]。

横領が1979年1月から1980年9月にわたって行われていたことをPokat会計士が報告したときに，Ladge氏は，Pokat会計士に対して，その報告によれば横領は1979年度の8ヶ月にわたって行われていたにもかかわらず，1979年8月31日に終了する事業年度にかかる監査の中でそれが検出されていなかった理由を尋ねた。Pokat会計士はこれに対して，当事務所は1979年度監査において数ヶ月分の現預金支払帳を試査によって監査したが，その限りにおいて齟齬は検出されなかったと回答した。

Pokat会計士は，被監査会社に対して虚偽の陳述を行い，被監査会社に対して異常事項を報告せず，監査調書を改ざんし，そして異なる年度の監査調書を偽って本委員会に提出した。本委員会は，以上の理由により，Pokat会計士は職業的専門家として非倫理的で不適切な行為に従事したと結論する。

---

[11] 遅くとも1975年の9月以降，Hermetite社において横領が継続的に行われていたという事実は，本委員会スタッフによる調査で明らかになったものである。
[12] 実際には，Hermetite社の現預金支払帳に対する試査による監査は1979年度監査では実施されていなかった。本文で言及されている監査調書はすべて，1980年度監査に関連して，1980年10月もしくはそのころに作成されたものである。Pokat会計士が召喚令状にしたがって本委員会に対して提出した書類では，問題となっている監査調書は1979年度監査の監査調書と偽って報告されていた。

D．現預金の監査

　前述のように，Pokat 会計事務所が問題となった期間中に行った Hermetite 社の現預金の監査は，当該状況下において適用される標準的監査手続が実施されていなかったという点で，不十分なものであった。同会計事務所が現預金の監査において一般に認められた監査基準を遵守していなかったことは，既に述べたように，早い段階での横領の検出を妨げたばかりではなく，1978 年度と 1979 年度にかかる財務諸表に表示された Hermetite 社の現預金残高が一般に認められた会計原則に準拠して適正に表示されている，との結論を可能にする十分な根拠を同会計事務所に与えるものではなかった。むしろ Hermetite 社は，未渡小切手および口座間の資金振替の未達分と主張された金額について，現預金の期末残高を増やすための期末仕訳を行うことによって，1978 年度および 1979 年度の現預金残高を著しく過大に表示していたものと思われる。これらの期末仕訳を行うことによって，1978 年 8 月 31 日現在 159,322 ドルの当座借越は 684,770 ドルの借方残に，また 1979 年 8 月 31 日現在 499,427 ドルの当座借越は 242,853 ドルの借方残に偽って表示されることとなった。

　1978 年度と 1979 年度の監査に関連して，Pokat 会計事務所は銀行勘定調整表を作成したが，それには当座借越残高，期末仕訳，およびその結果として上述のプラスの現預金残高が記載されていた。監査スタッフは，Hermetite 社の従業員から，1978 年度には 268,692 ドル，1979 年度には 742,284 ドルにのぼる期末仕訳の一部は，8 月中に作成され同社の帳簿に記載済みではあるが，各年度の 8 月 31 日時点では未渡しの状態にある小切手について，現預金残高を増加させるためのものである，との説明を受けた。現預金残高を 575,114 ドル増加させるためになされた，「投資資金の振替未達分」との記述が付された 1978 年 8 月の仕訳記入については，監査調書では何らの説明もなされていない。

　各年度末において未渡しの状態にあると主張された小切手が存在していることおよびその金額を確かめるための実査はまったく実施されていなかった。また，同会計事務所の監査調書には，当該未渡小切手や銀行口座間の未達振替について他の監査手続が実施されたことを示す記載はなかった。

　未渡小切手が期末時点で存在することは珍しいことではないが，Hermetite

社の場合には，その金額が極めて大きかった。さらに，当該未渡小切手は当座借越残高を相当額の借方残高に変えるものであり，疑わしいものであった。上記の要因をすべて考えれば，Pokat 会計士は未渡小切手の問題についてもっと踏み込んだ監査を行うべきであった。また少なくとも当該項目の合理性を確かめる程度の代替的な監査手続を実施すべきであった。

E. 買掛金の監査

当該期間中，Hermetite 社の買掛金についての会計帳簿組織は存在していなかった。送り状は，支払いがなされるまで，同社の会計帳簿や記録に記載されることはなかった。そのため，個々の仕入先企業に対する買掛金残高および買掛金残高の総額を，期末時点において同社の会計帳簿から決定することはできなかった。その結果，財務諸表作成のために同社が計算した買掛金の期末残高は信頼できるものではなかった[13]。Pokat 会計士は，同社の内部統制および買掛金の帳簿組織が存在していなかったことを承知していた。

Hermetite 社においては買掛金に対する内部統制が存在していなかったために，Pokat 会計事務所は，1978 年度，1979 年度および 1980 年度の監査に関連して，同社のすべての仕入先企業に対して買掛金の確認を実施した。同社の買掛金残高明細表の信頼性が欠けていることに鑑みると，確認回答書に対する踏み込んだレビューの実施とその文書化および同社の買掛金残高明細表と確認回答書との間の差異の調整は，Pokat 会計士と同会計事務所が当然実施しなければならない監査手続であった。しかしながら，同会計事務所は，確認回答書に関してこうした監査手続を実施していなかった。また，Pokat 会計士は買掛金の監査に関連して補助者が行った監査手続を監督し，レビューする責任を果たしていなかった。

同会計事務所が受け取った買掛金の確認回答書は，Hermetite 社の記録と仕

---

13 期末決算で計算された買掛金残高は，翌月に支払われた請求書の一覧表および各部門や Hermetite 社敷地内のさまざまな場所に分けて保管されている未払いの請求書を集計したものであった。未払いの請求書に対する会計責任を明らかにするための統制手続はまったく存在していなかった。

入先企業の記録との間に重要な差異があったことを示していた。仕入先企業が確認回答書で示した買掛金残高は，Hermetite 社が集計した買掛金残高を，1978 年度においては 150,762 ドル（Hermetite 社の買掛金残高の 68.6％），1979 年度においては 425,260 ドル（同残高の 53.4％），1980 年度においては 408,525 ドル（同残高の 126.3％）超過していた。

　監査調書には，上記の差異について Pokat 会計士または監査スタッフが調整を行ったこと，あるいは調整以外の方法で監査上の手当てがなされたことを示す書類も記載もなかった。さらに監査調書には，確認の結果明らかになった差異について，Hermetite 社の記録を調整することが検討されていたことを示す記載もなかった。Pokat 会計士は，上記の監査手続の実施に関して補助者に対して何ら指示を与えておらず，また上記の差異が示されている監査調書の査閲も何ら行っていなかった。Pokat 会計士は，本委員会スタッフによる質問に対して，確認の結果明らかになった重要な差異の理由について十分に説明することも，またかかる説明を裏づける監査調書の記載箇所を具体的に示すこともできなかった。確認の結果明らかになった差異を十分に監査しなかったため，Hermetite 社の買掛金が同社の財務諸表において適正に表示されていたと結論づけるための十分な基礎を，Pokat 会計事務所は確かめていなかった。

Ⅲ．独立性の欠如

　Pokat 会計事務所は，外部の代理店を使って Hermetite 社に対して遅くとも 1962 年からコンピュータによるデータ処理業務を提供していた。1976 年に，Pokat 会計士は，Waltham Computer Services（以下，Waltham 社）という社名の会社を立ち上げた。Waltham 社は Pokat 会計事務所が所有するコンピュータを使って，Hermetite 社およびその他の顧客に対してデータ処理業務を継続的に提供していた。Pokat 会計士は Waltham 社の唯一の株主であった。Waltham 社と Pokat 会計事務所は同一のオフィスで営業していた。

　問題とされている期間中，Waltham 社は，データ処理機器を用いて，Hermetite 社から送られてきたデータに基づいて各種仕訳帳，元帳，試算表および財務諸表を四半期ベースで作成していた。Hermetite 社から送られてきた

データは要約された形でまとめられており，Waltham 社がコンピュータに入力する前にそれを分析することはなかった。Waltham 社が作成した出力資料の中には，現預金の支払い，現預金の受入れ，売上および仕入に関する要約形式での仕訳帳が含まれていた。それに加えて，普通仕訳帳，総勘定元帳および試算表も Hermetite 社のために作成されていた。

Pokat 会計事務所は，Hermetite 社の期末監査において，Waltham 社が作成した会計帳簿および会計記録，とりわけ総勘定元帳，普通仕訳帳および試算表を信頼し利用していた。本委員会は，こうした業務を提供することにより，Pokat 会計士が Waltham 社を通じて Hermetite 社に対してデータ処理業務を提供していた，との判断を下した。

上述の業務は，会計士の独立性に関する SEC 規則および SEC の方針に違反するものである。本委員会の独立性に関する規則と方針は，レギュレーション S-X の規則 2-01(b) および多くの会計連続通牒において示されている。それによると，会計士が監査依頼人に対して会計帳簿と会計記録の作成および管理を行うことを禁じている[14]。

Pokat 会計士は，独立性に関する SEC 規則に個々に違反していたことに加えて，Hermetite 社の外部監査人として保持すべき独立性と客観性を全体として欠いていた。Pokat 会計士と同会計事務所の補助者は，財務諸表の作成目的上，Hermetite 社の棚卸資産額をもっぱら個人的な判断だけで評価していた。彼らは，Hermetite 社の監査に際して，職業的専門家としての正当な注意と客

14　会計連続通牒第 126 号（1972 年 7 月 5 日）は，その関連箇所において，次のように述べている。すなわち，「会計士が監査依頼人のために作成および管理してきた会計帳簿と会計記録を当該会計士が客観的に監査することは不可能である，というのが SEC の立場である。かかる業務を実施することは，手作業で実施するにせよ，コンピュータおよびその他の機器を用いて実施するにせよ，結局のところ，自分の行った会計行為を自ら評価し証明するという立場に当該会計士を置くことになる。」また，「基礎データが監査依頼人から提供され，会計士の業務が明細表と報告書の処理業務や作成業務に限定されている場合でも，かかる明細表や報告書の少なくとも一部が監査意見の根拠となっている基礎的会計記録となる場合には，監査人の独立性は損なわれることになろう。このような状況においては，会計士が自ら作成した会計記録を自ら監査することになり，それゆえ，独立した監査が要求する監査依頼人との関係における客観性と公正性を欠いているとの外観を合理的な第三者に与えるような立場に，当該会計士が自らを置いてしまっている。」

観性を全体として欠いていた。以上の要因および Pokat 会計士が Hermetite 社の経営者の意向を容易に受けていたことを示す外観を呈しているという事実を考慮し，本委員会は，Pokat 会計士が問題の期間中 Hermetite 社の監査に関して独立していなかった，と結論した。

Ⅳ．結論と所見

　Pokat 会計士の監督のもとに行われた Hermetite 社の監査は，一般に認められた会計原則と一般に認められた監査基準を著しく無視して実施された。さらに，Pokat 会計士が計算した棚卸資産評価額は一般に認められた会計原則に準拠しておらず，また，上記の財務諸表は同会計事務所が直接作成したものであったという点において，Pokat 会計士と Pokat 会計事務所は，Hermetite 社が虚偽で利用者を誤導する財務諸表を本委員会に提出するのに重要な役割を果たした。加えて，Pokat 会計士は，(1) 同会計事務所の検出した横領の総額を Hermetite 社に報告しなかった，(2) 監査調書の改ざんを行った，(3) Hermetite 社の役員に対して虚偽の報告と陳述を行った，および (4) 異なる年度の監査調書を偽って本委員会に提出した，といった非倫理的な行為に従事した。さらに，Pokat 会計士は Hermetite 社の監査に関して独立していなかった。

　上で述べた Pokat 会計士と Pokat 会計事務所の行為の結果，本委員会は，(1) Pokat 会計士は，証券取引委員会実務規則第 2 条第 e 項第 1 号 (ii) の規定に鑑み，職業的専門家として非倫理的で不適切な行為に従事し，(2) Pokat 会計士と Pokat 会計事務所は，証券取引委員会実務規則第 2 条第 e 項第 1 号 (iii) の規定に鑑み，証券取引所法第 10 条第 b 項および同法規則 10b-5 に違反し，かつ証券取引所法第 13 条第 a 項，同法第 14 条第 c 項および同法規則 13a-1 の違反を幇助および教唆した，と認める。

Ⅴ．和解申入書および命令

　本事件関係者である Pokat 会計事務所と Pokat 会計士は，本委員会に対し

て和解申入書を提出した。当該申入書において，両者はここにおいて述べられている記述または結論のいかなる部分についても認否することなく，本審決と命令の発行に同意した。本委員会はこの和解申入書の受理を決定した。

　この決定に基づき，以下を命令する。
(1) Pokat 会計事務所および Pokat 会計士が，本委員会に出頭し，あるいは本委員会所轄業務を行うことを永久に禁止する。
(2) 本審決および命令の交付日から起算して5年経過後に，Pokat 会計事務所および Pokat 会計士は，以下に示す条件に基づき，本委員会への出頭および本委員会所轄業務を再開したい旨の申請を行うことができる。
　(a) Pokat 会計事務所が，本委員会への提出書類に含まれる財務諸表にかかる監査を一般に認められた監査基準に準拠して行っていることについて合理的な保証を与えるとともに，本審決および命令において指摘されている問題の再発を防止することを目的とした監査業務の品質管理に関する方針と手続を採用すること。
　(b) 本委員会への出頭および本委員会所轄業務の再開に関する申請の日から1年以内に，Pokat 会計事務所が監査依頼人に対して一般に認められた監査基準に準拠して監査実務を行っていたかどうかを決定するための調査が行われたこと。なお，この調査を行う委員会に対して支払われる報酬と諸費用は，Pokat 会計事務所の負担とする。また，その委員は，本委員会のスタッフが好ましいと考える人々の中から，同会計事務所が任命するものとする。
　(c) 上記申請直前3年の各年において，Pokat 会計士が，本委員会がふさわしいと考える，一般に認められた会計原則および一般に認められた監査基準に関係するプロフェッショナル・セミナーあるいは大学の講義に計50時間以上出席していること。
　(d) 本委員会所轄業務において，Pokat 会計士の行う監査業務が，現在本委員会所轄業務に従事し，かつ本委員会のスタッフが認めた公認会計士による審査を受けること。
(3) 上記の申請を本委員会が審査するに当たっては，上記2の (a) から (d) までで述べた事項に加えて，Pokat 会計事務所と Pokat 会計士が本委員会に

出頭し，本委員会所轄業務を実施する資格があるかどうかについての判断に必要なあらゆる事項を対象とするものとする。

証券取引委員会

George A. Fitzsimmons
書記官

会計監査執行通牒 第12号

Accounting and Auditing Enforcement Releases No.12

1983年8月9日
証券取引所法通牒　第20064号
行政審判書類　第3-6274号

George L. Simmon 会計士（517 Lake Shore Drive North, Barrington, Illinois 60010）および Jerome R. Horwitz 会計士（1280 Briarwood Lane, Libertyville, Illinois）の事案に関する，証券取引委員会実務規則第2条第e項に基づく行政審判開始命令および救済的制裁命令

| 被審理人となった監査人 | Coopers & Lybrand 会計事務所に所属の公認会計士2名（パートナーおよびマネジャー）

| 被監査会社 | Security America 社（損害保険会社である Security Casualty 社の持株会社，Security Casualty 社は Security Mutual Casualty 保険会社の後継会社）

| 対象期間・書類 | 1980年11月20日付でSECに提出された有価証券届出書

| 会計上の論点 | 損失準備金の積立不足

| 監査上の論点 | 見積りの監査，経営者の言明の受け入れ，リスクに対応した監査手続の拡張，監査チーム内のコミュニケーション，専門家の利用

| 関連する会計基準・監査基準 | SOP No.78-6（AICPA「財物責任保険の会計処理」についての参考意見書），AICPA 業種別監査ガイド「火災保険会社および損害保険会社の監査」，SAS 第11号，監査基準書集成 AU セクション 327

解　説

1. 概　要

　1980年11月20日，Security America 社は，275万株の普通株式の売却に伴って有価証券届出書を SEC に提出した。そこに含まれている監査報告書では，適正意見が表明されていた。

　この有価証券届出書に含まれる財務諸表において，損失準備金が著しく過小計上されていた。SC 保険会社の損失準備金の約30％を占める労働者補償請求に対する準備金は，その30％から40％が賃金補償であり，残りの60％から70％が医療費の賠償に対するものであった。労働者補償請求にかかる将来費用の合計は，喪失賃金および医療費について予測される年間支払額に，請求者の期待生存年数を乗じて計算される。SC 保険会社は請求者の期待生存年数を見積るに当たって1945年の死亡率表を用いたが，それにより期待生存年数が実際よりも短く見積られることとなった。また，将来の医療費を見積るに当たって SC 保険会社はインフレーションの影響を考慮しなかった。その結果，損失準備金は著しく過小計上されることとなった。

　準備金不足を示唆するさまざまな状況が存在したにもかかわらず，監査人は，適切な監査手続を実施しなかっただけでなく，状況に応じた追加手続を実施せず，また経営者の説明を鵜呑みにし，さらには他の専門家に不適切に依拠した。これにより，監査人は重要な虚偽が存在する財務諸表に対して，無限定意見を表明した。

　なお，1980年度の Security America 社の財務諸表においては重大な虚偽が発見され，Coopers & Lybrand 会計事務所は監査契約を辞した。

2. 会計上の論点

(1) 新規公募
・1960年代後半まで労働者補償保険を引き受けており，危機的な状況にあった SMC 保険会社のための資本調達を目的として行われた（不正のインセンティブの存在）。

・公募に当たって SEC に提出された有価証券届出書に含まれる財務諸表において，損失準備金が著しく過小表示されていた。
(2) 更新されていない死亡率表の利用
  ・損失準備金の約 30％を占める労働者補償準備金は，賃金補償部分と医療費賠償部分とで構成され，その将来費用は，これらの年間支払額に，請求者の期待生存年数を乗じて計算されていた。
  ・期待生存年数は，1945 年の死亡率表を用いて見積られていた。傷害のほとんどは 1969 年以前に生じたものであり，医療も進歩していたため，1945 年の死亡率表を用いることは不適切であった。
(3) インフレーション要因
  ・労働者補償準備金の医療費部分を決定する際にインフレーションを考慮しなかった。
(4) カリフォルニア基金に対する負債の清算
  ・カリフォルニア基金に対する負債が清算されれば，SC 保険会社の剰余金は 190 万ドル減少することになるはずであった。
  ・1980 年秋に，Security America 社の経営者から，清算交渉が打ち切られたと通知された。
  ・しかし，カリフォルニア基金に対して，清算の「保証金」（負債の減少）として記録された 47 万 5 千ドルの現金支出は，交渉が打ち切られたことになっているにもかかわらず保証金として表示され続けていた（監査人はその理由を調査しなかった）。

3. 監査上の論点

(1) 関係する公認会計士
  ・Gray 会計士：1976 年から 1979 年の法定財務諸表の監査についての契約パートナー，有価証券届出書との関係の業務についての副パートナー・SEC 担当顧問
  ・Simmon 会計士：1980 年 7 月，有価証券届出書との関係の業務についての契約パートナーに就任
  ・Horwitz 会計士：1979 年度の法定財務諸表の監査および有価証券届出

書との関係の業務における監査マネジャー
(2) 1980年度の法定財務諸表（イリノイ州保険局に提出）の監査
- Gray 会計士が監査パートナーであった1979年度法定財務諸表の監査に関して1980年5月に作成された監査報告書では，損失準備金が450万ドル不足しているとの監査意見が表明されていた。
- 1980年6月30日に終了する事業年度の財務諸表に対しては意見を表明しなかった。
- 監査上の重要事項については「パートナーの注意事項」に記載されていた。
(3) 労働者補償準備金に対する不適切なテスト
- SC 保険会社は，1979年に受けた請求に対する支払いを1979年末までに行わなかった。これが，保険数理士による支払損失推移分析と呼ばれる分析を歪めた。
- 準備金の分析に当たっては，10年以上前からの請求についてはすべて正確に準備金が設定されているとの仮定を採用し，監査人はそれに同意したが，過年度の監査においてこの仮定が正しくないことは明らかとなっていた。
- 主たる保険会社から受け取ったデータを正確に記録していることを確かめることを目的とする手続テストの計画および実施には瑕疵があった。その結果，労働者補償請求をレビューできていなかった。
- 主たる保険会社に対して，各保険会社に対する負債額あるいはそれが各保険会社の記録と一致していることを確かめるための確認状を送付しなかった。
(4) 労働者補償準備金の不足の証拠
- カリフォルニア基金との間での，負債の清算に関する暫定的な合意の内容は，SC保険会社の準備金が著しく不足していることを示唆していた。
(5) 準備金見積りのためのデータ
- SC 保険会社が準備金を設定するために用いたデータベースには欠陥があった。そのため，支払損失推移分析以外の方法として，発生損失推移分析や頻度テスト，重大性テストを行うことができなかった。

- それにもかかわらず，監査人は，労働者補償準備金に対して実証テストおよび手続テストを実施しなかった。
(6) 職業的専門家としての懐疑心の不行使
(7) 経営者に不正のインセンティブがあることを認識しながら，以下の会計上の問題について検証されていない経営者の言明を受け入れた。
- 1979年度の法定財務諸表の監査における準備金不足見積額の減少
- 1979年度の損失についての準備金不足見積額の減少
- 被救助資産および代位（準備金からの控除）
- 条件付手数料
- キャッシュ・フローの予測
(8) 十分かつ適格な監査証拠の不入手
- 被救助資産および代位にかかる回収
- 条件付手数料にかかる負債
- 準備金不足の見積り
(9) 利用可能なデータの欠如と脆弱な内部統制
- 監査人は監査手続を拡張し，外部源泉からの監査証拠の入手に努めなければならない。
(10) 監査チーム内のコミュニケーション
- Gray会計士は，SC保険会社が労働者補償準備金の医療費部分を決定する際にインフレーションを考慮していないことに，過年度の監査において気づいていたが，これをSimmon会計士・Horwitz会計士に伝えなかった。
(11) 外部顧問保険数理士とイリノイ州保険局の業務の利用
- 監査人は，SC保険会社の独立の顧問保険数理士によって行われた準備金分析の結果を利用し，イリノイ州保険局によって実施された検査を補強材料として用いたが，SAS 11号では，『被監査会社が当該専門家に対して提供した会計データに対して適切なテストを行』うことが要求されており，この点において，監査人は，SC保険会社の独立の顧問保険数理士およびイリノイ州保険局の業務を用いることはできなかった。

（12）監査チーム構成員の義務と責任についての理解の共有
　・Simmon 会計士，Gray 会計士，Horwitz 会計士および会計事務所の保険数理士が，その義務および責任についての理解を共有していなかった。

4. 本事案の実務的意義

　本事案は，見積りの監査領域に関係するものである。事例は保険数理的なものではあるが，見積りの監査では，その基礎データに対する「常識的で批判的な検討」すなわち懐疑心がいかに重要であるかを示唆している。見積り金額について合理性がない場合，これをタイムリーに指摘し，訂正させるべきであり，これら一連の行動は現在でも当然求められているものである。

証券取引委員会は，証券取引委員会実務規則第2条第e項に基づいて，George L. Simmon（以下，Simmon会計士）およびJerome R. Horwitz（以下，Horwitz会計士）の両公認会計士に対する行政審判を開始することが適当であり，公益に資するものと考え，ここに開始するものである[1]。Simmon会計士およびHorwitz会計士は，それぞれ，全国規模の会計事務所であるCoopers & Lybrand会計事務所（以下，C&L会計事務所）のシカゴオフィスのパートナー，イリノイオフィスの監査マネジャーである[2]。本行政審判は，イリノイ州シカゴにあるSecurity America Corporation（以下，Security America社）の関係会社の財務諸表の監査に関係している。

証券取引委員会実務規則第2条第e項[3]に基づく本行政審判の開始と同時に，本行政審判で取り上げられている諸問題を解決するために，両被審理人は和解・誓約申入書を提出した。和解・誓約申入書の内容については以下に詳述するが，本委員会はその申入書の受理を決定した。和解・誓約申入書に示されて

1　Security America Corporationの有価証券届出書に含まれている財務諸表を監査した全国規模の会計事務所のパートナーであったRobert C. Gray（以下，Gray会計士）は，最近，公共会計実務から引退したため，それとの関係で，今後本委員会に出頭し，あるいは本委員会所轄業務に従事することを辞退した。Gray会計士は，将来にわたって，本委員会の事前の承認なしに，本委員会に出頭し，あるいは本委員会所轄業務に従事することはない。このように引退・辞退をしていなければ，Gray会計士は，本行政審判において被審理人として挙げられていたであろう。そのような場合，Gray会計士は，本行政審判において諸問題について争うことになったであろうと，Gray会計士の弁護人は通知している。引退・辞退および考慮すべきその他の事項を示した本委員会への書簡の中で，Gray会計士は，本委員会の事前の承認なしにGray会計士が本委員会に出頭し，あるいは本委員会所轄業務に従事することを再開したと本委員会が判断した場合には，そうした出頭あるいは業務従事を禁止する命令を出すことに同意していると述べている。
2　C&L会計事務所は本行政審判の被審理人ではない。
3　証券取引委員会実務規則第2条第e項（17 CFR 201.2(e)）は，その一部において，以下のように規定している。
「本委員会は，関与事案に関する告知および聴聞の機会の後，以下の事由に該当すると本委員会が認定した者に対して，本委員会に出頭し，あるいは本委員会所轄業務に従事することのできる権利を一時的に，または永久に拒否することができる。
(i) 他の者の代理となるのに必要な資格を有していないこと，または，
(ii) 品位または誠実性を欠いていること，あるいは，職業的専門家として非倫理的または不適切な行為に従事していたこと，もしくは，
(iii) 連邦証券諸法（15 U.S.C. 第77a条から第80b-20条）または同法に基づく規則および規制に故意に違反し，もしくは，かかる違反を故意に幇助および教唆していたこと。」

いるように，両被審理人は，ここに明らかにされたいかなる説明または結論についても認否することなく，また，法あるいは事実についてのいかなる判断も行うことなく，本行政審判の開始および本命令の発行に同意した。

Ⅰ．導入および要約

　Security America 社は，シカゴに本社を置く損害保険会社である Security Casualty Company（以下，Security Casualty 社）の持株会社であった。Security Casualty 社は，1913 年に創立された Security Mutual Casualty Company（以下，SMC 保険会社）の後継会社であった。1980 年の新規公募で，Security America 社は，本委員会に提出した有価証券届出書に基づいて，275 万株の普通株式を合計 1,650 万ドルで売却した。

　C&L 会計事務所は，その新規公募時の Security America 社の独立監査人であった。新規公募に関連して Security America 社によって提出された有価証券届出書には，同届出書に含まれている財務諸表は一般に認められた会計原則に基づいて作成されており，SMC 保険会社の財政状態と経営成績を適正に表示しているとの無限定意見を表明した C&L 会計事務所の監査報告書が添付されていた。C&L 会計事務所の代表として Simmon 会計士によって署名されたこの監査報告書にはまた，当該財務諸表の監査は一般に認められた監査基準に準拠して実施された旨が記載されていた。

　Gray 会計士は，（イリノイ州保険局に提出された）SMC 保険会社の 1976 年度から 1979 年度の法定財務諸表について C&L 会計事務所が実施した監査の契約パートナーであった。彼はまた，当該有価証券届出書の作成についての副パートナーであった。さらに，Gray 会計士は，当該有価証券届出書の作成との関係で，C&L 会計事務所の SEC 担当顧問を務めていた。Simmon 会計士はそれまでの法定財務諸表の監査には従事していなかったが，法定財務諸表を一般に認められた会計原則形式に変換することについては豊富な経験を有しており，1980 年 7 月，当該有価証券届出書との関係で実施された監査で，法定財務諸表の監査が対象としたのと同じ期間の監査の契約パートナーに任命された。Horwitz 会計士は，SMC 保険会社の 1979 年 12 月 31 日に終了する事業年

度の法定財務諸表の監査および新規公募に関連して提出された有価証券届出書の作成における監査マネジャーであった。

　新規公募の後，C&L 会計事務所は，1980 年度の Security America 社の財務諸表に重大な虚偽があることを発見し，監査契約を辞退するとともに，本委員会にその行為を報告した。後に，別の会計事務所と保険数理士事務所は，SMC 保険会社の保険損失準備金が，1980 年 12 月 31 日時点で，最大で 3,000 万ドル不足していると報告した。この保険子会社は，その後に，イリノイ州保険局による訴訟手続の結果，清算過程に置かれることとなった。

　本委員会は，普通株式の新規公募に関連して Security America 社によって提出された有価証券届出書に含まれている監査済財務諸表は一般に認められた会計原則に準拠して作成されておらず，虚偽があり利用者を誤導するものであったと結論づけている[4]。また，本委員会は，C&L 会計事務所によって実施された，有価証券届出書に含まれた財務諸表の監査は，一般に認められた監査基準に準拠していなかったと結論づけている。具体的には，Simmon 会計士，Gray 会計士および Horwitz 会計士は，職業的専門家としての正当な注意を払わず，適切に監査を編成せず，有価証券届出書における財務諸表は一般に認められた会計原則に準拠しているとの C&L 会計事務所の監査意見に対する合理的な基礎を確かめるのに十分かつ適格な証拠資料を収集しなかった。

　特に，この 3 名の監査人は，以前の監査業務によって，死亡率表が更新されておらず，それゆえ準備金が過小に表示されていることを知りながら，SMC 保険会社がその死亡率表を用いて労働者補償請求についての負債を見積ることを認めた。準備金の重大な過小表示をもたらしていたのは労働者補償請求準備金の医療費部分であったが，監査人は，当該準備金の合理性をレビューする際，その部分に対するインフレーションの影響を考慮していなかった。Gray

---

4　1983 年 3 月 18 日，米コロンビア地区地方裁判所は，1981 年まで Security America 社の社長であった Charles M. Stange 氏および同営業担当副社長であった Herbert E. Burdett 氏に対して，1933 年証券法および 1934 年証券取引所法の詐欺行為禁止規定に違反することを禁止するとともに，1934 年証券取引所法に基づいて公表された，記録の偽造および会計士に対する虚偽表示に関連する諸規則に違反することを禁止した。両被審理人は，本委員会の告訴状における主張を認否することなく，判決の登録に同意している。訴訟通牒第 9930 号（1983 年 3 月 17 日）を参照されたい。

会計士は，以前の監査業務経験から，インフレーションに対する引当てがなされておらず，更新されていない死亡率表を用いているために，準備金が不足している可能性があることに気づいており，また，C&L 会計事務所の監査人と SMC 保険会社の顧問保険数理士の見解が対立していることに気づいていた。Gray 会計士はこの情報を Simmon 会計士および Horwitz 会計士に提供せず，これらの検出事項は監査調書に記録されて申し送りされることもなく，また，「パートナーの注意事項」にも記録されなかった。

この 3 名の監査人は，有価証券届出書に含まれている財務諸表の監査との関係で，損失準備金の 30% を構成している労働者補償準備金に対して何らの監査手続も行われていないことを認識していなかった。彼らは，新たな労働者補償の請求は報告されておらず，すでに報告されている請求に対して設定された準備金は適切であると仮定していた。しかし，以前の監査業務経験から，Gray 会計士には，こうした仮定が誤っていることがわかっていた。Gray 会計士は，こうした以前の監査上の検出事項を同僚に知らせなかった。これらの仮定の妥当性を確かめるための手続は，労働者補償準備金をテストするものではなかったし，その手続の意図からしてテストできるものではなかった。さらに，彼らは労働者補償準備金の適切性について疑義を生ぜしめたはずの証拠を無視した。その結果，彼らは，Security America 社の経営者が労働者補償請求に対する損失準備金を不適切に減少せしめる実務に従事していたこと，そして従事し続けていたことを発見できなかった。

この 3 名の監査人はまた，顧問保険数理士が Security America 社に対して作成した労働者補償準備金の見積りを不適切に利用した。監査人は，監査基準書（Statement on Auditing Standards：以下、SAS）第 11 号の要求に反して，顧問保険数理士の業務の範囲と方法を理解しておらず，また，SMC 保険会社が顧問保険数理士に提供したデータを適切にテストしなかった。

Simmon 会計士は，第一次保険を引き受けた大手の主たる保険会社との間で提案された労働者補償請求の清算についての交渉打ち切りに関して Security America 社の経営者が行った説明に対して，適切な質問を行わなかった。その結果，有価証券届出書に含まれている財務諸表および関連する注記では，当該清算から生じる 190 万ドルの剰余金減少が開示されなかった。Simmon 会計

士とGray会計士は，一連の会計上の争点に関して，Security America社の経営者の立場を受け入れ，両会計士が合意した会計上の判断に対する合理的な基礎を提供する十分かつ適格な証拠資料がないにもかかわらず，有価証券届出書においてSecurity America社が過大な純資産と利益を報告することを認めた。

したがって，Simmon会計士およびHorwitz会計士は，C&L会計事務所の監査報告書に，(1) 有価証券届出書に含まれている財務諸表の監査が一般に認められた監査基準に準拠して実施されなかったことを知っていたか，あるいは知っているべきであったにもかかわらず，その監査が一般に認められた監査基準に準拠して実施された旨を記載し，(2) 監査意見の合理的な基礎が確かめられていないにもかかわらず，当該財務諸表は一般に認められた会計原則に準拠して作成されている旨を記載するという，職業的専門家として不適切な行為に従事した。

本委員会は，当該財務諸表のレビュー業務におけるGray会計士の役割を議論しているが，彼は本行政審判の被審理人ではない。

II. 陳　述

A. Security America社の普通株式の公募

本事案は，有価証券届出書に含まれる財務諸表の監査が一般に認められた監査基準に準拠して実施されていなかったことに関係している。有価証券届出書は，1980年11月20日，Security America社の普通株式275万株の新規公募に関連して本委員会に提出された。当時，株式会社への組織変更過程にあったイリノイ州の相互保険会社であるSMC保険会社のために自己資本を調達し，同社の発行する全株式を取得するために，資金調達計画の一部として，1980年にSecurity America社が設立された。Security America社の有価証券届出書には，SMC保険会社の財務諸表に関するC&L会計事務所の監査報告書が含まれていた。その監査報告書には，とりわけ，当該財務諸表の監査が一般に認められた監査基準に準拠して実施された旨，および，財務諸表は一般に認められた会計原則に継続的に準拠してSMC保険会社の財政状態，経営成績およ

び財政状態の変動を適正に表示しているとの監査意見が記載されていた。

　Security America 社の普通株式の公募後の 1981 年，Horwitz 会計士と Simmon 会計士は，将来の請求支払いに対する負債として貸借対照表に計上されている SMC 保険会社の損失準備金が著しく不足していることを発見した。C&L 会計事務所は，1980 年度の財務諸表についての監査契約を辞し，本委員会にその行為を報告した。後に，別の会計事務所と保険数理士事務所は，SMC 保険会社の保険損失準備金が，1980 年 12 月 31 日時点で，最大で 3,000 万ドル不足していたと報告した。大きく不足していたのは，SMC 保険会社が負っていた労働者補償請求に対する準備金であった。1981 年後半に，親会社である Security America 社にとって実質的に唯一の資産であった SMC 保険会社は，イリノイ州保険局の開始した訴訟手続の結果，清算過程に置かれることとなった。Security America 社は現在も存続しているが，1981 年 4 月 20 日以降，その株式は店頭市場で取引されておらず，現在では実質的に無価値である。

　Gray 会計士は，SMC 保険会社の 1976 年度から 1979 年度の法定財務諸表について C&L 会計事務所が実施した監査の契約パートナーであった。Gray 会計士はまた，当該有価証券届出書に含まれている一般に認められた会計原則に基づく財務諸表の監査との関係で，副パートナーであり，SEC 担当顧問であった。Simmon 会計士は，それまでの法定財務諸表の監査には従事していなかったが，法定財務諸表を一般に認められた会計原則形式に変換することについては豊富な経験を有しており，1980 年 7 月，当該有価証券届出書との関係での監査の契約パートナーに任命された。副パートナーであった Gray 会計士は，監査計画に主たる責任を負ってはいなかった。Horwitz 会計士は，1979 年度の法定財務諸表の監査と一般に認められた会計原則に基づく財務諸表の監査，そして有価証券届出書についての業務において，監査マネジャーであった。

　1913 年に相互保険会社として設立されて以来 1960 年代の後半まで，SMC 保険会社は，主として労働者補償保険を引き受けてきた。同社はまた，他の保険会社の引き受けた同様の保険の重大な金額についての再保険を引き受けた。しかしながら，1960 年代後半，多額の損失が生じたため，同社は労働者補償保険の引き受けを止めた。1970 年代半ば，新たな経営陣のもとで，SMC 保険

会社は，郵便による自動車保険の販売に力を入れ始めた。しかしながら，以前に引き受けた労働者補償保険についての請求は，予期されるよりもはるかに高い水準で報告され続けていた。

毎年，SMC保険会社は，イリノイ州保険局に提出される年次法定財務諸表において，少額の剰余金を報告していた。しかし，1977年度から1979年度まで，C&L会計事務所は，損失準備金が過小評価されていることを発見し，SMC保険会社の年次法定財務諸表に対する監査報告書の中で，損失準備金に対する除外事項を指摘していた。SMC保険会社は，そのたびに，イリノイ州保険局に対して，次年度には準備金の不足額を埋め合わせることを約束した。しかしながら，そうした約束は履行されなかった。

1980年までに，SMC保険会社は危機的な状況に追い込まれていた。その剰余金が著しく減少したため，SMC保険会社はカリフォルニア州，ミシガン州，ジョージア州およびオレゴン州において保険の引受あるいは更新を行うことを禁じられた。また，フロリダ州とロードアイランド州では既存業務を継続することだけに制限された。1979年12月31日に終了する事業年度の法定基準での年次財務諸表において，SMC保険会社は600万ドルの剰余金を報告していた。しかし，Gray会計士が契約パートナーを務めるC&L会計事務所は，その監査報告書において，準備金についての除外事項を付し，準備金が450万ドル不足していると結論づけた。

SMC保険会社の経営者は，イリノイ州保険局から，1980年度末までに新規の資本調達を行わなければ，同社は会社更生あるいは清算の過程に置かれるであろうとの指摘を受けた。こうした事態に直面したSMC保険会社の経営者は，追加的な資本調達を意図した計画を承認した。

この計画のもとで，SMC保険会社は，イリノイ州保険局の承認を得て，相互保険会社形態から株式会社形態への変更を行い，社名をSecurity Casualty（以下，SC保険会社）に変更した。同時に，SC保険会社の全株式を所有する目的で，Security America社が設立された。相互保険会社から株式会社への組織変更は，1980年9月のSC保険会社の取締役会で承認され，その1ヶ月後に保険契約者によって承認された。その計画では，Security America社が普通株式を公募で発行し，その後，調達額の大部分をSC保険会社に移し，事業

の継続に必要な資本を提供することになっていた。

　有価証券届出書は，イリノイ州保険局が定めた当初の提出期限9月30日より前の，1980年9月29日に提出された。1980年11月20日，フォームS-1での修正有価証券届出書は有効となった。

　この資本調達計画では，Security America社の普通株式250万株を，1株当たり6ドル，合計1,500万ドルで販売することが必要であった。実際には，募集以上の申し込みがあり，275万株が合計1,650万ドルで売却された。割引額，手数料および諸費用が差引かれた後，およそ1,380万ドルがSC保険会社に移され，正味調達額のうちの残額は営業費用の支払いのためSecurity America社に留保された。1980年9月30日時点の有価証券届出書に含まれている未監査の中間財務諸表では，純資産はマイナス388,000ドルであったので，この公募によりSC保険会社の剰余金はおよそ1,350万ドルになったはずであった。

　有価証券届出書は，公募による資本がないとした場合のSC保険会社の見通しについての開示を含んでいた。そこには，「この株式発行による資本調達がなければ，SC保険会社は相互会社であり続けたであろうが，資本金および剰余金が不足しているため，現在のやり方で保険事業を遂行する能力を再検討しなければならないであろう。」と述べられている。経営者は，イリノイ州保険局が示した前述の見解については開示していなかった。

　有価証券届出書に含まれている財務諸表に計上されている損失準備金および損失調整費用準備金の合計は，1980年6月30日時点で3,740万ドル，1979年12月31日時点で3,970万ドルであった[5]。有価証券届出書によれば，1980年6月30日時点の損失準備金には，およそ490万ドルの準備金増強分が含まれている。有価証券届出書では，報告されている損失準備金および損失調整費用準

5　負債である損失準備金とは，当該準備金が設定された日以前に発生した保険対象事象に関する保険契約について，すでに報告された，あるいは報告されることが予期されるすべての正当な請求を支払うために必要な見積合計額である。SC保険会社の損失準備金は，2つの一般的部類に区分されている。1つは普通準備金（case reserves）であり，報告された請求について設定された準備金である。もう1つは，発生しているが未報告されていない請求に対する準備金で，すでに発生しているが未だ会社に報告されていない保険対象事象についての損失のために設定される。損失調整費用準備金とは，請求の支払いあるいは請求に関しての訴訟に関連した諸費用に対する将来の負債の見積額である。

備金は,「報告された請求および未報告の請求にかかる損失および損失調整費用の最終的な正味の負担を十分に賄える」と開示されていた。C&L 会計事務所は,有価証券届出書に含まれている 1978 年 12 月 31 日および 1979 年 12 月 31 日に終了する事業年度にかかる SC 保険会社の財務諸表および 1979 年 12 月 31 日までの 3 年間の各年度の経営成績と財政状態の変動に対して無限定適正意見を表明した監査報告書を作成していた。有価証券届出書にはまた,1980 年 6 月 30 日時点および 9 月 30 日時点,ならびに同日に終了する 6 ヶ月および 9 ヶ月の未監査中間財務諸表が含まれていた。

　以下は,有価証券届出書に含まれている財務諸表において示された情報の要約である。

	12 月 31 日に終了する事業年度		1980 年 6 月 30 日に終了する 6 ヶ月	1980 年 9 月 30 日に終了する 9 ヶ月
	1978 年度	1979 年度		
	(監査済)		(未監査)	
損失準備金 (百万ドル)	$40.5	$35.9	$34	$35.6[6]
損失調整費用準備金 (百万ドル)	$ 3.8	$ 3.7	$ 3.4	
純利益 (千ドル)	$5,712	$1,785	$774	$1,202
正味保険契約者欠損 (千ドル)	$ (3,375)	$ (1,590)	$ (816)	$ (388)

　上記の表からわかるように,財務諸表では,SC 保険会社の損失準備金および損失調整費用準備金が減少するとともに,正味保険契約者欠損も減っていることが報告されている。未監査の中間期の数値傾向から判断すると,1980 年

---

[6] この金額は,1980 年 9 月 30 日時点の損失準備金と損失調整費用準備金の負債合計額として表示されている。それぞれの項目の金額は示されていない。

12月31日に終了する事業年度には純利益が生じることが予想された。これらの財務諸表が示しているSC保険会社の経営成績および財政状態は真実ではなく，利用者を誤導するものであった。

公募の目的は，SC保険会社が再保険事業について残存する請求を支払うとともに，新たにダイレクトメールを利用した勧誘によって自動車保険事業を拡大するのに必要な剰余金を確保するために，十分な資本を調達することであった。

B. 1980年の監査業務の内容

1980年春，C&L会計事務所は，1979年12月31日時点および同日に終了する事業年度のSC保険会社の法定財務諸表に対する正規の年次監査を実施した。Gray会計士はその契約パートナーであり，Horwitz会計士は監査マネジャーであった。両会計士は，公募計画を知らされておらず，監査報告書および財務諸表は州規制当局に提出されるものと考えていた。1980年5月に作成された監査報告書では，損失準備金は450万ドル不足しているとのC&L会計事務所の監査意見が表明されていた。1980年5月，SC保険会社の顧問保険数理士は，SC保険会社の直接事業にかかる準備金および再保険事業にかかる準備金は1979年12月31日時点で300万ドル不足している旨の正式の意見を示した。また，顧問保険数理士は，その業務は一般に認められた保険数理手続に準拠して実施されたと述べている。

C&L会計事務所によって実施された1979年度の財務諸表に対する監査業務には，当該準備金の妥当性をテストすることを意図した手続が含まれていた。実際の準備金不足は，450万ドルよりも著しく大きく，Gray会計士およびHorwitz会計士が監督した監査の範囲は一般に認められた監査基準に準拠していなかった。

有価証券届出書に関する業務は，公募で株式を発行する計画をC&L会計事務所が知らされた後の1980年7月に開始された。財務諸表を法定形式から一般に認められた会計原則に基づく形式に変換することが必要であった。その契約パートナーには任ぜられないよう依頼したGray会計士に代わって，

Simmon 会計士が契約パートナーに任ぜられた。Gray 会計士は，後に，副パートナーおよび SEC 担当顧問を務めた。SC 保険会社は，1980 年 6 月 30 日時点で必要とされる損失準備金を計算した。

　C&L 会計事務所は，1980 年 6 月 30 日に終了する期間の財務諸表に対して意見を表明していない。一方，同会計事務所は，1980 年 6 月 30 日時点で，損失準備金および損失調整費用準備金が 490 万ドル不足しているが，損失準備金については合計で 3,400 万ドル，損失調整費用準備金については合計で 340 万ドルに達するところまで準備金増強が行われたと結論づけた。監査人は，1980 年の最初の 6 ヶ月に支払われた損失を足し戻すことにより，1979 年 12 月 31 日時点であるべき準備金の額をより正確に計算することができ，1979 年に支払われた損失を足し戻すことにより，1978 年 12 月 31 日時点であるべき準備金の額をより正確に計算することができたとされている。Simmon 会計士が承認した監査計画には，提示された有価証券届出書において一般に認められた会計原則形式の財務諸表を用いる上で再考すべき会計上，監査上の重要事項について，過年度の「パートナーの注意事項」のすべてをレビューすることを必要とする段階が含まれていた。そして，この段階は実施されたものとして署名されていた。

　一般に認められた会計原則形式への変換のために必要となる法定財務諸表の修正により，SC 保険会社は，1980 年に支払った損失を，当該請求をもたらした事象が発生した年度に「負担させる」ことが可能となった。SC 保険会社の 1980 年のキャッシュ・フローはマイナスであったが，1980 年に生じた請求だけについて発生した損失を見積ったため，1980 年 6 月 30 日に終了する 6 ヶ月間の純利益は 77 万 4 千ドル，1980 年 9 月 30 日に終了する 9 ヶ月間の純利益は 120 万ドルとなった。

　準備金のレビューと，有価証券届出書に含めるための財務諸表の法定形式から一般に認められた会計原則形式への変換とに加えて，C&L 会計事務所は，さらに，有価証券届出書に含まれている中間財務諸表のレビューを行い，公募直前には後発事象のレビューを行った。

C. 更新されていない死亡率表の利用

　SC 保険会社の損失準備金の約 30％は，労働者補償請求に対する準備金であった。これは，当初は他の保険会社（第一次保険を引き受けた主たる保険会社）によって引き受けられたものであり，その後 SC 保険会社によって引き受けられた（再保険された）ものである。請求を生ぜしめた主たる保険会社との契約はすべて 1969 年までに終了していたが，SC 保険会社は当該契約が有効であったときに生じた請求の支払いに対して責任を負っていた。請求に対する支払いは，請求者が怪我をした時点で若年でその後生存した場合には，長期にわたってなされる必要があった。再保険された労働者補償請求のほとんどは，5 社ないし 6 社の大手保険会社から取得したものであった。

　労働者補償請求には賃金補償が含まれており，これは一般に総支払額の 30％から 40％を占めていた。これは，請求が承認された時点で固定され，後に変更されることはほとんどなかった。請求支払いの残りの 60％から 70％は，医療費の賠償に対するものであり，これは請求者の健康状態の変化とインフレーションによって変動するものであった。この点については，以下でさらに論じる。労働者補償請求にかかる将来費用の合計は，喪失賃金および医療費について予測される年間支払額に，請求者の期待生存年数を乗じて計算された。再保険された労働者補償請求には保有額つまり限界水準が定められており，これを超えた場合に SC 保険会社は責任を負わねばならなかった。たとえば，ある請求に 10 万ドルの保有額が定められている場合，損失の最初の 10 万ドルは主たる保険会社が支払わなければならず，SC 保険会社はその金額を超えた部分の全額に対して責任を負わねばならなかったのである。

　労働者補償請求者の期待生存年数を見積るに当たって，SC 保険会社は，労働事故によって障害を負った生存者についての 1945 年の死亡率表を用いた。この表は，障害者の期待生存年数を提供し，すべての請求に対して適用された。1981 年に別の会計事務所によって行われ，イリノイ州保険局に提出された後の分析では，傷害のほとんどは 1969 年以前に生じており，それゆえ，請求者は事故後の危機的な時期を過ぎており，さらに，医療の進歩によって危機的な傷害を負った者でもその生存期間は長くなり，請求者の傷害の多くは期待

生存年数にほとんどあるいはまったく影響しなくなったため,より最近の死亡率表を用いることが望ましいと結論づけた。

1981年のSC保険会社の準備金について,保険数理士事務所が行ったもう1つの独立の立場からの調査では,1945年の死亡率表を使用することは不適切であると結論づけられており,そのことが500万ドルの準備金不足の原因となったことが判明した。さらに,Gray会計士が契約パートナーであった当時の,1977年度の財務諸表に対して1978年に実施されたC&L会計事務所の監査業務では,1945年の死亡率表から得られた期待生存年数を用いることにより,実際に準備金の不足が生じていることが示されていた。しかし,この検出事項は1977年度の財務諸表の監査に関連した「パートナーの注意事項」には記録されなかった[7]。

D. インフレーション要因

1981年3月1日にイリノイ州保険局に提出された,SC保険会社の1980年度の法定財務諸表では,引き受けられた労働者補償請求に対する準備金は1980年12月31日時点でおよそ930万ドルで,前年度の数値をわずかに下回っていた。しかしながら,1981年に行われた後の検査では,この見積りが著しく過小表示されていると結論づけられた。これらの分析では,労働者補償準備金は,1980年度末で,およそ2,000万ドルから2,600万ドル大きい金額となるべきであったと決定された。

これらの見積りは,1980年12月31日に終了する事業年度に対するものであったが,有価証券届出書に含まれていた直近の監査済財務諸表は,1979年12月31日に終了する事業年度のものであった。しかし,これらの準備金はすべて,主として1969年より前に発生した保険対象事象に基づく請求から生じており,これは何十年にもわたって支払われることになっていたので,1980

---

[7] 有価証券届出書に含まれている財務諸表の注記では,労働者補償準備金が1945年の障害者死亡率表に基づいていることが開示されていた。しかし,1945年の死亡率表に基づいているために準備金が過小表示されていることは開示されていなかったので,こうした開示には意味がなかった。

年度中に発生した何らかの事象が突然に多額の不足を生ぜしめた可能性は極めて低い。1980年度末時点で発見されたような大きさの不足は，1979年度末時点においてすでに存在していたことはほぼ確実である。

　SC保険会社の準備金不足の最も重要な原因は，労働者補償準備金の医療費部分を決定する際にインフレーションを考慮しなかったことである。公募後に行われた分析では，SC保険会社は医療費に与えるインフレーションの影響を考慮しなかったと結論づけている。ある分析によれば，インフレーションを考慮しなかったことに起因する準備金不足は，医療費のインフレーション率を6％と仮定すれば，およそ1,770万ドルであった。この不足の内訳は次のとおりである。

準備金が設定された報告済請求に関する不足	$ 6,600,000
準備金が設定されていないが，設定されるべきであった報告済請求に関する不足	8,500,000
受け取っていない請求（発生しているが未だ報告されていない請求）に関連した不足	2,600,000
	$17,700,000

　有価証券届出書に含まれている財務諸表の注記では，財務諸表は一般に認められた会計原則に準拠して作成されていると開示されていた。注記ではさらに，一般に認められた会計原則は，アメリカ公認会計士協会（以下，AICPA）の「財物責任保険会社の会計処理」についての参考意見書（Statement of Position：以下，SOP），すなわち，SOP No.78-6の諸規定を反映していると説明されていた。SOP No.78-6は，その一部で，未払いの損失に対する引当金（損失準備金）は，「（インフレーションおよびその他の社会的，経済的要因の影響を含めて）最終的な支払費用の最善の見積りに基づかなければならない」と規定していた。したがって，将来の医療費に対するインフレーションの影響は損失準備金を見積る際に考慮されていると投資家が結論づけたとしても，それは合理的であった。

　また，財務諸表の注記では，労働者補償準備金は年率5％で割り引かれていることが開示されていた。保険会社は，割引きによって，その準備金必要額

を，その投資に対する期待収益率に基づく率で算定された現在価値に減じることが可能となる。SC保険会社が，医療費に関して予測される将来のインフレーションを考慮せずに割り引くことによってその準備金見積額を減じたのは不適切であった。

　AICPAのすべてのSOPにしたがうことは，C&L会計事務所のファームポリシーマニュアルにも明示された同事務所のポリシーであった。さらに，Simmon会計士，Gray会計士およびHorwitz会計士は，SOP No.78-6の存在を承知しており，公募の有効日より前にそれを読んだことがあった[8]。SC保険会社の過年度の監査の監査調書では，1つには労働者補償請求の医療費部分に対するインフレーション要因を考慮していないために，準備金が不足しているように思われると監査補助者が判断していたこと，そして，1976年度から1979年度の法定財務諸表の監査パートナーであり，一般に認められた会計原則形式の財務諸表を含む有価証券届出書に関連した業務の副パートナーかつSEC担当顧問であったGray会計士はこのことを知っていたということが示されている[9]。しかし，Gray会計士は，過年度の監査調書において，インフレーションが考慮されておらず，同会計事務所の監査人とSC保険会社の顧問保険数理士の検出事項の間に離齟があるように思われると記されていることをSimmon会計士およびHorwitz会計士に伝達しなかった。Simmon会計士およびHorwitz会計士がインフレーションの問題を検討しなかったことは明らかである。実際，契約パートナーであったSimmon会計士および監査マネジャー

---

[8] AICPAのSOP No.78-6は，有価証券届出書が作成される2年以上前の1978年7月28日に公表された。このSOPは，1978年12月31日より後に始まる事業年度および中間期間についての財務報告に適用されるものであった。

[9] 1977年12月31日に終了する事業年度の財務諸表の監査において，C&L会計事務所の監査補助者は監査調書に次のように記載していた。
　「準備金の計算において，翌年の医療費だけが用いられている。したがって，この範囲において，インフレーションは考慮されているが，1年を超えた将来の医療費のインフレーションは無視されている。それゆえ，労働者補償についての準備金は不足している。なぜならば，医療費が将来においても横ばいである可能性は極めて低いからである。」
　労働者補償請求に対する支払いは，予想されるよりも100万ドルから200万ドル多く発生する可能性があると当該監査補助者は結論づけていた。インフレーションに関連した1977年度の監査調書がSimmon会計士あるいはHorwitz会計士の目に留まることはなく，また，それらは「パートナーの注意事項」にも記録されなかった。

であったHorwitz会計士は，SC保険会社の労働者補償準備金にインフレーションに対する引当て部分が含まれているのかどうかをわかっていないようであった。

E. 労働者補償準備金に対する不適切なテスト

SC保険会社は，しばしば，主たる保険会社から報告あるいは推奨されたよりも低い見積年間医療費を用いてその準備金を計算していたが，それは不適切であった。これによって不足することとなった準備金は300万ドルにのぼった。さらに，1979年，同社は，主たる保険会社からおよそ73万1千ドルの請求を受けた。これは1979年末までに支払われなかった。C&L会計事務所もSC保険会社の顧問保険数理士も当該請求について知らされなかった。このことが，準備金についての保険数理士の分析を歪めた。支払損失推移分析と一般に呼ばれる方法を用いて行われたこの分析は，年々の請求と支払いとの比率に基づいていた。当該請求に対して支払いを行っていなかったことにより，保険数理士による労働者補償準備金の見積りは，100万ドル過小表示されることとなった。さらに，1979年末時点で，SC保険会社は，不適切にも，主たる保険会社から受けた請求に対して設定された準備金からおよそ230万ドルを控除した。

労働者補償準備金に対するテストの失敗のゆえに，1980年春に実施された1979年度の年次監査においても，その年後半の有価証券届出書にかかる業務においても，監査人はこうした行為のいずれも発見できていなかったように思われる。

1.「10年ルール」

監査人は，1980年に行ったSC保険会社の損失準備金の分析において，10年以上前からの請求についてはすべて正確に準備金が設定されているということを仮定する「経験則」を用いていた。1979年度の財務諸表に対する年次監査において，監査人は，1969年より後に発生した事象から生じた請求だけに対して，支払損失推移分析を通じて損失を見積った。ほとんどすべての労働者

補償請求は 1969 年より前に生じていたので，監査人は，実質的に，労働者補償準備金は正確であることを仮定し，これらの準備金に対して何らの支払損失推移分析も行わなかったのと同じであった。支払損失分析では，連続する年ごとのパターンを決定するために，毎年の請求支払額によって表される過去の損失発生額を図表化する。連環比率として数量化されたこれらのパターンを用いて，保険数理士は請求に対する将来損失の予測を行う。1979 年度の財務諸表の監査および有価証券届出書に関連した業務において，C&L 会計事務所の保険数理士は，「10 年ルール」を用いることを提案した。Gray 会計士，Horwitz 会計士，および後に Simmon 会計士は，有価証券届出書に対する業務において，この仮定に同意した。

　すでに失効した保険契約のもとで発生した潜在的な請求はすべて，おそらくすでに報告されているため，発生しているが未だ報告されていない請求はほとんど存在していないという保険数理士の仮定を監査人は受け入れた。さらに，普通準備金と呼ばれる，報告された請求に対する準備金は正確に設定されているという保険数理士の仮定を監査人は受け入れた。しかしながら，C&L 会計事務所による過年度の監査業務では，これらの仮定はともに間違っていることが示されていた。

　医療費においてインフレーション要因が考慮されていないことを指摘したのと同じ 1977 年度の年次監査の監査調書（上記参照）ではまた，1977 年に新たに報告された請求が 34 万ドルに達すると当該監査補助者が判断したことが示されている。したがって，労働者補償請求はもはや新たに報告されず，それゆえ，発生しているが未だ報告されていない請求に対する準備金は必要ないとの仮定は，C&L 会計事務所がほんの 2 年前に実施した監査における検出事項によって否定されていた。さらに，実際に，公募の後に実施された調査では，毎年 15 件から 25 件の労働者補償請求が新たに SC 保険会社に報告され続けていたことが明らかになった。

　第 2 に，労働者補償請求に対する普通準備金は適切であるとの仮定もまた誤っていた。というのは，当該請求の 60％ から 70％ が医療費に対するものであり，それは毎年大きく変動するとともに長期にわたって発生するものであるという事実を無視していたからである。C&L 会計事務所がほんの 2 年前に実

施した監査業務では，労働者補償準備金は不足しているように思われることが示されており，これらの準備金について100万ドルから200万ドルの悪化が予測されていた（Gray会計士はこのことを知っていたが，Horwitz会計士あるいはSimmon会計士は知らなかった）。監査人の仮定とは逆に，労働者補償準備金のための普通準備金は，当該請求が報告された後，数年間は固まらない。実際，C&L会計事務所の研修用資料では，労働者補償請求はしばしば15年間から35年間安定しないと述べられている。

さらに，10年以上前に発生した事象に対する普通準備金は適切であるという仮定も正当化されるものではなかった。なぜならば，監査人は，必要とされる普通準備金を適切に見積るために同社の普通準備金の設定手続およびレビュー手続を利用できるという結論を裏づけるのに十分な証拠を入手していなかったからである。

SC保険会社が再保険に対する普通準備金を設定する際に，主たる保険会社から報告された推奨損失額を正確に記録していたと監査人が仮定したことは不適切であった。以下で論じるように，この仮定の妥当性を確かめるための労働者補償請求書類に対する監査手続は，1978年度および1979年度の財務諸表の監査ならびに有価証券届出書に対する業務においてまったく実施されなかった。

有価証券届出書に対する業務において，監査人は1980年6月30日時点の準備金の合理性をレビューする際に，1975年から1979年の間の損失に対してのみ支払損失推移分析を行った。1979年度の財務諸表の監査において実施された業務が1975年以前の損失を評価するための基礎となったように思われる。それゆえ，労働者補償請求に対するレビューがまったく行われなかったという意味において，「10年ルール」は，有価証券届出書に対する業務においても採用された。

2. 手続テスト

前のセクションで論じたように，労働者補償に対する普通準備金が正確であると仮定されることになった10年ルールを監査人が用いた決定的な根拠は，SC保険会社は主たる保険会社から報告された損失を記録しているという仮定であった。監査人は，SC保険会社が主たる保険会社から受け取ったデータを

正確に記録していることを確かめることを意図した手続テストを実施した。しかし，準備金に対する手続テストの計画および実施には瑕疵があったため，結果として監査人は労働者補償請求をまったくレビューできていなかった。

監査人は，再保険の一部分についてのみ手続テストを実施した。すなわち，支払損失，未払損失および発生損失合計が，1，2頁の用紙で，主たる保険会社から総額で報告された，いわゆる再保険ボルドロ（再保険の明細報告書）についてのみ手続テストを実施した。一部の労働者補償請求は再保険ボルドロに記されていたが，大手の主たる保険会社から受け取ったものを含め，大部分の請求は，個別の請求ごとに報告され，個別の請求ファイルに保存されていた。監査人は，1978年度・1979年度の財務諸表の年次監査において，あるいは有価証券届出書に対する業務に関連して，これらの請求ファイルに対する監査手続を実施しなかった。

この監査手続を実施しなかったことにはいくつかの理由がある。第1に，進行中の再保険契約はあるファイルに保存され，進展のない契約は「アーカイブ」と呼ばれる別のファイルに保存されていた。契約は，請求支払いが継続してなされていても，現時点で有効でなければ，進展のない契約とされた。大部分の労働者補償契約はこうした状態にあった。「契約ログ」から抜き出された契約に対してレビューを行うこととしたC&L会計事務所の手続テストの対象には，おそらく進行中の契約しか含まれていなかった。その結果，手続テストは初めから労働者補償ファイルをそのレビュー対象から除外していた。

第2に，監査計画では，およそ1,000件にのぼる再保険契約のうち，ただ4件の契約だけをランダムに選び出し，それに対する準備金が過小表示されていないかどうかを確かめる手続テストが求められていた。監査計画では，監査人は，主たる保険会社によって報告された損失がSC保険会社のファイルにおいて正確に記録されていることを検証することを求められていた。準備金を分析するために利用可能なその他のデータが不十分であったことを考えると，そのテストの範囲は不適切であった。また，SC保険会社の特別ファイルから6件の契約を抜き出し，そのデータを契約ログに跡づける手続テストが求められていた。しかしながら，このテストは不十分であり，準備金の過小表示を発見できる可能性はほとんどなかった。

第3に,「再保険ボルドロごとの支払損失および未払損失を請求ファイルに」跡づける手続テストが求められた。SC保険会社のスタッフは,主たる保険会社が1,2頁の報告書ですべての未払請求の合計を総額で報告した契約を「ボルドロ」と呼んでいた。しかしながら,ほとんどすべての労働者補償請求は個別に報告されており,請求ごとに別個に作成されたファイルに保管されていた。

　1978年度および1979年度の財務諸表の監査において,労働者補償請求ファイルに対する手続テストはまったく実施されなかった。監査チームの構成員の誰も,労働者補償請求ファイルに対する何らかの手続テストの実施あるいはその査閲について記憶していなかった。手続テストの対象は,契約ログから選び出された4件の再保険ボルドロと特別ファイルから抜き出された6件の再保険ボルドロだけに限定されていた。

　監査チームは,労働者補償請求に対して準備金がどのように設定されており,また,それらに対してどのような手続を実施したのかをほとんど理解していなかったようである。

　再保険に対する監査計画では,個々の請求ファイルに対する実証テストが要求されていた。しかし,この段階は省略された。なぜならば,それは手続テストの一部として実施されることになっていたからである。しかし,個々の請求が手続テストの対象として選び出されることはなかった。したがって,監査人は,自ら策定した監査計画に準拠していなかった。

　最後に,手続テストに関する計画には,労働者補償請求について主たる保険会社からSC保険会社に報告された負債と,SC保険会社によって記録された金額との差異を分析するための手続が含まれていなかった。主たる保険会社は一般に準備金を割り引いていなかったのに対して,SC保険会社はイリノイ州保険局に認められた4％の割引率を用いていたため,主たる保険会社によって報告された負債は,通常,SC保険会社によって記録された金額よりも大きかった。しかし,手続テストに関する計画には,SC保険会社と主たる保険会社との間のこれらの差異が正当な理由によるものであることを確かめるために差異を分析するための手続が含まれていなかった。

　SC保険会社とカリフォルニア州労働者補償保険基金（California Workmen's Compensation Insurance Fund：以下,カリフォルニア基金）との間の清算の

提案に関連して，カリフォルニア基金がSC保険会社の負債を1,500万ドルと見積っていたのに対して，1979年12月31日時点のSC保険会社の準備金においてはカリフォルニア基金事業に対するものは460万ドルとされていたことを，C&L会計事務所の一部のパートナーおよびHorwitz会計士を含む一部の監査人は公募前に知った（Simmon会計士は知らなかった）。Horwitz会計士は，その差異はすべて準備金の割引きと，異なる保険数理表の利用のためであるという経営者の言明を受け入れたと証言した。この言明の妥当性を確かめるための独立の検証は行われなかった。

翌年，1980年度の財務諸表の監査に関連して，準備金の差異について以前には知らなかった2人のC&L会計事務所の監査人が，カリフォルニア基金の準備金を分析し，その差異は割引きと，異なる保険数理表の利用だけでは説明できないことを確かめた。その後，当該監査人は，SC保険会社が主たる保険会社によって報告されたよりも低い見積医療費を用いて労働者補償準備金の設定を行っていることを知った。SC保険会社とカリフォルニア基金の準備金の差異に対する分析が行われていれば，公募前にこうした事項は検出されていたであろう。

要するに，1978年度および1979年度の法定財務諸表に対する年次監査において，C&L会計事務所によって実施された手続テストは，それが労働者補償請求に対する準備金は適切であるという仮定に対して必要な裏づけを得ることを意図していたという事実にもかかわらず，その計画の失敗により，労働者補償請求に対する準備金をテストできるものではなかったし，実際にテストしなかった。

3. 確　認

上述したように，監査人は，統計的分析も，労働者補償準備金の手続テストも実施しなかった。さらに，監査人は，主たる保険会社に対して，各保険会社に対する負債額あるいはそれが各保険会社の記録と一致していることを確かめるための確認状をまったく送付しなかった。AICPAの業種別監査ガイド「火災保険会社および損害保険会社の監査」では，「試査によって，……保険会社に対する支払いを確認することが必要かどうかを検討しなければならない場合

がある」と記されている。

　労働者補償請求準備金に対しては，実証テストも手続テストもまったく行われていなかったとしても，最低限，確認状を主たる保険会社に送付し，その回答を SC 保険会社の記録と照合すべきであった。C&L 会計事務所は，1981 年には，1980 年度の財務諸表の監査の一部として，こうした確認状を送付した。

F．労働者補償準備金の不足の証拠

　法定財務諸表の監査を実施している最中の 1980 年 5 月，SC 保険会社は，同社が引き受けた労働者補償の主たる保険会社のうち最大の保険会社であるカリフォルニア基金との間で，暫定的な合意に達した。この暫定的な合意のもとで，カリフォルニア基金に対する SC 保険会社の負債は，帳簿価額 600 万ドル，時価 460 万ドルの社債をカリフォルニア基金に譲渡するとともに，47 万 5 千ドルの現金を支払うことによって，清算されることになっていた。この 510 万ドルの価値の清算額は，カリフォルニア基金に対して SC 保険会社によって設定された 1979 年 12 月 31 日時点の準備金のうちの 460 万ドルに対応するものであった。この清算が完了すれば，SC 保険会社は，SC 保険会社の準備金と，現金支払額および社債の帳簿価額の合計額との差額である 190 万ドルだけ，その剰余金および当期利益を減少させなければならなかった[10]。

　監査人は，準備金の全体としての十分性を評価する際，提案されているカリフォルニア基金との間の清算が完了すれば，SC 保険会社は 190 万ドルの損失と剰余金の減少を計上することになるであろう事実を適切に検討しなかった。さらに，監査人は，提案されている清算の条件が準備金の適切性についての保証を提供していると結論づける際に，カリフォルニア基金が当該取引の受取額を SC 保険会社の投資ポートフォリオの利回りよりもかなり高い利率で投資できるであろうことを考慮しなかった[11]。

　労働者補償契約の 1 つにおいて準備金が著しく不足していることが示唆され

10　Security America 社は，有価証券届出書において，カリフォルニア基金との間で未了の清算があること，そして，剰余金および利益の減少の可能性があることを開示していなかった。

ていたことからすると，労働者補償準備金は適切であり，むしろおそらくは過大に計上されているというC&L会計事務所の保険数理士による仮定に対して疑義を抱くべきであった。当該保険数理士は，再保険準備金における不足のうち，労働者補償請求に起因するものはないと結論づけていた。しかし，これらの準備金をテストしてはいなかった。当該保険数理士は，10年以上前からの請求に対して詳細テストは必要ないと勧告し，Horwitz会計士を含めた監査人はそれに同意した。しかし，Simmon会計士，Gray会計士およびHorwitz会計士は，カリフォルニア基金の準備金には明らかに50万ドルの不足があるが労働者補償準備金は適切であるという保険数理士の結論を調整しようとはしなかったし，その不足の理由を調べようともしなかった。それどころか，彼らは，有価証券届出書に関する業務の最中にとられた490万ドルの準備金増強策によって不足は埋め合わされると考えた。しかしながら，この仮定にはまったく根拠はなかった。なぜならば，労働者補償準備金は十分に適切であり，過大計上さえされているという仮定で準備金が見積られていたからである。

Security America社の外部財務コンサルタントは，監査人のうちの1人が，1980年の夏に，もしカリフォルニア基金との清算が公募日までに完了しなければ，1980年6月30日に終了する6ヶ月間にかかる準備金を監査することが必要かもしれないと自分に示唆していたと主張した。実際には，清算は公募日までに完了しなかったにもかかわらず，準備金に対する監査はまったく行われなかった。以下で詳述するように，Simmon会計士も，Horwitz会計士も，清算のための交渉は公募前に打ち切られたと経営者は彼らに伝達していたと主張している。

Simmon会計士，Gray会計士およびHorwitz会計士は，何年もの間，1,100万ドルから1,200万ドルの間であった労働者補償準備金が，1979年末の法定財務諸表では950万ドルにまで減少した理由を調査しなかった。この減少は，部分的には，主たる保険会社からの請求に対して以前に設定された準備金から230万ドルを減じたために生じた可能性がある。

---

11 事実，SC保険会社が清算を望んだのは，カリフォルニア基金から受けた支払請求に対してさらなる支払いを行うことができなかったためであり，これがカリフォルニア基金が510万ドルでの清算を受け入れようとした主たる理由である。

要約すると，Simmon 会計士，Gray 会計士および Horwitz 会計士は，労働者補償準備金は適切であるという仮定と矛盾するように思われる，前述した事態に直面した際に適切な行動をとらなかった。

G. 外部顧問保険数理士とイリノイ州保険局の業務

C&L 会計事務所の監査人は，SC 保険会社の独立の顧問保険数理士によって行われた準備金分析の結果を利用し，イリノイ州保険局によって実施された検査を補強材料として用いることが認められると主張した。SAS 第 11 号「専門家の業務の利用」では，「……監査人は，適格な証拠資料を入手するための監査手続として，専門家の業務を利用することができる」と述べられている。SC 保険会社の顧問保険数理士は，労働者補償準備金は 1979 年 12 月 31 日時点で適切であるとの正式の意見を示していた。この報告書では，会社によって提供された情報は「準備金が合理的であるとの判断」を裏づけており，保険数理士による請求の計算によれば，「会社の準備金は基本的に正確である」と述べられている。C&L 会計事務所の監査人は，SAS 第 11 号にしたがって，当該顧問保険数理士の業務を独立の専門家のそれとして受け入れることができた，そして，イリノイ州保険局によって行われた業務は，労働者補償準備金が適切であるということに追加的な補強材料を提供するものであった，と主張している。

SAS 第 11 号では，いくつかの条件が満たされた場合にのみ，保険数理士といった専門家の業務を受け入れることを監査人に認めている。監査人は，次の条件を満たさなければならない。

「……検出事項が財務諸表における言明の確証となるのに適しているかどうかを決定するために，当該専門家によって採用された方法あるいは仮定についての理解を得なければならない。監査人は，被監査会社が当該専門家に対して提供した会計データに対して適切なテストを行わなければならない。」

C&L 会計事務所の監査人は，こうした要件を満たしておらず，したがって，

SC 保険会社の独立の保険数理士による準備金分析を利用することはできず，イリノイ州保険局の報告書を実質的な補強材料として用いることはできなかった[12]。

H. 準備金見積りのためのデータ

監査人は，SC 保険会社が準備金を設定するために用いた基礎的なデータベースに欠陥があり，したがって，SC 保険会社の準備金をテストするために利用可能な方法に限界があることを知っていた。SC 保険会社には，保険数理士が準備金を見積るために一般的に用いる基本的なデータが欠けていた。

---

[12] 当該顧問保険数理士の分析では，SC 保険会社の労働者補償準備金の不足は検出されなかった。保険数理士は，支払損失推移分析と呼ばれる方法を通じてのみ，準備金分析を行った。準備金を評価するためにしばしば用いられるその他の方法は，SC 保険会社から必要なデータが得られなかったために，実施できなかった。SC 保険会社は主たる保険会社から実際の損失についての情報を受け取っていたが，顧問保険数理士はこれをレビューしておらず，また，SC 保険会社の見積りは彼自身の見積りと著しく異ならなかったため，顧問保険数理士は，単純に，SC 保険会社による労働者補償準備金の見積りを採用した。

さらに，SC 保険会社による実際の請求支払いだけを考慮した顧問保険数理士の分析では，請求に対する SC 保険会社の最終的な責任が重大となるかもしれないとしても，現在までの損失合計が未だ主たる保険会社の責任の限界を超えていないために SC 保険会社が何らの支払いも行っていない請求を考慮に入れることは不可能であった。さらに，顧問保険数理士は，1976 年より後の SC 保険会社の請求ファイルをまったく検討していなかった。

SAS 第 11 号は，監査人に，「被監査会社が当該専門家に対して提供した会計データに対して適切なテストを行うこと」を要求している。しかし，監査人は，1979 年度の財務諸表の年次監査においても，有価証券届出書に関する業務においても，SC 保険会社によって支払われたすべての請求が顧問保険数理士に報告されていることを確かめるためのテストを，ランダムサンプルに基づいてすら，再保険事業から生じた支払請求に対して実施しなかった。これには，ほとんどすべての労働者補償準備金が含まれていた。さらに，監査人は，SC 保険会社の過小な準備金を正当化するために顧問保険数理士が提示した，おそらくはより微細かつ詳細なデータを監査しなかった。

監査人は，イリノイ州保険局の検査人が用いた方法あるいは仮定を理解しておらず，また，州による検査の調書を検討しなかった。

イリノイ州保険局の報告書では，「労働者補償に関しては，保険引渡会社と（SC 保険会社）によって報告された準備金の間には大きな差異がある」と記されており，こうした差異は，主として，保険引渡会社と SC 保険会社が異なった死亡率表を用いたことから生じていると述べられている。しかしながら，監査人は，SC 保険会社は主たる保険会社による報告どおりに損失を記録していないとの警告を受けていたのであった。

保険数理にとっては有用であるが，SC保険会社の記録からは入手できなかったデータに，発生損失および支払損失の両方についての請求件数明細がある。請求件数明細とは，事故年度ごとに報告された請求件数，すなわち，事故発生から最初の12ヶ月における請求件数，次の12ヶ月における請求件数，といったような事故年度ごとの請求件数と，完了した各請求の顛末である。未払損失についての請求件数明細は，準備金設定手続に，準備金分析に影響を及ぼす可能性のある変更があったかどうかを決定するための指標となる。さらに，未払損失についての請求件数明細は，準備金を分析するもう1つの方法である，発生損失推移分析にとって有用である。支払損失推移分析が，準備金を見積るために各事故年度の支払請求のパターンを用いるのと同様に，発生損失推移分析は，準備金を見積るために発生損失（支払損失と，報告されたが支払われていない損失の合計）のパターンを用いる。

　他の有用なテストに，頻度テストと重大性テストがある。頻度とは，請求件数を何らかのエクスポージャーの尺度で割ったものである。これは，請求が提出される確率の測定値である。重大性とは，請求金額を請求件数で割ったものである。頻度の測定も重大性の測定も適切な請求件数明細を必要とするが，これがSC保険会社では欠けていた。

　ほとんどの保険数理士は，準備金を分析するために，支払損失推移分析，発生損失推移分析，頻度テストおよび重大性テストを含めた複数のテストを実施する。請求件数明細がなければ，発生損失推移分析は制約を受ける。SC保険会社は発生損失推移データを有していたが，顧問保険数理士はそのデータを信頼できないと考えた。また，請求件数明細がないために，頻度データおよび重大性データは計算できなかった。それゆえ，顧問保険数理士は，ただ1つの分析方法すなわち支払請求推移分析だけを用いざるを得なかった。このように支払請求推移に全面的に依存したために，準備金の見積りにおける誤謬の可能性は著しく高まった。

　SC保険会社は，複数の方法によって統計的に損失準備金を評価するのに十分なデータを監査人に提供することができなかった。また，監査人は，提供されたデータが信頼できない可能性があるとの警告を受けていた。それゆえ，監査人の分析は，より洗練されたデータベースをもつ会社において通常要求され

るよりも詳細な準備金のテストに依拠すべきであった。しかし，監査人は，労働者補償準備金が損失準備金合計の 30% も占めており，以前の監査業務によって準備金が不足していることが明らかとなっていたにもかかわらず，労働者補償準備金に対して実証テストおよび手続テストを実施しなかった。

I. カリフォルニア基金に対する負債の清算

　前述したように，SC 保険会社は，公募前に，カリフォルニア基金との間で，カリフォルニア基金に対する負債を，社債の譲渡と 47 万 5 千ドルの現金支払いによって清算することに原則的に合意していた。この清算が完了すれば，SC 保険会社の剰余金は 190 万ドル減少することになるはずであった。しかしながら，有価証券届出書では，利益および剰余金に対する 190 万ドルの負担は反映されておらず，当該未了の清算は開示されていなかった。

　1979 年度の法定財務諸表の監査の過程において，Gray 会計士は，SC 保険会社の経営者と理事会，外部取締役およびイリノイ州保険局と，提案された清算の処理について議論した。また，提案された清算の処理は，Gray 会計士，Horwitz 会計士およびグループ諮問パートナーを含めた C&L 会計事務所のその他のパートナーが出席する会議において検討された。技術的指針に照らすと，この取引を反映させることは，その偶発的性質のために適切ではないと結論づけられた。Simmon 会計士は，1980 年夏に有価証券届出書に関する業務の契約パートナーとなったときに，この清算の可能性があることを知らされた。Simmon 会計士および Horwitz 会計士はともに，1980 年秋に，Security America 社の経営者から，清算に関するカリフォルニア基金との交渉が打ち切られたと個別に知らされたと主張した。この言明は事実ではないかもしれない。というのは，SC 保険会社およびカリフォルニア基金は，その時点ではまだ計画された清算を行うつもりでいたからである。

　カリフォルニア基金との間の清算の問題は解決されるべき重要な問題として以前に取り上げられていたにもかかわらず，有価証券届出書に関する C&L 会計事務所の監査調書には，その問題についての適切な処置は示されていなかった。

さらに，監査人は，清算がもはや未了の状態にはないことをカリフォルニア基金に確認しなかった。

SC 保険会社は，1980 年 6 月にカリフォルニア基金に対して 47 万 5 千ドルの現金を支払った。しかしながら，この支払いは，主たる保険会社への支払いを記録する通常の方法である「支払損失」の増加ではなく，「事業遂行過程における未払損失」という負債の減少として記録された。経営者は，監査人に対して，当該支払いは提案されたカリフォルニア基金との間の清算についての「保証金」であると説明した。カリフォルニア基金との交渉は打ち切られたと Security America 社の経営者が後に説明したと主張されているが，それにもかかわらず，この会計処理は変更されないままであった。Simmon 会計士，Gray 会計士および Horwitz 会計士は，交渉が打ち切られたことなっているにもかかわらず，SC 保険会社が 47 万 5 千ドルの支払いを清算についての保証金として示し続けている理由を調査しなかった。

J. 会計上の問題についての経営者の立場の受け入れ

SEC スタッフの調査では，1979 年度の法定財務諸表の監査および有価証券届出書に関する業務において，いくつかの会計上の問題に関して監査人が経営者の立場を受け入れた事例が明らかとなった。その結果，有価証券届出書における財務諸表は，SC 保険会社の財政状態と経営成績について誤った印象を与えるものであった。こうした経営者の立場の受け入れは，SC 保険会社の正味保険契約者欠損，準備金を毎年過小に設定していた SC 保険会社の過去の実務，そして結果としての C&L 会計事務所の限定意見に関して，特に注目すべきである。

1. 1979 年度の法定財務諸表の監査における準備金不足見積額の減少

1979 年度の法定財務諸表の監査において，C&L 会計事務所の保険数理士が当初に計算した準備金不足は，限定付監査報告書において C&L 会計事務所が最終的に報告したよりもかなり大きかった。保険数理士が当初の不足範囲を大きく引き下げて見積った後にも，C&L 会計事務所は，保険数理士が「非常に

可能性が高い」あるいは「最大」と考えた不足額ではなく,「最小」と考えた不足額を採用した。

　直接事業にかかる準備金について, C&L 会計事務所の保険数理士は, 当初, 準備金不足を約 470 万ドルと計算していた。この見積りは, 370 万ドルに減少され, その後 300 万ドルに減少された。なぜならば, C&L 会計事務所の保険数理士の計算は, 請求支払いについての明らかな能率向上, 1979 年の冬の厳しさ, 請求調査員によるより正確な準備金設定を反映していないと SC 保険会社が主張したからである。しかしながら, C&L 会計事務所の保険数理士は, こうした要因は準備金の見積りに重大な影響を及ぼさないと考えていた。直接事業にかかる準備金の不足見積額 300 万ドルは, C&L 会計事務所の保険数理士が SC 保険会社の独立の保険数理士と会合をもった後, 当該保険数理士の勧告にしたがってさらに引き下げられた。

　再保険準備金について, C&L 会計事務所の保険数理士は, 当初, 支払損失分析によって, 約 170 万ドルの準備金不足が存在していると計算した。その後, 彼はこれを 120 万ドルに引き下げた。C&L 会計事務所の保険数理士が不足見積額を引き下げたのは, SC 保険会社はその補償限度を引き下げ, 準備金を増強しようとしていると言われたためであるが, このことは確認されなかった[13]。

　最後に, C&L 会計事務所の保険数理士は, 直接事業にかかる準備金, 再保険準備金および損失調整費用準備金にわたる準備金不足額の範囲を,「最大」で 608 万ドル,「非常に可能性が高い」ところで 527 万ドル,「最小」で 405 万ドルと計算した。C&L 会計事務所は, 最小の不足額を選択し, さらに未調整

13　1979 年度の法定財務諸表の監査において, C&L 会計事務所の保険数理士は当初, 年々の支払損失および未払損失の推移パターンの比較を行う発生損失予測と呼ばれる準備金分析方法を用いて, 深刻な準備金不足が存在していると計算していた。この方法は, 通常, 支払請求だけを分析し, 未払損失は分析しない支払損失推移分析よりも妥当であるか, あるいは, 少なくとも同等の妥当性を有している。当該保険数理士は, 発生損失予測に基づいて, 再保険事業においては 700 万ドルの不足が, 直接事業においては 600 万ドルの不足があると計算した。これらの見積りは, 1 つには, それは非合理に高いと経営者が強く主張したために棄却された。C&L 会計事務所の保険数理士はまた, 請求支払いパターンの最近の変化に関する経営者の言明に依拠した。その結果, 過去 3 年間の発生損失データを用いることによって歪んだ結果がもたらされていると結論づけた。

差異を含めるために50万ドルを「緩衝材」として追加して，1979年度の法定財務諸表に対する監査報告書に含まれる450万ドルの準備金不足額となったのである。

「最小」の不足額には，直接事業にかかる準備金の不足160万ドルと再保険準備金の不足100万ドルが含まれていた。直接事業にかかる準備金および再保険準備金に対する合計で260万ドルの不足は，実際，SC保険会社の保険数理士によって報告されたこれらの準備金についての不足300万ドルよりも少なかった。監査人はこの事実に気づいていなかった。

監査人は，準備金不足がより大きいと主張することにより，SC保険会社を支払不能に追い込むことを避けようとしたように思われる。1979年度の法定財務諸表の監査についての「パートナーの注意事項」において，Horwitz会計士は，400万ドルの準備金不足見積額は「非常に保守的な不足額の見積りである」と記している[14]。

有価証券届出書に関する業務において，C&L会計事務所は，1980年6月30日時点で490万ドルの準備金積み増しが必要であると結論づけた。この金額を算出するのに，C&L会計事務所は，1979年度の法定財務諸表についての監査報告書で行ったような，可能性のある準備金不足のうちの「最小」を選択せずに，「予測される」損失を見積ろうとした。しかしながら，この準備金積み増しの金額は，それでも1979年12月31日時点でC&L会計事務所の保険数理士によって見積られた「非常に可能性の高い」準備金不足額よりも小さく，当初の準備金不足見積額にははるかに及ばなかった。

2. 1979年度の損失についての準備金不足見積額の減少

有価証券届出書に関する業務において，C&L会計事務所の保険数理士は，1979年度の直接事業にかかる損失はSC保険会社の予測を140万ドル超過していると計算した。しかしながら，SC保険会社の保険数理士との会合の後，監査人は，SC保険会社はただ20万ドルだけの調整を行えばよいということに同

---

14 同「パートナーの注意事項」において，Horwitz会計士は，「最小額よりも大きい額の開示を行えば，当該被監査会社の営業は悪影響を受け，その継続は保証されない可能性がある」と記している。

意した。SC 保険会社の顧問保険数理士は，C&L 会計事務所の保険数理士に，C&L 会計事務所に入手可能なものよりも詳細で，それゆえ，より正確だと C&L 会計事務所が考えた損失分析を提示することによって，その損失予測が過大となっていると納得させた。しかしながら，SC 保険会社の顧問保険数理士の証言によれば，SC 保険会社の損失についてのより詳細なこの情報は，保険料率の設定に用いるために作成されたものであり，指針としては役立つとしても，準備金の予測に用いられるべきものではなかった。

3. 被救助資産および代位

　自動車保険会社は，損害を受けた自動車（被救助資産）を売却することによって，あるいは，被保険者の請求を第三者に対して主張することによって（代位），資金を回収することがある。一般に認められた会計原則に基づけば，被救助資産および代位については準備金から控除することが認められ，それゆえ，一般に認められた会計原則に基づく準備金は，被救助資産および代位を控除した「純額」で表示される。

　被救助資産および代位は法定会計においては準備金から控除することが認められず，従来法定基準にしたがって記帳を行ってきた SC 保険会社には，控除を認められる被救助資産および代位を正確に計算するためのデータベースが存在していなかった。有価証券届出書に関する業務において，経営者は，準備金は被救助資産および代位を含めた「総額」となっており，したがって，被救助資産および代位から予測される回収額 85 万ドルの減少が正当化されると主張した。C&L 会計事務所の保険数理士および Horwitz 会計士は，当初，準備金はすでに被救助資産および代位を控除した「純額」であるため，控除はなされるべきではないと考えた。そして，Horwitz 会計士は，この問題についてさらなる調査を行った。

　SC 保険会社の顧問保険数理士はこれに強く反対した。そして，C&L 会計事務所の保険数理士は，SC 保険会社の顧問保険数理士が損失率の予測と見積りを行うために用いた方法について彼と議論した後，これらの予測が合理的であるかもしれないと結論づけた。Horwtiz 会計士は，準備金が被救助資産および代位を控除した純額なのか，それらを含めた総額なのかを「証明する手段がな

い」ため，そして，（SC保険会社の保険数理士の）専門的知識，事業に精通している程度および「より明確な」データの観点から，監査チームは「疑わしい点を会社に有利に解釈する」ことをSimmon会計士の承認を得て決定した，と監査調書に記している。それゆえ，SC保険会社は準備金から85万ドル全額を控除することを認められた。

1981年に，1980年度の財務諸表の監査（未完了）の一部として，C&L会計事務所は，追加的情報に基づいて，1980年12月31日時点でSC保険会社が受け取っていた被救助資産および代位に対応する金額65万ドル，準備金を増額すべきであると述べている。

4. 条件付手数料

有価証券届出書に関する業務において，監査人は，SC保険会社がその保険契約の再保険を受ける会社に対して将来において行う可能性が高い，条件付手数料と呼ばれる支払いに対して引当てがなされなければならないと決定し，SC保険会社の経営者も最終的に同意した[15]。また，監査人とSC保険会社は，データの歪みによって条件付手数料にかかる負債が過大計上されているということに合意していた。

しかしながら，監査人と経営者は，過大計上の金額については意見が相違していた。SC保険会社は，過大計上額を211万3千ドルと計算した。一方，C&L会計事務所の保険数理士は，当初，それを54万5千ドルと計算した。Horwitz会計士は，SC保険会社が計算した過大計上額が正確なのかどうかについて確信がもてず，この問題についてさらなる調査を行った。SC保険会社の顧問保険数理士との数回に及ぶ議論の後，C&L会計事務所の保険数理士は，自分の最初の計算が望ましいと考えるが，過大計上額は130万ドルにのぼる可能性もあると述べて，過大計上額を70万ドルと再計算した。SC保険会社の顧

15　SC保険会社は，一般に認められた会計原則に基づく財務諸表において，こうした負債に対する準備金を積み立てていなかった。監査人は，SC保険会社がその立場を固持するならば，正式な除外事項を付すということをSC保険会社に通告し，こうした準備金の設定を主張した。SC保険会社は監査人の立場に同意し，したがって，1979年12月31日時点で，準備金合計額をこの目的で392万8千ドル増加させた。

問保険数理士は，この議論の結果，過大計上額は，当初計算した211万7千ドルではなく，160万ドルまで低くなるかもしれないと述べた。顧問保険数理士はSC保険会社の事業に精通しており，準備金を計算するためにより詳細な情報を用いていたので，監査人は，SC保険会社が条件付手数料にかかる負債から過大計上額として160万ドルを控除することを認め，この判断はSimmon会計士によって承認された。

5．キャッシュ・フローの予測

有価証券届出書に関する業務において，ある監査補助者は，Horwitz会計士に，SC保険会社はキャッシュ・フローの問題に直面しているために損失の支払いを遅らせていることを報告した。Horwitz会計士の証言によれば，監査人は，経営者によって提供された予測に基づいて同社のキャッシュ・フローは十分なものであると結論づけた。しかし，この経営者予測は監査人によって検証されていなかった。

責任ある立場の者が当該監査補助者の検出事項について適切な調査を行っていれば，大手の主たる保険会社数社への支払いを停止すると経営者が決定した結果として，財務諸表において負債として計上されていない未払再保険請求が100万ドル以上あったことを発見できたかもしれない。さらに，請求支払いの遅延は，監査人が準備金を評価するために用いた実質的に唯一の方法であった支払損失推移分析を歪めていることを認識すべきであった。

6．要　約

上述したように，当該契約に従事するC&L会計事務所の監査人は，一連の会計上の問題において，経営者の立場を受け入れていた。この判断の結果として，SC保険会社は，有価証券届出書における正味の保険契約者欠損を過小に報告し，利益を過大に報告した。

K. 有価証券届出書に関する業務における，Gray 会計士の副パートナーおよび SEC 担当顧問への就任

1979 年度の財務諸表の監査において契約パートナーであった Gray 会計士は，一般に認められた会計原則に基づく財務諸表および有価証券届出書に関して，副パートナーおよび SEC 担当顧問に就任した。

1979 年度の法定財務諸表の年次監査の終わりが近づいた 1980 年 6 月に，Gray 会計士は，C&L 会計事務所のシカゴオフィスの保険業専門家に対して，C&L 会計事務所の保険数理士が行った業務について追加的なレビューの実施を検討しなければならないかどうかを尋ねるメモを書いた。Gray 会計士は，「その業務をレビューする私の能力には明らかに疑問があることに注意しなければならない」と記している。シカゴオフィスは，通常の副パートナーのレビューを超えて追加的なレビューを求めなかった。

したがって，Gray 会計士は，保険数理業務をレビューする自らの能力についてある程度の懸念を認識していた。しかし，彼は，有価証券届出書に関する業務について，副パートナーおよび SEC 担当顧問の立場に就くことになったのである。

L. 監 査 環 境

有価証券届出書に関する業務に従事していた監査人は，その監査報告書によって証拠づけられているように，SC 保険会社が，何年もの間，イリノイ州保険局に提出された法定財務諸表において損失準備金を過小表示していたことを知っていた。監査人は，過去の準備金不足がおそらくは法定財務諸表の年次監査にかかる監査報告書において C&L 会計事務所が識別していた額よりも大きいであろうことを知っていた。というのは，C&L 会計事務所はいつも，可能性のある不足額のうち「最小」の額しか主張しなかったからである。監査人は，SC 保険会社が準備金を小さく抑えるための工夫として請求事業のかなりの部分を一時的に譲渡する「剰余金強化」契約を利用していたことを知っていた。

したがって，監査人は，SC 保険会社が支払不能の状態にあり，追加資本調達の圧力をイリノイ州保険局から受けていたことを知っていた。さらに，監査人は，公募を成功させることが唯一の現実的な資本調達方法であることに気づいていた。SC 保険会社の存続の望みは，一般投資家から調達した資本で，剰余金を受け入れられるレベルまで引き上げることにかかっていた[16]。

監査基準書集成 AU セクション 327 において用いられている表現にあるように，これらは，「経営者が財務諸表において虚偽の表示を行う誘因となり得る状況」である。

これらの状況に鑑みれば，特に労働者補償準備金について，追加的な監査業務が必要であった。というのは，以前の監査業務において，準備金の基礎として用いられた死亡率表と将来医療費の見積りには信頼性がないことが示されていたからである。しかし，準備金は適切であるという仮定と矛盾する強い証拠があるにもかかわらず，監査人は，準備金に対して何らの実証テストも手続テストも実施しなかった。

さらに，監査人は，一連の会計上の問題について，経営者の立場を受け入れた。これらの問題はいずれも，当該状況のもとでは重要であると考えられ，それらを併せると，報告される欠損および利益に大きな影響を与えていた。

Ⅲ．結　論

被審理人 Simmon 会計士は，職業的専門家として不適切な行為に従事した。彼は，本委員会に対して，ここで説明するように，和解申入書を提出している。そこでは，譴責の登録に備えるとともに，本委員会に対して，自身が本命令書の発行の前少なくとも 5 ヶ月間，公開保険会社の監査に従事していないことを意見している。

被審理人 Horwitz 会計士は，職業的専門家として不適切な行為に従事した。彼は，本委員会に対して，ここで説明するように，和解申入書を提出してい

16　引受業者は，公募可能額は最大で 1,500 万ドルであると考えた。それゆえ，たとえ計画された公募によっても SC 保険会社には十分な資本剰余金が得られないと決定されたとしても，公募の規模を大きくした可能性は極めて低い。

る。そこには，彼は，1983年12月31日まで，株式が公開されているか，公開予定である会社の財務諸表に関する監査業務の一部に対して適用される特別審査手続の条件に完全に準拠するとの誓約が含まれている。

独立監査人の重要な役割は，現在の投資家および潜在的な投資家に提供される財務諸表の信頼性を高めることであるということを本委員会はしばしば強調してきた。この役割は，新規公募においては特に重要である。Security America社のように，発行会社が支払不能の状態にあり，事業の継続が明らかに新規公募での資本調達にかかっている場合，監査人は，財務諸表の監査を実施するに当たって，自らが一般に認められた監査基準に厳格に準拠していると確信しなければならない。

経営者が真実を歪めて良く見せようとするインセンティブを有することが明らかな場合には，職業的専門家としての懐疑心の行使は極めて重要である。本事案では，①さまざまな要因のために損失準備金不足の当初見積額は過大となっている，②剰余金および当期利益を約200万ドル減少させることになるカリフォルニア基金との未了の清算についての交渉は打ち切られた，③労働者補償請求にかかる負債の見積額に関するSC保険会社と主たる保険会社との間の重大な相違はすべて準備金の割引きに起因している，といった，検証されていない経営者の言明を監査人は受け入れた。

さらに，被救助資産および代位にかかる回収，条件付手数料にかかる負債，準備金不足の見積りといった事項において，当該被監査会社が採用した会計処理を正当化するのに十分かつ適格な証拠資料を入手していなかったように思われる。こうした行為は，いかなる場合においても不適切であろうが，被監査会社が支払不能の状態にあり，そのデータベースが十分なものではなく，存続できるかどうかが投資家からの資本調達にかかっていた本事案の場合には特に不適切であった。監査人は，結果がどうであろうとも，それがどれほど困難で不愉快なものであったとしても，客観的に行動しなければならない。

SC保険会社の準備金の評価に伴う大きな問題は，利用可能なデータの欠如と脆弱な内部統制であった。被監査会社の内部会計統制に欠陥がある場合には，独立監査人は監査手続を拡張し，外部の源泉からの証拠資料の入手に努めなければならないと本委員会は強調してきた。本事案では，監査人はこうした

テストの拡張を行わなかった。実際，SC 保険会社が引き受けた労働者補償請求に対する準備金は損失準備金合計の 30％を占めているにもかかわらず，監査人はそれをまったく検査しなかった。

　財務諸表の注記では，インフレーション要因を考慮することを求めている SOP No.78-6 に準拠していると説明されていたにもかかわらず，監査人は，医療費にかかるインフレーションが労働者補償準備金に及ぼす影響を検討しなかった。シニアの立場にある監査人のうち，SC 保険会社がその準備金の設定に際してインフレーションを考慮しているかどうかを検討した者はいなかったように思われる。独立監査人は，財務諸表が特定の会計基準あるいは指針に準拠して作成されているという言明が単なる「お決まりの飾り文句」にならないよう注意しなければならない。監査人は，財務諸表がこうした基準あるいは指針の諸規定を反映したものとなっていることを確かめなければならない。

　さらに，監査人は，医療費におけるインフレーションを考慮せずに労働者補償準備金を割り引けば，準備金は著しく過小表示されることになることを認識すべきであった。

　当該財務諸表監査にかかるもう 1 つの大きな問題は，Simmon 会計士，Gray 会計士，Horwitz 会計士および C&L 会計事務所の保険数理士が，その義務および責任についての理解を共有していなかったことである。Simmon 会計士は，Gray 会計士の監督のもとでの法定財務諸表の監査において実施された準備金に対するテスト，および Gray 会計士，Horwitz 会計士その他の者が注意を喚起した問題に依拠できると考えていたと思われる。Gray 会計士は，契約パートナーである Simmon 会計士が有価証券届出書にかかる損失準備金分析の範囲を決定する全責任を負っていると考えていたと思われる。

　Simmon 会計士，Gray 会計士および Horwitz 会計士は，SC 保険会社が引き受けた労働者補償請求に対する準備金は適切であるということを示している C&L 会計事務所の保険数理士および SC 保険会社の顧問保険数理士が行った分析に依拠できると考えた。しかし，保険数理士の分析は，そこで用いられている基礎データが監査人によって実際に検証されることを前提としていた。しかし，そうした検証は行われなかった。C&L 会計事務所の保険数理士は，このことを知らされてはおらず，SC 保険会社の準備金設定システムの評価とテ

ストにかかる計画にはかかわることなく準備金額を評価するという限定された業務を与えられていたと主張している。

本委員会は，監査チームの各構成員の責任は明確に定義されなければならないと強調してきた。本事案では，損失準備金の分析とテストに関する責任が明確に定義されていなかったことが，全体としての監査の失敗につながった。

以下では，本行政審判における2人の被審理人，Simmon会計士とHorwitz会計士の行為について論じる[17]。

Simmon会計士の行為

Simmon会計士は，契約パートナーとして，有価証券届出書に含まれる財務諸表の監査の欠陥に対する責任を負っている。彼は，法定財務諸表の監査との関連でGray会計士が以前に実施した業務に全面的に依拠することはできなかった。Simmon会計士は，実質的に支払不能の状態にある会社の株式の新規

---

17 Gray会計士は，1976年度から1979年度まで，法定財務諸表の監査についての契約パートナーとして，SC保険会社の損失準備金の不適切性，内部会計統制の欠陥および準備金評価のために利用可能なデータの不備のことを知る立場にあった。Gray会計士は，1977年度の財務諸表に対して実施された監査業務によって，SC保険会社が引き受けた労働者補償請求に対する準備金が，インフレーションを考慮していないために不足しているように思われることに気づいていた。さらに，彼は，1980年よりも前に実施された監査業務によって，1945年の死亡率表を用いていることが，準備金の過小計上をもたらしていることに気づいていた。また，Gray会計士は，監査補助者の所見がSC保険会社の顧問保険数理士のそれと矛盾していることに気づいていた。Gray会計士が，Simmon会計士およびHorwitz会計士に対して，この重要な情報への注意喚起をしなかったことが，Security America社の有価証券届出書における準備金の過小表示の一因となった。

主たる保険会社によって新たな請求が報告され続ける可能性は低く，SC保険会社はすでに報告された請求に対して適切に準備金を設定しているという仮定に基づけば，再保険労働者補償請求準備金は適切である，とC&L会計事務所の保険数理士が結論づけていることを，Gray会計士は1980年に知っていた。Gray会計士は，Simmon会計士およびHorwitz会計士がこの分析を受け入れていることを知っていた。しかしながら，Gray会計士は，1977年度の財務諸表に対して実施された監査業務によって，労働者補償請求は主たる保険会社によって新たに報告され続けており，労働者補償準備金は不適切であると思われることに気づいていた。しかし，Gray会計士は，Simmon会計士およびHorwitz会計士に対して，こうした以前の監査の検出事項について通知することはなく，さらに，SC保険会社の内部会計統制に重大な問題があること，およびSC保険会社の財務データの信頼性を疑問視する理由があることが以前の監査業務によって明らかになっていることを同僚らに通知しなかった。

公募のための財務諸表に対して監査報告書を作成する責任を負っていた。Simmon 会計士は，SC 保険会社が何年にもわたってその損失準備金を故意に過小表示しており，また，その内部統制が脆弱であり，データベースが十分なものではないことに気づいていた。さらに，彼は，現実的には公募を成功させることによってしか調達することはできなかったであろう多額の資本注入がなければ，SC 保険会社は，ほぼ確実に，その営業を止めるか，著しく変更するしかないであろうことに気づいていた。

　Simmon 会計士は，契約パートナーとして，財務諸表についての意見に対する合理的な基礎が得られているという保証を得るために，監査の重要な領域に対してレビューを実施する責任を負っていた。Simmon 会計士は，法定財務諸表との関係で Gray 会計士が実施した以前の監査業務に過度に依拠し，SC 保険会社の負債の中で最も重要な損失準備金の見積りの基礎について適切な調査を実施しなかった。

　Simmon 会計士は，SC 保険会社がどのようにして損失準備金を設定したのか，あるいは，準備金の合理性を評価するために C&L 会計事務所がどのようなテストを実施していたのかということについて，ほとんど知識を有していなかった。Simmon 会計士は，財務諸表の注記において，インフレーション要因を考慮することを求めている SOP No.78-6 に準拠しているとの記載があったにもかかわらず，労働者補償準備金の設定において，インフレーションが考慮されるよう手立てを講じなかった。Simmon 会計士は，SC 保険会社の顧問保険数理士が行った準備金分析を受け入れる前に，SAS 第 11 号の諸条件が満たされているかどうかを確かめる責任を負っていた。準備金見積りが重要であったこと，SC 保険会社の内部統制が脆弱であったこと，そのデータベースが不十分であったことに鑑みると，Simmon 会計士は契約パートナーとして準備金に対してより踏み込んだ監査を要求すべきであった。

　Simmon 会計士は，カリフォルニア基金との清算交渉の打ち切りに関する経営者の言明を受け入れるとともに，被救助資産および代位，手数料にかかる負債の金額といったその他の問題についても SC 保険会社の経営者の立場を受け入れた。これらの問題において，Simmon 会計士は，経営者の言明を受け入れるに際して，十分な職業的専門家としての懐疑心を発揮しなかった。しかしな

がら，1981 年には，Simmon 会計士は SC 保険会社の準備金が著しく不足していることを明らかにするために適切に行動したことには注意が必要である。

Horwitz 会計士の行為

Horwitz 会計士は，監査マネジャーとして，現場作業を監督し，監査計画を策定する責任を負っていた。この点に関して，Horwitz 会計士は，労働者補償準備金に対して適切なテストが行われるよう手立てを講じなかった。Horwitz 会計士は，(SC 保険会社が引き受けた労働者補償請求のほとんどすべてが含まれていた) 10 年以上が経過している請求については，適切に準備金が設定されていると考えられるという C&L 会計事務所の保険数理士の見解を受け入れた。しかし，Horwitz 会計士は，この分析の背後にある 2 つの仮定，すなわち，SC 保険会社が引き受けた労働者補償請求で，新たに SC 保険会社に対して報告されているものはないという仮定，および SC 保険会社は引き受けた労働者補償請求に対して適切に準備金を設定しているという仮定の妥当性を確かめることを要求しなかった。Horwitz 会計士は，再保険準備金に対して実施された手続テストの対象に労働者補償請求が含まれるよう必要な手立てを講じなかった。Horwitz 会計士は，提案されたカリフォルニア基金との間での清算により，カリフォルニア基金に対する準備金に著しい不足が生じていることを知った後，労働者補償準備金の適切性を適切に調査しなかった。この事実によって，労働者補償準備金は十分であるという仮定に対してより大きな疑義を抱くべきであった。さらに，Horwitz 会計士は，労働者補償準備金において医療費のインフレーションに対する適切な引当てが行われているかどうかを検討しなかった。

SC 保険会社は一部の請求支払いを停止していると監査補助者が報告したにもかかわらず，Horwitz 会計士は経営者によるキャッシュ・フロー計画を検証しないまま受け入れた。さらに，Horwitz 会計士は，カリフォルニア基金に対する SC 保険会社の準備金 450 万ドルと，カリフォルニア基金による負債の見積額 1,500 万ドルとの差異は，すべて準備金の割引きに起因しているという経営者の説明を受け入れた。これらの問題において，Horwitz 会計士は，経営者の言明を受け入れるに際して，十分な職業的専門家としての懐疑心を発揮しな

かった[18]。

　しかしながら，1981年には，Horwitz会計士は損失準備金が著しく不足していることを明らかにするために適切に行動した。

Ⅳ. 和 解 申 入 書

　被審理人は，和解の目的で，ここに含まれている説明あるいは結論を認否することなく，本行政審判に関して，和解および誓約の申入書を提出している。和解申入書には，両被審理人による弁明が含まれており，本委員会は申入書を受理するかどうかを決定する際，それらを検討した[19]。

　Simmon会計士による和解申入書はさらに，譴責の登録に備えている。本行政審判の決定に関連して，Simmon会計士は，本委員会に対して，自身が本命令書の発行の前少なくとも5ヶ月間，公開保険会社の監査に従事していないことを述べている。

　Horwitz会計士による和解申入書には，彼は，1983年12月31日まで，有価証券が本委員会あるいは証券取引所に登録されている会社の財務諸表，あるいは本委員会に提出される有価証券届出書に含まれている財務諸表の監査に従事する際に適用される特別審査手続の条件に完全に準拠するとの誓約が含まれている。この手続にしたがって，Horwitz会計士が行うこうした契約にかかる業務は，財務諸表についての監査報告書の公表前に，その雇用主のパートナーあるいは当該契約に従事していない同等の権限を有する者による審査を受ける。本行政審判の決定に関連して，Horwitz会計士は，本委員会に対して，特別審査手続は1983年7月1日以降，現在の雇用主のもとで有効となっている

18　しかしながら，前に52頁から54頁で論じたように，Horwitz会計士は，提案されたカリフォルニア基金との間での清算の条件のもとで，カリフォルニア基金は，SC保険会社が460万ドルの準備金を設定している負債に対して，時価510万ドルの資産を受け入れようとしていることに気づいていた。

19　和解申入書において詳述されているように，両被審理人は，以前に懲戒審判あるいは強制審判の対象となったことはなく，経営者不正の犠牲者であり，1980年度の財務諸表の監査においてSecurity America社の不正行為の発見に貢献しており，本事案の調査に協力していると述べている。

ことを述べている。

V．命　令

　前述の内容に鑑み，本委員会は，両被審理人の和解および誓約の申入書を受理することが公益の観点から適切であると考える。

　したがって，Simmon 会計士は譴責処分とすることを命じる。

　さらに，Horwitz 会計士には，和解申入書に含まれた誓約事項に完全に準拠することを命じる。

証券取引委員会

[SEC への書簡]

1983 年 8 月 4 日

証券取引委員会　書記官
George A. Fitzsimmons 殿
450 Fifth Street, N.W.
Washington, D.C. 20549

Security America 社の事案に関して

拝啓　Fitzsimmons 殿

　私は今後，公共会計実務に従事せず，それに加えて，17 CFR 201.2(g) にしたがって証券取引委員会に出頭しあるいは貴委員会所轄業務に従事することを辞退します。私は，将来において，まず貴委員会からの事前の承認を得ることなく，貴委員会に出頭せず，貴委員会所轄業務に従事しません。こうした承認を与えるかどうかは，貴委員会の裁量であることを理解しています。こうした事前の承認なしに私が貴委員会への出頭あるいは貴委員会所轄業務への従事を再開したと貴委員会が決定した場合には，証券取引委員会実務規則第 2 条第 e 項（17 CFR 201.2(e)）のもとで，私に対して行政審判を開始する貴委員会の管轄権に同意します。また，事前の承認なしに貴委員会に出頭あるいは貴委員会所

轄業務に従事する権利を否定する命令の登録に同意します。

　私は，Security America 社の事案との関係において，貴委員会が実務規則第 2 条第 e 項に基づく行政審判開始・救済的制裁命令（以下，命令）を発行するであろうことを理解しています。私は，とりわけ命令が，Security America 社が貴委員会に提出した有価証券届出書に含まれる財務諸表の監査における私の行為についての貴委員会の見解を論じるものであることを理解しています。私は，次に述べる脚注が命令の中に含まれることを理解しています。

　Security America 社の有価証券届出書に含まれている財務諸表を監査した全国規模の会計事務所のパートナーであった Robert C. Gray（以下，Gray 会計士）は，最近，公共会計実務から引退したため，それとの関係で，今後本委員会に出頭し，あるいは本委員会所轄業務に従事することを辞退した。Gray 会計士は，将来にわたって，本委員会の事前の承認なしに，本委員会に出頭し，あるいは本委員会所轄業務に従事することはない。このように引退・辞退をしていなければ，Gray 会計士は，本行政審判において被審理人として挙げられていたであろう。そのような場合，Gray 会計士は，本行政審判において諸問題について争うことになったであろうと，Gray 会計士の弁護人は通知している。引退・辞退および考慮すべきその他の事項を示した本委員会への書簡の中で，Gray 会計士は，本委員会の事前の承認なしに Gray 会計士が本委員会に出頭し，あるいは本委員会所轄業務に従事することを再開したと本委員会が判断した場合には，そうした出頭あるいは業務従事を禁止する命令を出すことに同意していると述べている。

　この書簡を提出するに当たり，私がこれまで貴委員会あるいはその他の公的機関または民間の機関による懲戒審判あるいは強制審判の対象となったことはないことを貴委員会に特に配慮していただけることを希望します。私は，約 30 年間公共会計実務に従事しており，その間，多くの監査において主たるパートナーとしての責任を果たしてきました。私は，経営者による故意の不正スキームの犠牲者であり，Security America 社の社長および営業担当副社長は，証券諸法の詐欺行為禁止規定に違反することを永久に禁止されています。私

は，本事案の調査において，貴委員会およびそのスタッフに完全に協力してきました。

敬具

［署名］Robert C. Gray

George L. Simmon の和解および誓約の申入書

I

George L. Simmon（以下，被審理人）は，証券取引委員会実務規則第8条第a項にしたがい，実務規則第2条第e項のもとで貴委員会によって承認された被審理人に対する行政審判に関して，この George L. Simmon の和解および誓約の申入書（以下，申入書）を提出します。

II

本申入書は，もっぱら和解を目的として提出され，以下に述べるように本申入書が貴委員会によって受理されない場合には行政審判の中でいかようにも利用されないとの明確な理解をもって提出されています。本申入書が貴委員会によって受理されなければ，申入書は取り下げられ，行政審判における記録の一部とはされないものとします。貴委員会によって受理されようと拒否されようと，本申入書は，いかなる目的においても，法律違反あるいは責任の証拠あるいは被審理人による承認を構成しません。

III

本申入書の目的を達成するために，かつ，本申入書が上で述べられたところに基づいて受理される場合に限って，被審理人は以下の点に同意します。すなわち，

A. 行政審判における命令の送達およびそれに対する答弁書の提出の権利を放棄します。
B. 被審理人および証券取引委員会実務規則第2条第e項に基づく行政審判開始命令および救済的制裁命令（以下，命令）に述べられた事案に関して，貴

委員会の管轄権を認めます。
C. もっぱら，本行政審判ならびに貴委員会および被審理人がかかわっている貴委員会によるその他の審判のために，貴委員会が本事案において発行する命令に含まれる説明および結論を認否することなく，ここでの申し入れが事実認定と法律問題についての判決を構成しないとの理解のもとで，ここで述べられた救済的制裁を命じる，ここに添付された形式での貴委員会の命令の登録に同意します。

Ⅳ

本事案の決定に関連して，被審理人は，貴委員会に対して，被審理人が本命令の発行の前少なくとも5ヶ月間，公開保険会社の監査に従事していないことを申し述べています。

Ⅴ

本事案の決定に関連して，被審理人は，これまでに貴委員会あるいはその他の公的機関または民間の機関による懲戒審判あるいは強制審判の対象となったことはないこと，約30年間公共会計実務に従事しており，その間，多くの監査において主たるパートナーとしての責任を果たしてきたこと，被審理人は経営者による故意の不正スキームの犠牲者であり，上述されているように，Security America社の社長および営業担当副社長は，証券諸法の詐欺行為禁止規定に違反することを永久に禁止されていること，Security America社の1980年度の財務諸表の監査において被審理人が問題領域を追求した努力が，Security America社が一般投資家に対して行っていた継続的な不正の発見を促進した重要な要因であったこと，被審理人は本事案の調査において，貴委員会およびそのスタッフに完全に協力してきたこと，を申し述べます。

Ⅵ

被審理人は，本申入書が自発的に提出されたものであり，貴委員会またはそのメンバー，役員，従業員あるいは代理人から本申入書を提出するよう脅迫あるいは約束は受けていないと認識しているとともに，その旨を主張します。

Ⅶ

　本申入書の目的を達成するために，かつ，本申入書が上で述べられたところに基づいて受理される場合に限って，被審理人は，以下の権利を放棄します。

A. 証券取引委員会実務規則に基づく聴聞
B. 事実認定と法律問題に関する結論の提出
C. 証券取引委員会実務規則に基づく聴聞審理官による原始決定
D. 証券取引委員会実務規則に基づく聴聞後のすべての手続
E. 本命令と首尾一貫した証券取引委員会の行為に対する，裁判所による司法審査

敬白

［署名］George L. Simmon

日付：1983 年 7 月 28 日
［公証人による証明］

Jerome R. Horwtiz の和解および誓約の申入書

Ⅰ

　Jerome R. Horwtiz（以下，被審理人）は，証券取引委員会実務規則第 8 条第 a 項にしたがい，実務規則第 2 条第 e 項のもとで貴委員会によって承認された被審理人に対する行政審判に関して，この Jerome R. Horwtiz の和解および誓約の申入書（以下，申入書）を提出します。

Ⅱ

　本申入書は，もっぱら和解を目的として提出され，以下に述べるように本申入書が貴委員会によって受理されない場合には行政審判の中でいかようにも利用されないとの明確な理解をもって提出されています。本申入書が貴委員会によって受理されなければ，申入書は取り下げされ，行政審判における記録の一

部とはされないものとします。貴委員会によって受理されようと拒否されようと，本申入書は，いかなる目的においても，法律違反あるいは責任の証拠あるいは被審理人による承認を構成しません。

Ⅲ

　本申入書の目的を達成するために，かつ，本申入書が上で述べられたところに基づいて受理される場合に限って，被審理人は以下の点に同意します。すなわち，

A. 行政審判における命令の送達およびそれに対する答弁書の提出の権利を放棄します。
B. 被審理人および証券取引委員会実務規則第2条第e項に基づく行政審判開始命令および救済的制裁命令（以下，命令）に述べられた事案に関して，貴委員会の管轄権を認めます。
C. もっぱら，本行政審判ならびに貴委員会および被審理人がかかわっている貴委員会によるその他の審判のために，貴委員会が本事案において発行する命令に含まれる説明および結論を認否することなく，ここでの申し入れが事実認定と法律問題についての判決を構成しないとの理解のもとで，ここで述べられた被審理人の誓約事項の遵守を命じる，ここに添付された形式での貴委員会の命令の登録に同意します。

Ⅳ

　本事案の決定に関連して，被審理人は，1983年12月31日まで，有価証券が貴委員会あるいは証券取引所に登録されている会社の財務諸表，あるいは貴委員会に提出される有価証券届出書に含まれている財務諸表の監査に従事する際に適用される特別審査手続の条件に完全に準拠することを誓約するとともに，それに同意します。この手続にしたがって，被審理人が行うこうした契約の各々にかかる業務は，財務諸表についての監査報告書の公表前に，その雇用主のパートナーあるいは当該契約に従事していない同等の権限を有する者による審査を受けます。本事案の決定に関連して，被審理人は，貴委員会に対して，特別審査手続は1983年7月1日以降，現在の雇用主のもとで有効となっ

ていることを申し述べます。

V

　本事案の決定に関連して，被審理人は，これまでに貴委員会あるいはその他の公的機関または民間の機関による懲戒審判あるいは強制審判の対象となったことはないこと，9年間公共会計実務に従事してきたこと，被審理人は経営者による故意の不正スキームの犠牲者であり，上述されているように，Security America 社の社長および営業担当副社長は，証券諸法の詐欺行為禁止規定に違反することを永久に禁止されていること，Security America 社の1980年度の財務諸表の監査において被審理人が問題領域を追求した努力が，Security America 社が一般投資家に対して行っていた継続的な不正の発見を促進した重要な要因であったこと，被審理人は本事案の調査において，貴委員会およびそのスタッフに完全に協力してきたこと，を申し述べます。

VI

　被審理人は，本申入書が自発的に提出されたものであり，貴委員会またはそのメンバー，役員，従業員あるいは代理人から本申入書を提出するよう脅迫あるいは約束は受けていないと認識しているとともに，その旨を主張します。

VII

　本申入書の目的を達成するために，かつ，本申入書が上で述べられたところに基づいて受理される場合に限って，被審理人は，以下の権利を放棄します。
A．証券取引委員会実務規則に基づく聴聞
B．事実認定と法律問題に関する結論の提出
C．証券取引委員会実務規則に基づく聴聞審理官による原始決定
D．証券取引委員会実務規則に基づく聴聞後のすべての手続
E．本命令と首尾一貫した証券取引委員会の行為に対する，裁判所による司法審査

敬白

［署名］Jerome R. Horwitz

日付：1983 年 8 月 1 日
［公証人による証明］

会計監査執行通牒　第 13 号

Accounting and Auditing Enforcement Releases No.13

1983 年 9 月 22 日
証券取引所法通牒　第 20209 号
行政審判書類　第 3-6290 号

Stanley I. Goldberg 会計士の事案に関する，証券取引委員会実務規則第 2 条第 e 項に基づく行政審判開始命令および審決・命令

被審理人となった監査人　問題となった期間において，Touche Ross 会計事務所および Richard A. Eisner 会計事務所に所属していた公認会計士（パートナー）

被監査会社　J. B. Hanauer 社（地方債の販売に特化した証券ブローカー）

対象期間・書類　1934 年証券取引所法規則 17a-5 にしたがって SEC に提出された，1978 年，1979 年，1980 年の各 3 月 31 日に終了する事業年度にかかるフォーム X-17A-5 および内部会計統制に関する報告書

会計上の論点　仮名口座の利用，営業担当者による取引確認書の手渡し，営業担当者による有価証券現物の手渡しと現金の回収・銀行口座への入金

監査上の論点　残高確認の範囲の不十分性（監査範囲の制約），内部統制システムのレビューの不適切性

解　説

1. 概　要

　地方債の販売に特化した証券ブローカーである J. B. Hanauer 社では，極めて不適切な業務が行われていた。すなわち，顧客の仮名口座を積極的に容認し，無記名債による顧客の脱税への関与も疑われた。一部顧客に対しては，取引確認書が送付されないよう，担当の営業担当者に渡されていた。さらに，営業担当者は，有価証券現物を保管庫から持ち出して，会社所定の場所以外の場所で顧客に手渡し，現金を受け取っていた。営業担当者は，顧客から受け取った現金を銀行口座に入金していた。「手渡し取引」と呼ばれるこの一連の手続は，営業担当者による会社財産の横領を可能とするものであり，実際にそうした横領が行われていた。

　監査人は，顧客口座の残高確認の範囲縮小に対する同社からの要請に安易に応じた。また，それに対する代替的手続も不十分なものであった。さらに，同社の内部統制システムのレビューに当たっては，その欠陥を示唆する情報を得ていながら，その重要性を認識できなかった。

2. 会計上の論点

(1) 仮名口座の容認
(2) 「手渡し取引」
　・営業担当者による取引確認書の顧客への手渡し
　・営業担当者による有価証券現物の持ち出しと顧客への手渡し
　・営業担当者による顧客からの現金受取りと，銀行口座への預入れ

3. 監査上の論点

(1) 確認の範囲に対する制約
　・経営者からの要請に応じて，監査人が残高確認の対象として選定した口座のうち 25%，金額で 20% について残高確認書の発送を見合わせた。
　・適切な代替的手続も実施されなかった。

(2)「手渡し取引」から生じる同社の内部統制システムの重要な欠陥を認識できなかった。

4. 本事案の実務的意義

会社の営業優先の杜撰かつ不適切な運営の事例である。規制が厳格になっている金融機関では通常想定しにくいが，営業担当者が不適切な行為に至る事例は幅広い業種でみられる。監査人は，事例を「よそ事」として受け止めず，もしかすると自分の担当会社でも起きているかもしれない，との緊張感を持って監査業務を進めることの重要性を再認識させる事例である。

証券取引委員会は，証券取引委員会実務規則第2条第e項に基づいて，Stanley I. Goldberg 会計士（以下，Goldberg 会計士あるいは被審理人）に対する行政審判を開始することが適当であり，公益に資するものと考える[1]。したがって，ここにかかる行政審判を開始することを命令する。

Goldberg 会計士は，本行政審判に関して和解・誓約申入書（以下，申入書）を提出している。本委員会が受理することを決定した本申入書の条件のもとでは，Goldberg 会計士は，ここに明らかにされた事実関係，所見，結論を認否することなく，本審決・命令の登録に同意している。

I. 事 実 関 係

導 入

被審理人は，ニューヨーク州登録の公認会計士である。本行政審判に関連する期間，被審理人は Touche Ross 会計事務所（以下，Touche 会計事務所）および Richard A. Eisner 会計事務所（以下，Eisner 会計事務所）の監査パートナーであった。彼は現在，Eisner 会計事務所のパートナーである[2]。

J. B. Hanauer 社（以下，Hanauer 社）は，1934年証券取引所法第15条にしたがって本委員会に登録された証券ブローカーである。Hanauer 社は，ニュージャージー州リビングストンに本社を置き，フロリダにいくつかの支店

---

[1] 証券取引委員会実務規則第2条第e項（17 CFR 201.2(e)）は，その一部において，以下のように規定している。
「本委員会は，関与事案に関する告知および聴聞の機会の後，以下の事由に該当すると本委員会が認定した者に対して，本委員会に出頭し，あるいは本委員会所轄業務に従事することのできる権利を一時的に，または永久に拒否することができる。
……
(ii) ……職業的専門家として……不適切な行為に従事していたこと，
……」

[2] Goldberg 会計士は，J. K. Lasser 会計事務所のパートナー在任時に，最初に Hanauer 社の財務諸表監査の監査パートナーに任命された。Goldberg 会計士は，J. K. Lasser 会計事務所と Touche 会計事務所の事業統合に伴い，Touche 会計事務所の監査パートナーになった。

を保有して営業を行っている，地方債の販売に特化した証券ブローカーである。

　Hanauer 社は，フォーム X-17a-5 により監査済年次財務諸表を本委員会に提出していた。Goldberg 会計士は，同社の 1975 年 3 月 31 日に終了する事業年度およびその後の事業年度の財務諸表の監査における監査パートナーであった。彼は，Hanauer 社の 1978 年度と 1979 年度の財務諸表の監査において，Touche 会計事務所の監査パートナーであった。彼は，その後，監査パートナーとして Eisner 会計事務所に移籍し，Hanauer 社の 1980 年度の監査を担当した。1978 年度から 1980 年度までの Hanauer 社の各事業年度の監査を終了するに当たり，Goldberg 会計士は無限定適正意見を付した監査報告書を発行せしめた。当該監査報告書は本委員会に対する Hanauer 社の提出書類に含まれた。Goldberg 会計士はまた，自身が所属していたそれぞれの会計事務所に，Hanauer 社の内部会計統制に関する報告書を提出せしめた。この報告書もまた，1934 年証券取引所法のもとでの規則 17a-5 にしたがって，Hanauer 社によって本委員会に提出された。

　1978 年，1979 年，1980 年の 3 月 31 日に終了する各年度の Hanauer 社の財務諸表に対する監査報告書には，その一部として，これらの財務諸表の監査は一般に認められた監査基準に準拠して実施されており，したがって，当該状況において必要と認めた会計記録のテストおよび他の監査手続を含んでいることが記載されており，財務諸表が一般に認められた会計原則に継続的に準拠して，Hanauer 社の財政状態，経営成績および財政状態の変動を適正に表示しているとの無限定適正意見が表明されていた。また，Hanauer 社の内部会計統制システムについての報告書では，検討および評価の結果，重要な欠陥と考えられる状況はないと述べられていた[3]。

Hanauer 社の業務[4]

　Hanauer 社の顧客の一部は無記名の地方債を現金で購入していたが，その

---

[3]　当該内部会計統制報告書にも，財務諸表監査が一般に認められた監査基準に準拠して実施されたと記載されていた。

目的は投資利益を所得税の申告対象としないことにあったと思われる。このような顧客は，Hanauer 社の営業担当者に，自身の氏名や取引との関係を隠して取引を行いたい旨を伝えていた。Hanauer 社およびその営業担当者は，顧客から提供された氏名と住所で口座を開設することで顧客の便宜を図っていたが，販売担当者はこうした氏名や住所が架空のものであることを知っていたか，あるいは知るべき立場にあった。あるいは，顧客からの求めに応じて，販売担当者がこうした口座のための氏名と住所を作成することもあった。地方債の取引はこのような仮名口座で行われ，Hanauer 社は，新規口座カード，注文票，現金記録簿，取引確認書，顧客台帳を含めた会社の帳簿と会計記録に，架空の顧客名を記録した。

Hanauer 社および営業担当者はさらに，取引確認書が送付されないようにすることで，現金取引客の便宜を図った。本行政審判に関連する期間において，こうした取引確認書は，それを顧客に届ける責任を有する指定された営業担当者に渡されていた。Hanauer 社の営業担当者は，真の顧客名が判明しないよう求める顧客については，その取引確認書の控えを廃棄していた。

これらの仮名口座を使用している顧客へのさらなる便宜として，営業担当者は，会社の有価証券の現物保管庫から利付地方債を持ち出し，自らが個人的にさまざまな場所で地方債を引き渡し，現金を受け取っていた。顧客の匿名性を確保するため，時として，こうした取引は，レストラン，バーあるいは空港の

4　1982 年 2 月 11 日，本委員会は命令を発行して，行政審判を開始し，事実認定を行い，Hanauer 社およびその過去および現在の関係者 18 名に対して救済的制裁を課した。本委員会は，Hanauer 社が，1934 年証券取引所法の詐欺行為禁止規定，会計帳簿に関する規定およびその他の規定，1933 年証券法の詐欺行為禁止規定，ならびに地方債規則策定審議会の規則に故意に違反していたと認定した。本委員会はまた，Hanauer 社が監督すべき人々を合理的に監督していなかったと認定した。被審理人に対してさまざまな事実認定が行われ，救済的制裁が課された。被審理人は，本委員会の一切の事実認定について認否することなく，命令の登録に同意した。証券法通牒第 6381 号（1982 年 2 月 11 日）を参照されたい。

また 1982 年 2 月 11 日に，本委員会は，Hanauer 社に対して，上述の行政審判におけるのと同じ規定の違反と，「通貨および外国取引報告法」および同施行規則の違反を主張して，差止請求訴訟を提起した。Hanauer 社は，告訴状における主張を認否することなく，これらの規定に違反することを永久に禁止する永久差止命令の最終判決の登録に同意した。訴訟通牒第 9582 号（1982 年 2 月 11 日）を参照されたい。

駐車場といった場所で行われた。こうした取引を行う営業担当者は，顧客から受け取った現金を，Hanauer 社が口座を有する特定の銀行に入金する責任を負っていた[5]。このような取引は，Hanauer 社の従業員の間では，「手渡し取引」と呼ばれていた。

現金の受け入れや取引確認書の送付を含めた Hanauer 社の方針や手続[6]は，一部の営業担当者が顧客を騙すこともできるものであった。現金取引との関係において，一部の営業担当者は，会社が提示する地方債の販売価格よりも高い価格を提示していた。この場合，営業担当者は，Hanauer 社の事務部門が作成した実際の販売価格を示す取引確認書を廃棄するか，実際の販売価格よりも高い金額の取引確認書を作成していた。次に，営業担当者は，顧客から実際の金額を超える現金を受け取り，実際の金額を Hanauer 社の銀行口座に入金し，それを超える金額を個人的に着服していた。

財務諸表監査

1978 年度，1979 年度および 1980 年度の Hanauer 社の財務諸表の監査にかかる監査チームは，Goldberg 会計士と主査 1 名，シニア・クラスの会計士 1 名およびスタッフ・クラスの会計士 2 名以上で構成されていた。Goldberg 会計士が監査パートナーであった Hanauer 社の監査にマネジャーは割り当てられていなかった。

---

[5] この取引で受け取った現金は，「通貨および外国取引報告法」の報告要件の適用に関連しての銀行による調査を回避するために，10,000 ドル未満の金額で預け入れられた。

[6] 当時，Hanauer 社が新規口座を検証する手続は緩いものであったため，仮に同社が取引確認書を営業担当者に渡して顧客に届けさせていなかったとしても，営業担当者は顧客を騙すことができたであろう。営業担当者は，顧客口座を開設する際に，自らのコントロール下にある住所を示すことできたため，正しい取引確認状が顧客に送付されるのを妨げることができた。一部の営業担当者は，取引確認状の送付を妨げるために，私書箱あるいは自らがコントロールできるその他の住所を用いて口座を開設した。

顧客への残高確認書の送付

　3年度にわたる監査契約のそれぞれにおける監査手続の一環として，監査人はHanauer社の顧客口座債権債務の残高を検証した。監査人は，残高確認を行うため，年度末に借方残高あるいは貸方残高のある一部の口座を選定した。Goldberg会計士は，会社が指定した一部の口座に対して残高確認書を送付しないよう会社から要望されるであろうことを監査スタッフに伝えていた。

　したがって，会社の顧客に対する残高確認書の送付に先立って，監査人は，会社の事務部門の責任者に，残高確認の対象として選定された口座の顧客について通知した。Hanauer社の事務部門責任者とその他の営業担当上級管理者は，営業担当者に，一部の顧客口座が残高確認の対象に選定されたことを知らせ，残高確認書の送付を見合わせることが必要な顧客がいるかどうかを尋ねた。営業担当者は，残高確認書の送付対象とすべきでない口座を特定した。しかし，その営業担当者は，上級管理者から，残高確認書の送付の見合わせを求める理由あるいは正当性を説明することは要求されなかった。

　Hanauer社の管理者は，残高確認の対象とすべきでない顧客口座を監査スタッフに通知した。Hanauer社の説明によれば，一部の顧客とは緊密かつ内密な関係を有しており，当該顧客の取引が明るみに出る可能性のある書類の送付を避けるほうが会社として望ましいということが，残高確認書の送付を見合わせるべき理由であった。配偶者にその取引の内容を知られたくないと考えている顧客もいれば，このような残高確認状が送られてくると混乱する顧客もいると監査人は説明された。

　Goldberg会計士は，各年度の監査パートナーとして，一部顧客への残高確認書の送付を見合わせるようにとのHanauer社の要請を黙認していた。Goldberg会計士もHanauer社の監査を担当した監査スタッフも，残高確認書を送付したことにより，実際に顧客に何らかの問題が生じた事例を把握していなかった。また，監査人は，Hanauer社が主張した夫婦間のいさかいの真偽を確かめようとも，会社に確かめさせようともしなかった。さらに，当初は残高確認書の送付対象となりながら送付されなかった口座に関して，監査手続書からも，Goldberg会計士からも，新規口座に関する情報の検証，当該顧客に

関して適切な営業担当者へのヒアリング，当該顧客の取引履歴のレビューもなくば当該顧客の氏名，住所，職業，財政状態の確認，あるいは取引についての当該顧客への口頭での確認といった手続を行うよう監査スタッフに指示が出されることはなかった。

　Hanauer社の1978年度の財務諸表の監査において，監査人は，年度末時点で借方残高あるいは貸方残高のあるすべての顧客口座について残高確認を実施する計画を立てていた。しかし，Hanauer社は，年度末時点に借方残高あるいは貸方残高のある一部の顧客に対して残高確認書の発送を見合わせるよう監査人に要請した。残高確認の対象となった借方残高あるいは貸方残高のある227の口座のうち，監査人は会社の要請を受け45の口座について残高確認書の発送を見合わせた。したがって，監査人は，借方残高あるいは貸方残高のある口座への残高確認書のうち20％近くの発送を見合わせたことになり，その金額は口座残高総額の18％を占めていた。監査人はまた，証券の残高を有する一部の口座，3月に取引のあった口座からランダムに選択した多くの口座，1978年3月31日において現金あるいは証券の残高がない口座からランダムに選択したいくつかの口座についても残高確認書を発送した。

　1979年度の財務諸表の監査において，監査人は，残高確認の対象として，年度末時点で借方残高あるいは貸方残高のある顧客口座の50％を選定した。Hanauer社は，年度末時点で借方残高あるいは貸方残高のある顧客口座で残高確認の対象となった口座について通知を受け，再びその一部について残高確認書の発送を見合わせるよう監査人に要請した。監査人はこの要請を受け入れ，残高確認の対象となった借方残高あるいは貸方残高のある147の口座のうちおよそ36の口座，すなわち残高確認対象口座の25％について残高確認書の発送を見合わせた。口座残高からすると，監査人は，残高確認の対象として選択された口座の残高総額の20％を占める残高確認書の送付を見合わせたことになる。監査人はまた，1979年3月31日において証券の残高を有する一部の追加的口座および1979年3月31日において現金あるいは証券の残高がない口座からランダムに選択したいくつかの口座についても残高確認書を発送した。

　Hanauer社の1980年度の財務諸表の監査は，実質的に1979年度の監査と同様に実施された。すなわち，監査人は，1980年3月31日時点で借方残高あ

るいは貸方残高のある顧客口座の50％を残高確認対象として選定した。Hanauer社は，残高確認の対象となった口座について通知を受け，その一部について残高確認書の発送を見合わせるよう監査人に要請した。監査人は会社の要請を受け入れた。残高確認の対象となった借方残高あるいは貸方残高のある216の口座のうち，会社から要請があった36の口座について残高確認書の発送を見合わせた。すなわち，監査人は，残高確認対象口座のうち17％超の発送を見合わせたことになり，その金額は残高確認対象口座の残高総額の26％を占めていた。監査人はまた，証券の残高を有する他の一部の口座およびランダムに選択した一部の口座についても残高確認書を発送した。

　Goldberg会計士は，監査現場に赴いており，残高確認書を発送しないでほしいとの会社の要望を聞き，これを承認していた。しかし，Goldberg会計士は，発送を見合わせた残高確認書の数，あるいはそれが選定された口座に占める割合やその残高合計に占める割合については調査しなかった。

　Goldberg会計士は，Hanauer社の管理者が指定した顧客に対しての残高確認書の発送に代えて，代替的監査手続に依拠した。この代替的手続は，実質的に，残高確認書での残高確認日における借方残高あるいは貸方残高がその後解消されているかどうかを確かめるものであった[7]。監査人は，この手続を，顧客からの入金あるいは顧客への出金があったかどうかを更新された顧客口座記録で確かめることにより行っていた。時によっては，監査人は，借方残高あるいは貸方残高が解消されているかどうかを確かめるために，顧客口座記録だけでなく，入出金を示す書類も検討した。しかし，監査人は，Hanauer社あるいは営業担当者から当該顧客に対する情報を得ようとはせず，また，独自に顧客口座に関する情報を入手したりあるいはその情報の真偽を確かめたりするための手続も実施しなかった。残高確認書の発送を見合わせた顧客口座について，監査人が，実際の顧客を特定するための手続やそれが仮名口座ではないかを確かめる手続を独自に実施することはなかった。監査人は，Hanauer社が管理している顧客記録に全面的に依拠した。

7　監査人はまた，残高確認対象に選定されたが会社の要請により残高確認書が送付されなかった口座について，会社が残高確認書送付の見合わせを要請した理由を指し示す何らかの傾向が識別されるかどうかを調査した。

内部統制システムのレビュー

　Goldberg会計士が監査パートナーであった3事業年度のそれぞれにおいて，監査人はHanauer社の内部統制システムについてのレビューを行った。このレビューには，証券ブローカーの内部統制システムをレビューすることを意図した質問書を使用した手続も含まれていた。このレビューの一部として，Goldberg会計士の指揮のもと，監査人は，顧客口座の新規開設とその維持の方法[8]，顧客との取引の処理方法，入金手続に関する質問を行った。

　Hanauer社に関する基本的な情報を記録している監査調書およびHanauer社の内部統制システムについてのレビューから，Goldberg会計士は，営業担当者が顧客口座を開設していること，取引確認書を受け取っていること[9]，Hanauer社の事務部門から無記名債を持ち出し，顧客の指定した場所まで運んでいること，地方債の購入代金として現金を受け取っていること，Hanauer社の管理する銀行口座に入金していること，を認識していた。

　各年度の監査において，Goldberg会計士は，Hanauer社の内部統制システムについて検討および評価が実施されたこと，ならびに「検討および評価の結果，重要な欠陥と考えられる状況はない」ことを述べたHanauer社に対する報告書を発行せしめた。この報告書は，Hanauer社の年次報告書とともに本委員会に提出された。Goldberg会計士は，証券取引での手渡し取引に関して，得ていた情報の重要性を認識しておらず，前述したような顧客への残高確認あるいは有効な代替的手続を含む監査手続を実施しようとしなかった。これらの手続が実施されていれば，顧客口座情報が欠けていたこと，取引確認書を営業

---

[8] このレビューでは，すべての顧客についてすべての必要な情報を提供するように口座カードが維持されているかどうか，および仮名口座が含まれていないかどうかについての経営者への質問を含んでいた。監査人は，これらの質問に対するHanauer社の肯定的回答を受け入れた。もし監査人がHanauer社の新規口座カードを調査していたならば，電話番号，職業，銀行信用照会先といった新口座について通常存在すべき情報が多くの場合欠けていることが判明したであろう。

[9] 会社の基本情報を記録している監査調書には，取引確認書の顧客用控えはすべて，営業担当者に渡されていると記載されていた。Goldberg会計士は，自身が当該監査調書を検討したと本委員会スタッフに伝えた。

担当者に渡して顧客に届けさせていたこと，営業担当者が現金を受け取り銀行口座に入金していたことを含め，Hanauer 社の内部会計統制システムの有効性を脅かすその他の状況を発見できたではずである。

II. 結　論

　1934 年証券取引所法第 17 条第 e 項のもとでの証券取引委員会実務規則にしたがい，証券ブローカーは監査済財務諸表を含んだ年次報告書を本委員会に提出することが求められている。さらに，証券取引委員会実務規則では，独立会計士が特定のレビューを実施すること，監査を一般に認められた監査基準に準拠して実施することが要求されている。監査人は，被監査会社が課した監査範囲への制約の結果として，あるいは他の何らかの理由により，財務諸表に対する意見が基づくところの十分かつ適格な監査証拠を得られない場合，監査報告書の範囲区分において当該状況を説明することが求められ，意見区分では通常意見を表明せず，その理由を記載することが求められる[10]。

　本委員会は，問題となっている監査において，Hanauer 社が監査範囲に制約を課したと結論づけている。1978 年度の財務諸表の監査において，借方残高あるいは貸方残高のある口座で，残高確認の対象として選定された口座のうちの 20％について残高確認書の発送を見合わせた。その金額ベースでの割合は 18％であった。同様に，1979 年度の財務諸表の監査においても，監査人は，Hanauer 社からの要請を受け入れ，借方残高あるいは貸方残高のある口座で，

10　監査基準書集成 AU セクション 509.12 は，その一部において，以下のように規定している。

「監査手続の範囲に対する制約としてよく見られるものには，……債務者と直接的に接触する受取勘定の確認に課される制約があるが，制約は監査の他の局面に関係しているかもしれない。……財務諸表の重要な要素に対するこれらの監査手続あるいはその他の監査手続の適用に対して制約が課される場合，監査人は，無限定意見あるいは限定付意見を表明することを可能とする十分かつ適格な証拠資料を検討したかどうか，あるいは意見を差し控えるべきかどうかを決定することが求められる。監査範囲に対する著しい制約が被監査会社から課された場合，監査人は一般に財務諸表に関する監査意見の表明を差し控えるべきである。」

残高確認の対象として選定された口座のうちの25%，金額ベースで口座残高の20%について残高確認書の発送を見合わせた。1980年度の財務諸表の監査においては，監査人は，借方残高あるいは貸方残高のある口座で，残高確認の対象として選定された口座のうちの17%について残高確認書の発送を見合わせた。これは口座残高の26%を占めていた。

　Goldberg会計士は，会社からの要請の対象となった残高確認書の発送の代わりとして代替的手続を実施した。しかし，この代替的手続は，借方残高あるいは貸方残高がその後解消されているかどうかを確かめるために，顧客口座記録へのその後の記入を検討するものであった。この代替的手続では，顧客を特定するのに有効な証拠あるいは独立の証拠は入手されなかった。むしろ，Goldberg会計士は，完全にHanauer社のコントロール下にある資料に依拠した。もし1978年度から1980年度までの各年度の財務諸表の監査において，残高確認の対象として選定したすべての口座に対して残高確認書が送付されていたならば，あるいは他の有効な，もしくは独立の検証，たとえば，顧客からの要請を文書で求める，新規顧客カードを検討する，電話帳で顧客の存在を確認する，顧客との電話によって口頭で確認する，といった検証が実施されていたならば，監査人は，Hanauer社が仮名口座を設けていたことを発見できたはずである。

　Hanauer社のような登録されている証券ブローカーに対する監査を実施する際，独立会計士は，証券取引委員会実務規則17a-5(g)(1)により，会社の内部統制システムについてレビューすることが求められている。規則17a-5(g)(1)はさらに，「……内部会計統制……の監査およびレビューの範囲は，検証日時点において，……(b) 内部会計統制……に存在する重要な不備が開示されるであろうとの合理的保証を提供するのに十分でなければならない」と規定している。規則17a-5(g)(1)では，「重要な不備」は次のように定義されている。

「以下に掲げる状況の大きな原因となった条件，あるいは適切な是正措置が採られなければ，以下に掲げる状況が生じることが合理的に見込まれる条件……。(i) 証券ブローカーあるいはディーラーが速やかに証券取引を完了することを妨げる，あるいは速やかに顧客，他の証券ブローカーおよびディー

ラー，債権者に対する自己の責任を果たすことを妨げる，(ii) 重大な財務的損失をもたらす，(iii) 証券ブローカーあるいはディーラーの財務諸表における重要な虚偽表示をもたらす，(iv) 本条文の (g)(3)(i)，(ii)，(iii) で説明された状況をもたらすことが合理的に見込まれるような，証券取引委員会の記録保持あるいは財務的責任に関する規則の違反をもたらす。」

　証券取引委員会実務規則 17a-5(j) では，証券ブローカーは，存在することが判明した重要な不備を説明した独立会計士による報告書，あるいは重要な不備が存在しないと結論づけた場合にはその旨を記載した独立会計士による報告書を，年次報告書とともに提出しなければならないと規定されている。
　Hanauer 社で手渡し取引という実務が行われていたこと——これについては Goldberg 会計士も認識していた——は内部統制システムの重要な欠陥であった。Hanauer 社の営業担当者は，顧客口座を開設し，妥当性を確かめることが困難あるいは不可能な販売価格を顧客に提示し，顧客への取引確認書をコントロールし，現金を受け取り，無記名債を引き渡し，入金処理を行っていた。Hanauer 社で行われていたように，1 人の人間が取引のすべての局面にかかわることを認めることで，一部の販売担当者は，上乗せした価格で顧客と取引することができた。Hanauer 社の一部の従業員によって行われた不正行為により，会社は，重大な潜在的損失を被ることとなった。それには，騙された人々からの潜在的な損害賠償請求訴訟の形での損失が含まれる。
　手渡し取引という実務が行われたことにより，Hanauer 社は，債券および現金が盗まれ，あるいは不注意により失われ，重大な財務的損失を被った。最後に，この手渡し取引という手法のために，Hanauer 社は，その顧客，その他の証券ディーラー，および債権者に対する自己の責任を果たすことを妨げられた可能性もある。誰なのかを特定できない顧客と取引することで，Hanauer 社は，取引を完了するために顧客と接触することができなかった。その結果，債券を現金で購入する顧客にとって市場環境が不利になった時，その顧客は取引についての義務を履行しなくともよい立場にあった。このことにより，Hanauer 社は市場変動に伴う損失を被ることとなり，会社の業務が害されることとなったであろう。

手渡し取引から生じる Hanauer 社の内部統制システムの重要な欠陥を認識できなかったことは，当該監査が本委員会所轄業務に従事する独立会計士に期待されるのとは相反する方法で実施されたことを示すさらなる証拠である。

Ⅲ．所　見

前述したところに基づき，本委員会は，被審理人が職業的専門家として不適切な行為に従事したと認定する。

Ⅳ．和解・誓約申入書

被審理人は，ここでの事実関係，所見，結論を認否することなく，上述した認定を行い，以下で述べる救済的制裁を課す本審決・命令の登録に備える申入書を提出している。

また本申入書において，Goldberg 会計士は，今後 30 日間，本委員会に出頭せず，本委員会所轄業務に従事しないこと，および今後 12 ヶ月間，特別審査手続に完全に準拠することを誓約している。この特別審査手続のもとで，証券ブローカーあるいはディーラーの財務諸表に関して Goldberg 会計士が監査パートナーを務めるすべての監査契約は，当該契約に関与していない別のパートナーによる監査計画の事前審査と，監査意見の表明前に実施される事後審査の対象となる。事後審査には，監査調書の検討および重要な監査上，会計上の意思決定の検討が含まれる。さらに，Goldberg 会計士は，アメリカ公認会計士協会の SEC 監査実務部会の要件にしたがい，継続的専門研修 40 単位を取得することを誓約している。

Ⅴ．命　令

前述したところに照らし，本委員会は被審理人の和解申入書を受理することを決定した。

Goldberg 会計士が，これにより，本命令書の発行から 30 日間，本委員会に

出頭しあるいは本委員会所轄業務に従事する権利を拒否されること，およびGoldberg 会計士が申入書で述べた誓約事項を完全に遵守することを命じる。

証券取引委員会

George A. Fitzsimmons
書記官

会計監査執行通牒　第 16 号
Accounting and Auditing Enforcement Releases No.16

1983 年 11 月 14 日
証券取引所法通牒　第 20364 号
行政審判書類　第 3-6303 号

Touche Ross 会計事務所（1633 Broadway, New York, New York）の事案に関する，証券取引委員会実務規則第 2 条第 e 項に基づく行政審判開始命令

被審理人となった監査人　Touche Ross 会計事務所

被監査会社　Litton Industries 社（造船会社），Gelco 社（輸送用機器の管理・リースサービスの提供会社）

対象期間・書類　1972 年度から 1977 年度にかかるフォーム 10-K 報告書（Litton 社），1978 年 7 月 31 日に終了する事業年度の財務諸表（Gelco 社）

会計上の論点　製造コストの繰延べ（Litton 社），仕入割引（Gelco 社）

監査上の論点　コストの回収可能性の評価（Litton 社），取引の性質（ビジネス）の理解（Gelco 社）

関連する会計基準・監査基準　会計研究公報第 45 号，APB ステートメント第 4 号，SAS 第 1 号，AICPA 業種別監査ガイド「政府との契約者の監査」，ASR 第 173 号

解 説

【Litton 社】

1. 概 要

　造船会社である Litton 社は，1968 年ごろ，4 隻の商用貨物船の建造契約（以下，APL/Farrell 契約）を締結した。また，海軍との間で，1969 年ごろにはヘリコプター攻撃艦 9 隻を建造する包括的調達契約（以下，LHA 契約）を，1970 年ごろには駆逐艦 30 隻を建造する包括的調達契約（以下，DD 契約）を締結した。

　APL/Farrell 契約について，当初から見積りを超過するコストが生じた。Litton 社は 1972 年までに生じた見積超過コスト 1 億 2,800 万ドルを LHA 契約および DD 契約に配分して繰り延べることとした。しかし，この繰延べは適切ではなく，またそれに関する開示も不適切であった。

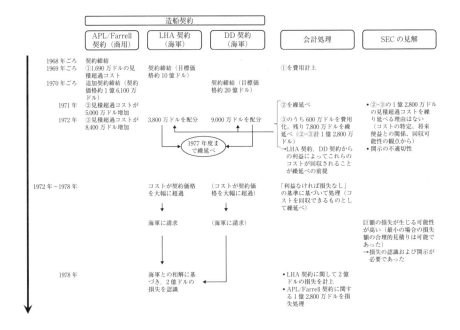

1972年から1978年の間，LHA契約およびDD契約に生じた多額の超過コストについても，海軍への請求によって回収されるとして，それを繰り延べた。しかし，これは発生した年度において損失として認識されるべきであった。これらのコストは，海軍との和解が成立した1978年に損失として計上された。

　監査人は，当該超過コストについて十分な監査証拠を入手することなく，経営者の説明だけに基づいて繰延べを認めた。すなわち，監査人はこの点において健全な懐疑心を保持していなかった。また，監査人は，当該超過コストの回収可能性に伴う不確実性に関する条件付の意見を表明していた。

2. 会計上の論点

(1) APL/Farrell契約にかかる超過コストの会計処理
　・損失を認識すべきであった（繰り延べられるべきではなかった）
　　イ）新規設備の立ち上げコスト（繰延可能なコスト）を特定できない
　　ロ）LHA契約・DD契約で回収されるべきコストではない
　　ハ）当初はLHA契約・DD契約からの利益によって，後に海軍への請求によって回収しようとしたが，その可能性は不確実であった
　・適切な開示が必要であった
　　イ）1969年度には同様のコストを費用計上していたことが開示されていなかった
　　ロ）超過コストの性質・原因が開示されていなかった
　　ハ）超過コストのうち売上原価に計上したものについては，それと同額が収益に計上されていたことが開示されていなかった

(2) LHA契約にかかる超過コストの会計処理
　・超過コストを海軍から全額回収できるという仮定に基づいて財務諸表上で表示されていた（→1978年より前には，損失に対する引当てを行わず）
　・政府との防衛にかかわる契約であることを考えると，請求プロセスに不確実性があることは致し方ないが，このことは損失を認識しなくてよいこと，あるいは開示しなくてよいことを意味していない

3. 監査上の論点

(1) 健全な懐疑心を保持せず，十分な監査証拠を入手しなかった
  ・経営者の説明に基づいて超過コストの繰延べを認めた
  ・経営者の説明に対する裏づけを得なかった
(2) 条件付監査意見の表明
  ・LHA契約・DD契約に関連する不確実性に関する限定→APL/Farrell契約にかかる繰延コストに関して不適切であった
  ・このコストの繰延べは，GAAP違反であった
  ・監査範囲の問題（監査手続を実施できないこと）は，条件付意見を表明することで緩和できない

4. 本事案の実務的意義

　原価の繰延べと付替えの事案である。これは，個別原価計算を採用する企業等において，現在でも大きな監査上のリスクであり，頻発している会計不正の手口と同内容である。

【Gelco社】

1. 概　要

　1978年度において，トラックのリースを行っているFeld部門は，主要仕入業者からのトラックの購入に際して受け取る割引（「中古トラック値引き」）を収益として計上した。これは，もともとは，「中古トラック値引き」が中古トラックの下取りを伴う新規トラックの購入の際に主要仕入業者によって支払われるものであったためである。しかし，遅くとも1974年以降は，「中古トラック値引き」は，下取りとは関係なく新規トラックの購入に対して支払われていた。

2. 会計上の論点

「中古トラック値引き」は，収益としてではなく，トラックの取得原価のマイナス（仕入割引）として処理されるべきであった。

3. 監査上の論点

(1) 主要仕入業者との間の契約書を入手しなかったという点で，その監査は不十分であった。

(2) 結果として，監査人は当該取引の性質を適切に理解できなかった。

4. 本事案の実務的意義

購入取引から不適切に利益計上をしている事案である。監査人は，常に経済的実態はどうなのか，それが適切に会計処理に反映されているのかについて，懐疑心を持つことが要請されていることを自覚すべき事例である。

証券取引委員会は，証券取引委員会実務規則第2条第e項に基づいて，Touche Ross会計事務所（以下，Touche会計事務所）に対する行政審判を開始することが適当であり，公益に資するものと考え，ここに開始するものである[1]。本行政審判は，Litton Industries, Inc.（以下，Litton社）およびGelco Corporation（以下，Gelco社）の財務諸表に対するTouche会計事務所の監査に関係している。

本行政審判の開始と同時に，証拠の聴聞，正式事実審理あるいは弁論を行うことなく，さらに法律あるいは事実に関するいかなる問題についての司法的判断を行うことなく，Touche会計事務所は，本通牒においてなされている記述または結論のいかなる部分についても認否することなく，さまざまな事項を議論した書簡を本委員会に提出し，本審決・命令の発行に同意した。前述したところに基づき，本委員会は，本審決・命令の発行によって本行政審判を結審させ，終結させることを決定した。

Ⅰ．Litton社

Ⅰ．導入および要約

1981年3月12日，証券取引委員会は，カリフォルニア州ビバリーヒルズに拠点を置く，デラウェア州で設立登記されている会社であるLitton社に対する民事訴訟の提起と和解を発表した[2]。この民事訴訟で提出された本委員会の

---

[1] 証券取引委員会実務規則第2条第e項（17 CFR 201.2(e)）は，その一部において，以下のように規定している。
「本委員会は，関与事案に関する告知および聴聞の機会の後，以下の事由に該当すると本委員会が認定した者に対して，本委員会に出頭し，あるいは本委員会所轄業務に従事することのできる権利を一時的に，または永久に拒否することができる。
（ⅰ）他の者の代理となるのに必要な資格を有していないこと，または，
（ⅱ）品位または誠実性を欠いていること，あるいは，職業的専門家として非倫理的または不適切な行為に従事していたこと，もしくは，
（ⅲ）連邦証券諸法（15 U.S.C.第77a条から第80b-20条）または同法に基づく規則および規制に故意に違反し，もしくは，かかる違反を故意に幇助および教唆していたこと。」

告訴状は，1971 年度から 1978 年度の間の商用および軍用の造船契約における契約価額を超過したコストについての Litton 社の会計処理，およびそれに関連する同社の開示に関係していた[3]。

1969 年に締結された米国海軍との大規模な造船契約（以下，LHA 契約）に関して，Litton 社に生じたコストは契約価額を超過した。その超過コストは，1973 年度の約 7,500 万ドルから 1978 年度には約 5 億ドルまで増加した。Litton 社は，この超過コストは，建造プロセスにおける海軍側の遅延と混乱によって生じたものであると主張し，同社が 1973 年から 1978 年の間に本委員会に提出した年次報告書および定期報告書に含まれている財務諸表は，LHA 契約のもとでそのコスト全額を回収できるという仮定に基づいて表示されていた。本委員会の告訴状では，LHA 契約価額を超過するコストの大部分は，当該契約の明示条項のもとでは海軍が責任を負わない要因によって発生しており，Litton 社が超過コストを回収できるかどうかは不確実であったことからすると，海軍との和解の結果として 2 億ドルの税引前損失の引当てを行なった 1978 年度よりも前に当該契約について引当金を計上しなかったことに適切な理由はないと申し立てている。

1968 年に締結された 2 件の商用の造船契約に関して，Litton 社に生じたコ

---

[2] SEC v. Litton Industries, Inc., (DDC, Civil Action No. 81-0589), 訴訟通牒第 9322 号。
証券取引委員会の告訴状では，Litton 社は証券取引所法第 13 条第 a 項および同法規則 12b-20, 13a-1, 13a-13 に違反したと申し立てている。Litton 社は，本委員会の申し立てを一切否認することなく，証券取引所法第 13 条第 a 項を遵守することを命じる最終命令の登録に同意した。

[3] Litton 社が報告していた 1971 年度から 1978 年度まで間の収益と税引後純利益（純損失）は以下のとおりである。

年度	収益（千ドル）	税引後純利益（千ドル）
1971	$2,466,120	$ 50,003
1972	2,202,327	1,118
1973	2,392,261	43,030
1974	3,002,781	(47,783)
1975	3,412,189	19,338
1976	3,354,552	28,297
1977	3,442,924	55,906
1978	3,653,204	(90,843)

ストは，1972 年度末までに，契約価額を 1 億 2,800 万ドル超過していた。1972 年からその全額が損失処理された 1978 年の間，Litton 社は，新規の造船設備で行われるその後の軍用契約に貢献するということを根拠に，こうしたコストの認識を繰り延べた。本委員会の告訴状では，超過コストの性質，新規設備の立ち上げコストと契約にかかる事業コストとの区分を裏づけるのに十分な会計記録がないこと，および当該コストを回収する収益の確実性がないことに照らして，Litton 社が財務報告のために 1 億 2,800 万ドルの超過コストを繰り延べる適切な根拠はなかったと申し立てている。

　Touche 会計事務所は，問題の期間を通して，Litton 社の年次財務諸表の監査を行い，監査意見を表明していた。1972 年度から 1977 年度までの各年度の Litton 社の財務諸表に対する Touche 会計事務所の監査報告書には，契約をめぐる海軍との対立に関する不確実性についての限定事項が付されていた。本委員会の調査で得られた証拠によれば，Touche 会計事務所は，一般に認められた監査基準に準拠して Litton 社の財務諸表を監査していなかった[4]。Touche 会計事務所は，海軍との契約について発生した超過コストは全額，損害賠償請求することで回収されるであろうという Litton 社の判断を適切な証拠もなく受け入れた。さらに，Touche 会計事務所は，1 億 2,800 万ドルのコストを，それが新規造船所から得られる将来の収益を通じて回収されると期待されることを理由に繰り延べるという Litton 社の判断を，その金額が具体的に将来の期間において Litton 社に貢献するコストであることを適切に検証することなく，適切な証拠もなく受け入れた。

II. 背　景

A. Litton 社の造船所と造船契約

　1967 年ごろ，Litton 社は，ミシシッピ州パスカグーラに所有している造船所の川向こうに新たな造船設備を建設した。新しい設備は，従来の造船手法と

---

[4] この文書でいう Touche 会計事務所とは，契約パートナー，監査実務に従事している他のパートナー，本部のパートナーを含めた全体としての会計事務所を指している。これら全員が，ここで説明されている問題の多くに関係している。

は根本的に異なり，組立ラインの概念を造船に適用するよう設計された。

　1968年ごろ，Litton社は，American Presidents Line社向けに3隻の商用貨物船を，そしてFarrell社向けに4隻の商用貨物船を建造する契約（以下，APL/Farrell契約）を締結した。APL/Farrell契約は，1億4,900万ドルの固定価格契約であった。1970年ごろ，Litton社は，APL社向けの4隻目の船舶を建造する契約を締結し，これによりAPL/Farrell契約は8隻分，約1億6,100万ドルの固定価格プログラムとなった。以前に海軍がLitton社に発注した造船プログラムが議会によってキャンセルされたため，APL/Farrell契約にかかる船舶がLitton社の新規造船所で建造される最初の船舶となることとなった。

　1969年5月ごろ，Litton社は，米国海軍向けに，9隻のヘリコプター攻撃艦を建造する包括的調達契約（以下，LHA契約）を締結した。この契約は複数年に渡る固定価格契約であり，約10億ドルの目標価格が付されるとともに，価格増加修正および奨励金に関する条件が設定されていた。また，この契約には，一定期間経過後に，上限はあるものの目標価格を再交渉できる条件が設定されていた。1970年6月ごろ，Litton社は，米国海軍向けに30隻の駆逐艦を建造する包括的調達契約（以下，DD契約）を締結した。この契約も複数年に渡る固定価格契約であり，約20億ドルの目標価格が付されるとともに，価格増加修正および奨励金に関する条件が設定されていた。また，この契約にも，一定期間経過後に，上限内で目標価格を再交渉できる条件が設定されていた。

　Litton社は，APL/Farrell契約に関する船舶の建造を開始する前に，コストが契約価額を少なくとも1,630万ドル超過するであろうと見積っていた。Litton社は，その船舶が従来の造船所ではなく新規の造船設備で建造されたため，超過コストはこの新規造船設備の立ち上げコストであるとして，1,630万ドル全額を1969年7月31日に終了する事業年度の収益に対して負担させた。

　LHA契約での入札に関連して，Litton社は，本契約にかかる船舶の建造で発生すると予想される新規設備の立ち上げコスト約2,850万ドルを回収する権利を求め，それを得た。LHA契約の条項では引当可能かつ配分可能なコストを上限内で回収することを認めてはいたが，Litton社は，当該契約のもとで，あるいはそれに関連して，追加的な立ち上げコストを海軍に負担させる契約上の条項を要求せず，結果としてこうした条項は契約には含まれなかった。

DD契約に関連して，契約条項では引当可能かつ配分可能なコストを上限内で回収することを認めてはいたが，Litton社は，直接間接にDD契約と関係する新規造船所の立ち上げコストを海軍に負担させる契約上の条項を提案せず，結果としてこうした条項は契約には含まれなかった。

B. LHA契約に関連するコストの繰延べ

　APL/Farrell契約にかかる船舶建造を開始した直後，Litton社は，新規の造船設備において経営上，人員上および生産上の深刻な問題に直面した。これにより，APL/Farrell契約にかかる船舶の建造は遅延した。1971年，Litton社は，APL社向け船舶4隻（1972年には，Farrell社向けの4隻目の船舶の一部）の建造を従来の造船所に移した。1972年，Litton社は，新規の造船所でLHA契約にかかる船舶の建造を開始した。

　1971年ごろ，Litton社による最新のコストの見積りでは，APL/Farrell契約価額を超過する予測総コストが5,000万ドル増加した。Litton社は，この5,000万ドルのコスト増大分を費用として計上せず——1969年度における超過コスト1,630万ドルは費用として計上されたが——，このコストが，新規造船設備を用いることになっている海軍との契約に貢献する当該設備の立ち上げコストであるということを根拠に，コスト増大分の認識を繰り延べ，LHA契約およびDD契約にかかる期待利益に対してこれを償却した。

　1972年7月31日に終了する事業年度においてLitton社が見積ったAPL/Farrell契約についてのコストはさらに約8,400万ドル増加した。Litton社は，同じ根拠で，そうした超過コストのうち600万ドルを除いた全額についてその認識を繰り延べた。それにより，APL/Farrell契約価額を超過し，繰り延べられたコストの合計額は1億2,800万ドルに達した。繰り延べられたコストのうち，3,800万ドルはLHA契約に配分され，9,000万ドルはDD契約に配分された。

　APL/Farrell契約価額を超過し，Litton社が繰り延べた1億2,800万ドルのコストには，次のものが含まれていた。

(a) APL社向け船舶4隻およびFarrell社向け船舶1隻の一部を従来の手法で建造することに関連して旧造船所で発生したコスト

（b）APL/Farrell 契約に関する船舶について，「包括的情報パッケージプログラム」およびそのプログラムに関連した特定の生産アプローチを Litton 社が実行しようとした結果として発生したコスト（なお，このプログラムにおける生産アプローチは実行不可能であることが判明し，海軍向け船舶の建造前に断念された。）
（c）従来の工学設計作業についての改善の遅れ，技術・製造に関する人的資源の不足，従業員の高い離職率（時として，年間で90％近くに達していた），常習的欠勤，生産性の低下（旧造船所のかつての生産性の40％まで低下した），下請業務の質の悪さ，スタッフの再編成，その他の要因の結果として発生したコスト

　加えて，Litton 社は，APL/Farrell 契約にかかるコストおよび費用と，新規設備の立ち上げコストとの区分を裏づける書類を提供する会計システムおよび会計記録を有していなかった。
　LHA 契約に関しては1973年以降，DD 契約に関しては1975年以降，Litton 社が APL/Farrell 契約価額を超える繰延コスト1億2,800万ドルを回収するのに十分な収益を生み出すと想定する適切な理由はなかった。
　上で申し立てた事実に照らすと，Litton 社に対する本委員会の告訴状において述べたとおり，財務報告目的で，APL/Farrell 契約価額を超過する1億2,800万ドルのコストを繰り延べる適切な理由はなかった。もし Litton 社が1971年度に当時見積られた APL/Farrell 契約価額を超過する税引前コストの増加分5,000万ドルを費用処理していたならば，同社の1971年度のフォーム 10-K での年次報告書に報告された税引後利益5,000万ドルは著しく減少していたであろう。また，もし Litton 社が1972年度に当時見積られた APL/Farrell 契約価額を超過する税引前コストの増加分7,800万ドルを費用処理していたならば，およそ100万ドルの税引後利益が報告されていた同社の1972年度のフォーム 10-K での年次報告書は相当な営業損失を報告することになっていたであろう。
　Litton 社の1971年度の年次報告書では，APL/Farrell 契約価額を超過する5,000万ドルのコストの繰延べ，こうした超過コストの性質と原因，さらにLitton 社が以前1969年度にこうした超過コスト1,630万ドルを費用計上して

いたという事実が開示されていなかった。Litton社の1972年度の年次報告書には，Litton社の連結財務諸表に対する以下の注記が含まれていた。

「(LHA契約およびDD契約にかかる)プログラムについての最終的な収益性を決定するために用いられた総コストの見積りには，新規造船設備において現存の契約のために発生し，それを首尾よく完了させるために必要な，非経常的な性質の製造プロセスの開発コスト約1億2,800万ドルが含まれている。1972年7月31日時点で，1,600万ドルが売上原価に計上され，8,100万ドルが棚卸資産に含まれており，3,100万ドルが今後発生すると見積られている。これらのコストは，業務が進行し，売上が計上されるにしたがって，他のすべてのコストとともに比例的に売上原価に計上される。」

Litton社に対する本委員会の告訴状において述べられているように，この開示は，以下の点において，証券取引所法第13条第a項のもとで適用される要件に準拠していなかった。

(a) 上述した事実を開示していなかったこと
(b) 1972年度に売上原価に計上された1,600万ドルのうち900万ドルはLHA契約にかかる繰延コストの償却であり，以下で説明するように，それと同額がLHA契約にかかる収益に計上されていたことを開示していなかったこと

LHA契約に関しては1973年度以降，DD契約に関しては1975年度以降に，予測コストは著しく増大し，当時設定されていた契約上の上限を超えた。新規設備で建造されているLHA契約およびDD契約が，APL/Farrell契約価額を超過する繰延コスト1億2,800万ドルを回収するのに十分な利益を生み出せないことが明らかになるにつれて，Litton社は，LHA契約およびDD契約に関して海軍への損害賠償請求によって受け取る収益で回収できるという想定で，こうしたコストの会計処理を行うようになった。これは，財務報告目的からすると「利益なければ損失なし」という会計処理に等しかった。したがって，毎

年，APL/Farrell 契約価額を超過するコストのうち LHA 契約の売上原価に計上することで償却された額と同額が LHA 契約の収益に含められた。

　Litton 社は，1973 年度から 1977 年度の間，APL/Farrell 契約価額を超過するコスト 1 億 2,800 万ドルの認識を繰り延べ続けた。1978 年度に，その全額が損失処理された。それより前の各年度に，Litton 社は，適切な理由なく，財務報告目的で，1 億 2800 万ドルを資産として計上した財務諸表を含んだフォーム 10-K での年次報告書を提出した。これらの年次報告書は，このようなコストに関する重要な事実，このようなコストの性質と原因，ならびに LHA 契約および DD 契約にかかる収益あるいは海軍に対する損害賠償請求によってこのようなコストを回収できる可能性について，適切に開示していなかった。

C．LHA 契約についての損失

　以下でより詳細に説明されるように，1972 年度から 1978 年度の間，Litton 社が予測した LHA 契約を完遂するためのコストは，その入札価格および海軍が LHA 契約に関する船舶に対して支払うことに同意していた価格を著しく超過していた。LHA 契約価額を超過するコストの大部分は，当該契約の明示条項のもとでは海軍が責任を負わない要因によって発生していた。Litton 社が本委員会に提出した年次報告書および定期報告書に含まれている財務諸表は，LHA 契約に関するコストを全額回収できるという仮定に基づいて表示されていた。Litton 社に対する本委員会の告訴状で述べられているとおり，1978 年より前に，LHA 契約に関する超過コストを回復できるかどうかは不確実であったため，当該契約についての損失に対する引当てを行わない適切な理由は Litton 社にはなかった。

　1972 年 3 月ごろ，LHA 契約の契約価格が 34 ヶ月後に再設定されることを想定した契約条項にしたがい，契約価格を再設定するための交渉を海軍と開始した。Litton 社は，14 億ドルという最高の価格で LHA 契約を再設定することを提案した。その金額には，契約において設定されていた価格増加修正の 2 億 700 万ドルと，LHA 契約に関する設計作業における海軍側の遅延，混乱，干渉が原因であると Litton 社が主張する損害を回復するための 3 億 2,100 万ドル（価格増加修正を除く）が含まれていた。海軍は，それが「水増しされ裏づけ

のない目標コストに基づいて」おり,「非常に大雑把にしか」表示されておらず,「事実関係についての詳細な書類がない」と主張し,請求を拒否した。

海軍に再契約を提案したのと同時期に,Litton社はLHA契約の会計処理に「利益なければ損失なし」の基準を使用し始めた。その基準のもとで,Litton社はLHA契約にかかる売上原価として計上したのと同額をLHA契約にかかる収益として計上した。そこでは,財務報告目的で,同社は既存の契約価額を超過するすべてのコストを回収できると想定された。

1973年2月ごろ,海軍は,LHA契約価額を,価格増加修正を含めて約10億ドルの最高上限価格で一方的に再設定した。海軍によるこの行動の結果として,Litton社の予測コストは,1973年度末より前に,LHA契約価額を約7,500万ドル超過していた。

1974年度において,Litton社は,新規造船設備において生産上の問題に直面し続けていた。この問題により,従来の設備で遂行されたこれまでの契約における生産努力と比べ効率性が約30％悪化した。また,離職率は1ヶ月当たり約7％であり,常習的欠勤率は1ヶ月当たり約9％であった。Litton社は,LHA契約にかかる最初の2隻を建造するに際して,多くの重要な点で新たな製造プロセスを採用しなかった。そしてLHA契約にかかる最後の3隻の船舶よりも,DD契約にかかる船舶の建造にその労力の大半を振り向けた。LHA契約価額を超過する見積コストは,1974年度において,およそ8,500万ドル増加し,合計でおよそ1億6,000万ドルとなった。

1975年度に,LHA契約価額を超過する見積コストは,約1億ドル増加し,合計で約2億6,000万ドルに達した。同年度に,Litton社は,海軍との訴訟に関連して,LHA契約にかかる損害賠償請求額を,価格増加修正を含めて5億500万ドルと算定し直した。この算定し直された請求額は,価格増加修正を除いて,本質的に1972年に提出された請求と同じ事実に基づいていた。

Litton社は,LHA契約に関する損害賠償請求によって,自らが主張している損害の回復を求める一方で,公法（Public Law）85-804の規定のもとで和解を通じてLHA契約に関する請求を解決するために交渉する可能性について海軍の担当者と協議した。この規定のもとでは,海軍長官は,国防を強化すると考えるときはいつでも,同法の他の規定を考慮することなく,契約を改訂あ

るいは修正できるのである。1975年の初めごろ，これらの一連の予備的協議で，Litton社は，和解の原則的枠組みについて暫定的に同意した。それによれば，次年度以降の業績の改善を通して追加的に資金を回復することができる奨励金に関する規定を条件としながらも，同社が受け取ることになる金額は，LHA契約を完遂するために当時見積られたコストよりも小さかった。

1976年度末までに，LHA契約価額を超過する見積コストは，1億6,000万ドル増加し，合計で約4億2,000万ドルに達した。当該年度に，海軍との間で継続する訴訟に関連して，Litton社は，LHA契約の遅延と混乱の原因となった海軍の影響がDD契約にも及んでいることから生じたと主張している2億ドル以上の損害を回復するために，LHA契約にかかる5億500万ドルの損害賠償請求とは別に，損害賠償請求を提訴する意図を発表した。

1976年度に，Litton社は，DD契約に対する波及的影響を含め，LHA契約に関連する損害賠償請求の和解について海軍との交渉を一新した。同社と海軍は和解の提案を交わした。それによれば，次年度以降の業績の改善を通して追加的に資金を回復することができる奨励金に関する規定を条件としながらも，同社が受け取ることになる金額は，LHA契約を完遂するために見積られたコストよりも小さかった。この提案は受け入れられなかった。1976年度において，債権者である銀行との打ち合わせでの質問に対し，Litton社は，和解することになれば，2億ドル近い税引前損失を認識しなければならなくなるかもしれないと答えた。

1976年9月ごろに，LHA契約に関する損害賠償請求を担当しているLitton社の外部弁護士は，次のことを述べた意見書をTouche会計事務所に提出した。そこには，「赤字予算禁止法 (Anti-Deficiency Act) に違反する資金の不十分性はLHA契約を無効にし」，それによりLitton社が業績を改善することは難しくなり，同社を「LHA契約にかかる船舶を完成させるためにいっそう好意的な条件を求めて交渉しなければならない立場に」置くことになると記されていた。その意見書にはまた，「LHA契約にかかる損害賠償請求額が，海軍側の行為によってもたらされた遅延の影響についての最新の評価を表していないという点で，現時点では幾分過小であるとわれわれは信じている」と記されていた。さらには次のように記されていた。

「同社が本損害賠償請求によって相当な回復を実現できるであろうという意見をわれわれは持っているが，赤字予算禁止に関する主張が成功することによって同社が合理的かつ完全な救済を得られる可能性を考慮せずに言えば，請求の大きさと性格，交渉および訴訟に伴う不確実性，同様の請求を扱ったわれわれの経験に基づくと，本契約を遂行することから相当な損失が生じることが予想されるべきであるというのが本請求に関するわれわれの評価である。本請求の和解あるいは訴訟がもたらす可能性の高い結果を金額で示す準備はできていないが，現時点で当該問題について検討することが必要であろう。」

1978年度において，Litton社は，和解交渉においてLHA契約およびDD契約をめぐる海軍との争議を解決した。それによれば，Litton社は，LHA契約とDD契約の両方を完遂するために必要であると交渉において示された見積コストを前提に，コスト削減が行われた場合にはLitton社もそれを享受するという規定を設けることを条件に，LHA契約を完遂するのに必要であると交渉において示した見積コストよりも少ない2億ドルを受け取ることに同意した。また，当該和解によって，Litton社は，DD契約を完遂するために必要とされた当時の見積コストを回復することとなった。さらに，当該和解によって，Litton社は，海軍に対する巨額の請求と訴訟を取り下げることとなり，APL/Farrell契約価額を超過するコスト1億2,800万ドルをLHA契約あるいはDD契約のもとで回収しようとは一切しないことに同意した。しかしその一方で，後の海軍との造船契約のもとで，そうしたコストの一部の支払いを求める権利は保持した。実際，後にこの権利を追求することになる。

Litton社は，海軍との和解の結果として，1978年度において，LHA契約のもとで2億ドルの税引前損失を認識し，APL/Farrell契約価額を超過するコスト1億2,800万ドルを損失処理した。

Ⅲ. 適用される会計原則

A. LHA契約にかかるコスト超過に対する会計処理

一般に認められた会計原則は，長期建設契約に関する見積コストが予想収益

を超過する場合，当該契約にかかる見積損失に対する引当てがなされなければならないと規定している。会計研究公報第45号では，以下のように述べられている。

「総契約コストの現在の見積りが，損失が生じることを示している場合，たいていの状況では，契約全体にかかる損失に対する引当てがなされなければならない。」

　この原則を文字どおり適用すれば，Litton社は，契約価額を超過する見積コストおよび発生コストのすべてに対して損失を計上しなければならなかったことになる。

　本委員会が過去に示したように，政府との防衛にかかわる契約の遂行の仕方を考えると，こうした契約に対してこの原則を適用することには問題がある。典型的には，契約主体となる軍は，契約締結時点からその完了まで継続してハードウェアの設計変更を注文する。こうした変更にかかるコストは，通常その注文時点では決定されず，請求のプロセスを通じて確定される。結果的に，ある時点での契約の収益性は，これから発生する追加コストの見積りだけではなく，請求プロセスで受け取る追加収益の見積りにも基づいている。

　しかしながら，請求プロセスに不確実性があり，認識あるいは開示によって和解交渉に悪影響がもたらされる可能性がある[5]からといって，発行者が，政府契約から得られる収益を誠実に見積らなくてよいということにはならない。こうした見積収益が，契約にかかる予測コストよりも小さい場合，その差額は損失として計上されるべきである。損失が発生している可能性が高いが，損失額を合理的に見積ることができない場合，発生の可能性の高い損失に関連する事実が開示されなければならない。

　損失の可能性が高く，その金額の合理的な見積りが可能な場合にはいつでも，損失を認識しなければならないことに注意が必要である。発行者は，損失の正確な金額が決定できないという理由で，損失を認識しないことは認められ

---

[5] Touche会計事務所と同社の弁護士は，こうした事柄と懸念について議論していた。

ない。もし財務報告プロセスに存在するすべての不確実性に対してこのような厳密なテストが適用されれば，いかなる貸倒引当金も，陳腐化した棚卸資産に対する引当金も計上されないことになってしまうであろう。

以下に述べる理由により，Touche 会計事務所は，LHA 契約をめぐる対立から，Litton 社には巨額の損失が生じる可能性が高いと結論づけるべきであったと本委員会は考えている。本委員会はまた，このような損失が最小の場合にいくらになるかを合理的に見積ることが可能であったと考えている。

遅くとも，海軍が LHA 契約の価格を，それを完遂するのに必要と見積られたコストよりも著しく小さい金額に再設定した時点までに，Touche 会計事務所は，Litton 社が最終的に損失を被る可能性は非常に高いと決定すべきであった。1972 年 9 月 11 日，Litton 社は将来の損失に対する引当てをせずに 1972 年度の決算発表を行った。Touche 会計事務所は，その後，1972 年度の財務諸表について限定付意見を付した監査報告書を発行した。

その後，Litton 社が当該契約について損失を被る可能性は年々大きくなっていった。コスト側からみると，当該契約を完遂するために必要と見積ったコストは，年々著しく増大した。見積コストが 1973 年度と比べ 4 倍にまで増大したことに加え，コスト予測がこのように絶えず修正されたことは，Litton 社がコストを正確に予想できないということを示していた。要するに，Litton 社の見積コストがすでにここまで大きくなっていることからすると，Touche 会計事務所は，修正されたコスト予測が過度に楽天的であることが判明するにつれて，それがさらに大きくなるであろうことを懸念しなければならなかった。

収益側からみると，Litton 社の見積りは，請求による回復額についての評価に依存していた。Touche 会計事務所は，Litton 社が APL/Farrell 契約にかかる繰延コストを請求しようとした際に直面した問題と類似した書類上の問題を抱えていることを認識していた。

Touche 会計事務所はまた，Litton 社が海軍と和解のための協議を行っていることを認識していた。Touche 会計事務所は，おそらくこれらの協議の詳細については十分に知らされていなかったであろうが，和解交渉が，Litton 社に当該契約にかかる損失を受け入れるつもりがあるかどうか次第であることを理解すべきであった。

調査記録によれば，損失が最終的な結果に近似した金額で予測されていたことを示す証拠が存在している。たとえば，Litton 社の経営者は，1976 年に，2 億ドルから 2 億 2,500 万ドルの損失が生じるという見込みのもとに，その請求を解決するかもしれないということを，債権者である銀行に通知していた。こうした情報が Touche 会計事務所に伝えられたという直接的証拠は存在しないが，Touche 会計事務所は，その請求に関して Litton 社を支援していた別の会計事務所に，Litton 社が損失を 2 億ドルに抑えることができれば，キャッシュ・フロー上の問題は生じないであろうと述べている。Touche 会計事務所はまた，Litton 社が 2 億ドルの損失を被るであろうという想定で，税務上の繰延欠損金の活用についての覚書を作成している。

　Touche 会計事務所が Litton 社外部の情報源から得た証拠でも，LHA 契約について損失が発生する可能性が示唆されていた。たとえば，1976 年度の監査の過程において，海軍の当局者は，当該契約について「相当な損失」を予測していると Touche 会計事務所に通知した。同時に，上述したように，政府契約に関する同社の外部弁護士は，当該契約について「巨額の損失を予期すべきである」との意見を述べている。この証拠を反駁する要因は，同社はすべてのコストを回収できると予想しているという Litton 社の経営者による無条件の主張だけであった。

　Litton 社は，請求に関する争議の「最終的な結果」，すなわち回収される「正確な」金額を決定することは不可能であると主張したが，そうした不確実性があるからといって，Litton 社に最終的な損失を合理的に見積り，その金額について引当てを行うよう Touche 会計事務所が要求しなかったことが容認されるわけではない。本委員会は，和解の協議を行っているいかなる契約者も，少なくとも可能性のある損失を一定の幅で見積ることができると考えている。

　Litton 社が報告した 1976 年度の純利益が 2,800 万ドルであり，1977 年度の純利益が 5,500 万ドルであったことからすると，可能性のある損失の一部に対してだけ引当てがなされたとしても，それは非常に重要であったであろう。

B. APL/Farrell 契約にかかるコストの繰延べ

　支出を資産として報告することが一般に正当化されるのは，そのコストが，

将来の経済的便益をもたらすことが期待される企業の経済的資源（例えば，機械や装置）を表している場合，あるいはそのコストが，将来受け取る収益に直接に関連している場合である。立ち上げコストは，それが将来の期間に関連しているならば，原因と結果の関係に基づいて，あるいは他の体系的かつ合理的な配分方法によって，適切に繰り延べることができる支出の1つである[6]。

　立ち上げコストの認識を将来の期間に繰り延べるためには，いくつかの規準が満たされなければならない。第1に，そのコストが特定され，通常の営業費用から分離されなければならない。第2に，そのコストは，将来の契約あるいは期間に，金額で示すことのできる便益をもたらすことが示されなければならない。最後に，そのコストは，将来の期間に受け取る収益によって回収できるものでなければならない。特定の支出に関して，これらの規準が満たされなければ，その金額は，それが発生した期間の費用あるいは損失として計上されるべきである。以下により詳しく説明するように，本委員会の調査では，Touche会計事務所は，Litton社が上記の規準のいずれも満たしていないことを知っていたはずであることが明らかになっている。

1. コストの特定

　すでに1971年の時点で，Litton社が新規造船設備におけるその後の海軍との契約に貢献する具体的な立ち上げコストを特定できていないことはTouche会計事務所にとって明白であったはずである。Litton社の個別原価計算システムでは，立ち上げコストと通常の契約コストとを区別していなかったため，同社は総コストから契約価額を差し引くことによって繰延コストを計算していた。Touche会計事務所は，APL/Farrell契約にかかる予測総コストを計算するために用いられた労働時間・賃率，原材料費および製造間接費の配賦率を監査していたが，関連書類が存在しないため繰延コストの性質を特定することはできなかった。このようにLitton社の側で繰延コストを他と区別して特定することができなかったことからすると，Touche会計事務所は，1971年度および1972年度において，こうしたコストを費用化することを求めるべきであった。

6　APBステートメント第4号。

Touche 会計事務所は，Litton 社が繰延コストを利益に対して償却するのではなく，海軍から回収しようとしていることが明らかになったため，Litton 社が繰延コストを特定できていないことについて一層懸念を抱くようになった。しかしながら，Litton 社は，続く 2 年間，APL/Farrell 契約にかかるコストを回収するための請求を行おうとしなかった。Touche 会計事務所が入手した証拠によれば，請求に関する適切な書類を作成することは極めて困難であった。しかしながら，Touche 会計事務所は，Litton 社は当該コストを海軍から回収できるであろうということを根拠に，コストの繰延べを認め続けた。

Touche 会計事務所は，1976 年度の監査において，繰延コストについての書類がないため，Litton 社はそれを回収することができないであろうことについての追加的証拠を入手した。9 月 14 日，請求に対応する責任を有する海軍大佐が，Touche 会計事務所に対して，Litton 社に当該コストが発生してからの時間を考えると，「それを海軍から回収する可能性はない」と考えていることを通知した。また，政府契約に関する Litton 社の外部弁護士は，Touche 会計事務所に対して，その時点での事実に基づくと LHA 契約に配分された繰延コストは回収可能ではないと通知した。この情報は，1976 年度の監査に関連して，後に，Touche 会計事務所に提出された「弁護士の書簡」において再度提示された。

繰延コストは全額，1978 年度の財務諸表において損失処理された。

2. 将 来 便 益

前述のコストの大きな部分が，新規造船所の開発あるいは海軍との契約とは無関係であった。こうしたコストの最たる例は，従来の造船所での 4 隻の APL 社向け船舶の建造にかかる 3,200 万ドルの超過コストである。これらの船舶は，従来の建造技術を用いて建造されたため，その建造で発生したコストは，Litton 社に対して予見可能な将来便益をもたらすものではなかった。DD 契約に対しては，引渡しが加速されたという意味においてのみ貢献した。

繰り延べられた金額のうちの他の大きな部分は，「包括的情報パッケージ」プログラムと呼ばれる新たな生産計画・管理技術を導入する試みから生じたコストであった。Litton 社は，Farrell 社向けの最初の船舶にこの技術を用いよ

うと試みた後，それは実行不可能であると決定し，従来の造船所で用いられていた技術のほうが望ましいとして，それを断念した。したがって，Litton 社がこの経験から便益を得たのは，LHA 契約および DD 契約にかかる船舶を建造する際に同じミスは繰り返さないという意味においてのみであった。失敗から学んだ教訓は知識に貢献するものではあったが，関連するコストを資産として計上することを正当化するものではなかった。会計原則審議会ステートメント第4号は，費用をとりわけ「うまくいかなかった努力において発生したコスト」と定義している。

最後に，APL/Farrell 契約に関する超過コストは，従来の工学設計作業についての改善の遅れ，従業員の高い離職率，生産性の低下の結果として発生した多額のコストを含んでいた。これらの問題は，Litton 社に特有のものではなく，造船業に共通するものであった。こうしたコストは将来の期間に便益をもたらすものではないため，APL/Farrell 契約に負担させられるべきであった。

3. 回　収

繰延コストを損失処理すべきであったとする最後の根拠は，こうしたコストを回収できる合理的な保証がなかったことである。Litton 社および Touche 会計事務所は，コストの繰延べを正当化するために，当初 LHA 契約および DD 契約の利益を当てにしていたが[7]，海軍との契約で利益が出ないと予測されるやいなや，請求に基づいて回収することにその焦点は移った。

Litton 社がこうしたコストを収益に対して償却するのではなく，海軍から回

7　上述したように，Litton 社は当初，こうしたコストは新規設備の立ち上げコストであり，海軍との契約に貢献するという論拠で，当該コストを LHA 契約および DD 契約について期待される利益に対して負担させようとその認識を繰り延べた。さまざまな監査メモに記されているように，「APL/Farrell 契約にかかる損失の一部を繰り延べ，将来の期間にそれを海軍向けの製造において利用することには合理的な根拠」があり，「適切に開示されれば，同社は，利益がゼロとなるところまでコストを繰り延べることを正当化できるように思われる」ことから，Touche 会計事務所はこの結論に同意した。さらに上述したように，LHA 契約および DD 契約が APL/Farrell 契約価額を超過する繰延コストを吸収するのに十分な利益を生み出さないことが明らかとなるにつれて，Litton 社は，それらのコストは LHA 契約および DD 契約に関連した請求によって海軍から受け取る収益に対して吸収されるという仮定に基づいて，その会計処理を行うようになった。

収しようとしていることが明らかになると，Touche 会計事務所は，Litton 社が繰延コストを特定できていないことに一層懸念を抱くようになったようである。1972 年 6 月の Touche 会計事務所のメモには，海軍との契約に関連して繰延コストを政府から回収しようとすることは，「Litton 社がそれに適した帳簿を有していない」ため，「非常に難しい」と記されている。このメモは，「最初からこのように記帳していれば得られたであろう利点は，得られないかもしれない」との観察で締めくくられている。さらに，Litton 社は，続く 2 年間，APL/Farrell 契約にかかるコストを回収するための請求を行おうとしなかった。Touche 会計事務所が入手した証拠によれば，Litton 社は「その会計記録において「良い」コストと「悪い」コストを区分できなかった」ため，請求に関する適切な書類を作成することは事実上不可能であった。しかしながら，Touche 会計事務所は，Litton 社は当該コストを海軍から回収できるであろうということを根拠に，コストの繰延べを認め続けた。

　以下の事実によって，Litton 社が，請求によって繰延コストを回復することはできないということが予見されることとなった。

1. Litton 社は，LHA 契約および DD 契約に入札していた時点では，そうしたコストを，APL/Farrell 契約にかかる船舶の建造中に発生した海軍向けの新規造船所の立ち上げコストとするのではなく，費用として計上することを決定していた。Litton 社が，当該超過コストを，新規造船所の立ち上げコストとして LHA 契約および DD 契約に負担させることを決定したのは，LHA 契約および DD 契約が署名された数年後の，APL/Farrell 契約に関する見積超過コストが劇的に増大したときのことであった。当該契約では，特に入札対象でない立ち上げコストの回収は除外されていた。
2. 軍調達規制では，政府契約のもとで，他の契約について発生したコストを回収することを禁止していた。
3. APL/Farrell 契約にかかる超過コストをもたらした要因は，海軍にこのコストに対する責任を負わせられるような形で，海軍に便益をもたらしたということを示すことはできなかった。

LHA 契約および DD 契約についての超過コストが増大するにつれて，Litton 社が繰延コストを回収できる見込みは小さくなっていった。こうした状況では，海軍との契約に対して特定可能な便益をもたらすコストであっても損失処理するように Litton 社に要求すべきであった。

IV. 適用される監査基準

A. 健全な懐疑心と十分な証拠資料

監査基準は，「監査契約に関連するすべての問題において，監査人は精神的態度における独立性を維持しなければならない」と規定している。

監査基準書第 1 号パラグラフ 220 は，独立性とは，被監査会社の財務諸表の監査を実施する際に，「判断上の公平性」をもって，あるいは「バイアスなく」行動することを意味していると述べている。

本委員会の調査に基づいて，Touche 会計事務所は健全な懐疑心を保持しておらず，そのことが Litton 社の採用した会計上の立場を公正かつ公平に評価する同会計事務所の能力に影響したと本委員会は考えている。加えて，Touche 会計事務所は，APL/Farrell 契約にかかる繰延コストが，将来の事業活動に便益をもたらす，個別に特定可能なコストであることを示すために必要な，当該コストに関する十分な証拠資料を入手しなかった。Litton 社は当該繰延コストを特定する原価計算記録を有していなかったため，Touche 会計事務所は，独立した監査上の検証を行うことなく，経営者の説明だけに基づいて繰延べを認めた。

同様に，本委員会の見解では，Touche 会計事務所は，LHA 契約にかかる超過コストについての経営者の説明を十分に吟味しなかった。Touche 会計事務所は，同社の LHA 契約にかかる船舶の請求を裏づける文書の性質と十分性を確かめようとしなかったし，請求の各部分の計算の正確性をチェックしたりその基礎にある裏づけ文書を確かめたりしようとしなかった。

AICPA の「政府との契約者の監査」というタイトルの業種別監査ガイドでは，次のように述べられている。

「政府との契約者の財務諸表の監査は，**典型的な商企業の財務諸表の監査で採用される監査手続とは異なる**監査手続の適用を必要とする場合がある。これらの手続が必要となるのは，(1) 契約条項および規制が契約当事者の権利に重要な影響を与え，(2) 多くの契約が長期間にわたるため，かなりの見積り（暫定的な進捗度および完成に要するコスト）が一般に必要とされるためである。独立監査人によって選択された手続は，政府との契約を取り巻くこれらの環境を反映したものとなる。」（強調追加）

　業種別監査ガイドに記された問題で，Litton 社の造船部門が直面したのは，内部統制に関するものであった。すなわち，船舶建造契約に関する見積コストはほぼ毎年増大していた。各年において，Litton 社の経営者は，Touche 会計事務所に対して，今後，特定の契約についてのコストが増大することはないであろうと説明した。しかし，その翌年になると，コストは増大した。そのとき，経営者は，Touche 会計事務所に対して，コスト増大とその増大がその年度で終わる理由について新たな説明を行った。毎年度，Touche 会計事務所は，監査を完了する段階で，経営者の説明を受け入れた。

B. 監査報告書の発行

　1972 年度から 1977 年度の各年度において，Litton 社の財務諸表に対する Touche 会計事務所の監査報告書では，「……LHA 契約および DD 契約に関連する不確実性が首尾よく解決されることを条件として」という限定が付された監査意見が表明されていた。本委員会の見解では，この「不確実性」にかかる限定は，問題となっている期間のいずれの年度についても，APL/Farrell 契約にかかる繰延コストに関して不適切であった。Touche 会計事務所は，こうしたコストの繰延べが GAAP に準拠していないことを認識すべきであった。いずれにしても，Touche 会計事務所は，こうしたコストを監査することができていなかったが，「不確実性」にかかる限定を付すことで，本質的には監査範囲の問題であったものを緩和することはできなかった。

　本委員会はこれまで，監査人は単に「条件付」意見を表明することによって難しい会計上の決定に対する責任を無視したり，あるいはその責任から自らを

解放したりすることはできないと示してきた。本委員会会計連続通牒第173号では，以下のように述べられている。

「特定の不確実性の帰結を条件として限定された監査意見は，その不確実性を監査報告書の利用者に伝達することを意図しているが，そのことによって，独立監査人が，当該問題に関して適切な監査手続を実施し，文書を入手する責任を免れることはない。」

　APL/Farrell 契約にかかる繰延コストおよび LHA 契約にかかる請求が，同社の財務諸表に与える影響は極めて重要であり，一貫して大きくなっていた。したがって，不確実性についてのみ限定された，1976年度および1977年度に表明された Touche 会計事務所の監査意見は一般に認められた監査基準に準拠していなかった。

II. GELCO 社

I. 導入および要約

　1979年12月13日，本委員会は，1934年証券取引所法第15条第 c 項(4) にしたがって，ミネソタ州で設立され，同州イーデンプレーリーに本社を置く会社である Gelco Corporation（以下，Gelco 社）に関して，本委員会の所見と命令を含んだ命令書を登録した[8]。その命令書は，とりわけ，1978年7月31日に終了する事業年度の Gelco 社の財務諸表との関連で，受け取った中古トラック値引き（Used Truck Allowance：以下 UTA）の会計処理に関係している。Touche 会計事務所は，問題の期間を通じて Gelco 社の財務諸表の監査を実施し，それに対する監査意見を表明していた。本委員会の調査で得られた証拠によれば，Touche 会計事務所は，UTA に関して，一般に認められた監査基準に準拠して Gelco 社の財務諸表を監査しなかった。

8　Gelco Corporation 事案，証券取引所法通牒第16424号（1979年12月13日）。

II. 背　景

　Gelco 社は，アメリカ国内外で，主として，輸送用機器の管理・リースサービスを提供する事業を行っている。Gelco 社の報告収益は，1974 年度の 3,000 万ドル超から，1979 年度には 4 億 4,000 万ドル超にまで増加した。

　同期間に，総資産は，2 億 7,100 万ドル超から 10 億ドル超にまで増加した。

　問題となっている時点で，Gelco 社は 4 つの部門で事業を行っており，その中には Feld トラックリース部門（以下，Feld 部門）があり[9]，そこでは，頑丈な長距離輸送用のトラック，トラクターおよびトレーラーの国内向けの完全保守リースを行っていた。

　Feld 部門は，新たなトラックを，多くの国内大手製造業者から購入していたが，主には主要仕入業者 1 社（以下，主要仕入業者）から購入していた。

　車両は，財務報告目的では，その見積耐用年数にわたって，定額法で減価償却されていた。Feld 部門は，時折，レンタルあるいはリースサービスで使用しなくなった車両を，卸売りディーラー，主要仕入業者を含めた製造業者に対して，あるいは小売りで売却していた。車両は通常，減価償却後の帳簿価格を超える価格で売却された。

　本委員会の命令書で述べられているように，Gelco 社は，Feld 部門が新たなトラックを購入する際に主要仕入業者から提供された割引の会計処理に関して，著しく利益を増大させる効果を持つ会計実務を採用した。主要仕入業者の本社は，各年度，Feld 部門のようなフリート事業者（fleet operators）のそれぞれが支払わなければならないモデルごとの最低額と，主要仕入業者がモデルごとに提供する仕入割引の最大額とを設定した。

　価格と仕入割引についての Feld 部門との交渉は主要仕入業者の地域レベルの担当者によって行われたが，こうした担当者は一般に，Gelco 社が提案したフリートの要件と，当該地域で販売を行っている主要仕入業者の競合業者が提供している条件とに基づいて，本社が決定した限度額を変更した。Feld 部門と主要仕入業者は，最終的に，価格と仕入割引とを具体化した条件を織り込ん

9　Feld 部門は 1974 年に Gelco 社に買収された。

だ書面での契約を締結した。しかしながら，その契約では，割引は「中古トラック値引き」(「UTA」) と記述されていた。

「中古トラック値引き」という用語が用いられたのは，もともと，Feld 部門が新たなトラックを購入する時点で，中古トラックを下取りに出した場合にのみ，Feld 部門による新たなトラックの購入に対して主要仕入業者は UTA を支払うという実務が行われていたためである。しかしながら，長年にわたり，そして少なくとも 1974 年に Gelco 社が Feld 部門を買収した時点までには確かに，主要仕入業者は，UTA を下取りと結びつけることをやめ，新たなトラックの購入のみに基づいて Feld 部門に UTA を与えるようになっていた。Feld 部門と主要仕入業者は，主要仕入業者に売却される中古トラックの価格を決定するために，別の取り決めを行った。しかしながら，Feld 部門は，中古トラックのほとんどを主要仕入業者には売却せず，一般市場で売却することを選択した。

本委員会は，命令書において，Gelco 社の 1975 年度から 1979 年度の財務諸表に反映された UTA に対する会計処理方法は誤っていたと認定した。

上で指摘したように，UTA は実質的には仕入割引であり，そのようなものとして会計処理されるべきであった。本委員会の命令書によれば，他のいかなる会計処理によっても，UTA 取引の経済的実態を無視し，これらの仕入割引に付された単なる名称に重きを置くことになる。したがって，Gelco 社は UTA を収益として計上すべきではなかった。Gelco 社は，UTA を新規設備の購入価格からの控除として会計処理し，当該新規車両の取得価格から見積残存価額を控除した金額を，その耐用年数にわたって償却すべきであった。そして，これらの車両を売却したときには，当該資産の帳簿価格と受け取る対価との差額として測定される車両の売却益あるいは売却損を計上すべきであった。

Ⅲ. 適用される会計原則

Touche 会計事務所は，Gelco 社の 1978 年 7 月 31 日に終了する事業年度の財務諸表との関係を含め，関連する期間を通して Gelco 社の監査人を務めていた。Touche 会計事務所は，この監査において，UTA が車両の売却と紐付いた車両取引にかかる値引きであり，収益として計上されていることを理解して

いたと主張した。Touche 会計事務所はまた，Gelco 社が業界における実務にしたがって UTA を計上していたと信じていると述べている。

　1978 年度の監査において，Touche 会計事務所の契約チームは UTA の会計問題に焦点を当てた。彼らの綿密な調査が行われたのは，Gelco 社が記録した UTA 利益が，1977 年 7 月 31 日に終了する事業年度には 750,000 ドルであったのが，1978 年 7 月 31 日に終了する事業年度には 5,500,000 ドルまで増加したためであった。

　この増加が引き金となって，Touche 会計事務所は，その監査において，UTA の目的を理解しようとした。そのために，Touche 会計事務所は UTA について以下の事実を把握した。

1. Feld 部門と主要仕入業者との間の書面による契約にしたがって，Feld 部門は中古車を主要仕入業者に売却するオプションを有していた。
2. 同じくこの契約にしたがって，Feld 部門は，中古車を主要仕入業者に売却したか，一般市場で第三者に売却したかにかかわらず，UTA の支払いを受け取る権利を有していた。
3. 典型的には，Feld 部門は，主要仕入業者から新たな車両に対する送り状を受け取った際に，新たな車両の購入との関連において支払われるべき UTA の金額を主要仕入業者に対して請求していた。
4. 主要仕入業者は，Feld 部門による中古車の売却を追跡する手段を有していなかったし，それについて質問することもなかった。

　しかしながら，Touche 会計事務所は，その監査において，入手したその他の情報に基づいて，Feld 部門と主要仕入業者との間の契約書を入手することは不要であると結論づけた。この契約書は，UTA を完全に理解するのに必要な基本的証拠であった。Feld 部門の経営者はかつて，Touche 会計事務所に対して，この契約には「反トラスト上の問題」があるかもしれないことを示唆していた。したがって，Touche 会計事務所は，財務担当副社長に対して，主要仕入業者からの書簡を作成し，その中で，UTA の支払いを規定している書面での取り決めが主要仕入業者と Feld 部門の間に存在していることを述べると

ともに，主要仕入業者のトラックのあるモデルに支払われる UTA の金額について説明するよう求めた。入手された Feld 部門宛ての書簡では，1977 年 3 月 14 日付の協定があり，それに基づいて，主要仕入業者は「Feld トラックリース部門に対して，(指定された) 車両について 4,200 ドルから 3,400,000 ドルの中古トラック値引きを，その他の車両についてはさまざまな金額の中古トラック値引きを支払う」と述べられていた。この書簡は，「この取り決めは 1978 モデル年度の取引に適用される」という一文で締めくくられていた。

　Touche 会計事務所は，主要仕入業者が UTA を提供したのは，Feld 部門が年々その保有リース車両を買い替えることを促すためであると考えていた。しかしながら，主要仕入業者の意図は違っていた。なぜならば，主要仕入業者は，新しいトラックを販売すれば UTA を支払う義務を負うことになっていたからであり，実際，Feld 部門が中古トラックを主要仕入業者に売却する場合には，Feld 部門に別の下取り価格を提示していたからである。この別の下取り価格は，もし中古トラック市場で当該中古車に対してより高い価格が付けられていなければ，その中古トラックを主要仕入業者に売却することを Feld 部門に促す要因となったであろう。

　Touche 会計事務所は，UTA に関連して，自らの立場に対する具体的な権威ある支持を求めて，会計文献を調査した。しかしこうした文献は見つけられなかった。一般に認められた会計原則は，大量仕入に伴って生じるようなリベートは，製品の仕入価格から控除することを求めている。Touche 会計事務所はまた，Gelco 社の競合企業 3 社の年次報告書をレビューして，そうした企業が UTA をどのように扱っているかを調べることで，業界における実務を確認しようとした。しかしながら，Touche 会計事務所は，これらの年次報告書から，Gelco 社の競合企業が類似した方法で UTA を会計処理しているという誤った判断を下した。

　本委員会の命令書で説明されているように，UTA は新たなトラックの購入について受け取るものであったため，仕入割引であった。したがって，支払われる UTA は，支払う対価あるいは新たな設備のコストを減らすのに資するものであった。逆に言えば，中古トラックの売却の際の「売却価格」の決定は，支払われる UTA とはまったく別個のものであり，それゆえ UTA は中古車の

「交換価格」には関係しなかった。したがって，「利益」は認識されるべきではなく，UTA は購入したトラックの原価の減少として記録されるべきであった。

IV. 結 論

UTA に対する Touche 会計事務所の監査は不十分であった。Touche 会計事務所は，UTA が仕入割引としての性質を有することは明らかであるにもかかわらず，Gelco 社による UTA の会計処理に同意した。

III. 命 令

Touche 会計事務所は，本行政審判の開始と同時にそれを結審させ，終結させることを目的として，本行政審判に関する書簡を提出した。当該書簡において，Touche 会計事務所は，ここに含まれている記述または結論のいかなる部分についても認否することなく，本命令書の発行と，そこに含まれている命令に同意した。当該書簡はまた，Litton 社の監査および Gelco 社の監査によって提起された問題を討議するとともに，本委員会が本行政審判を結審させ，終結させることを決定するために検討した Touche 会計事務所の手続および組織に関するさまざまな側面を討議するため行われた，Touche 会計事務所の代表者と本委員会のスタッフとの複数回にわたる会議についての説明を含んでいる。

前述したところに照らして，本委員会は，本命令書の発行とそこに含まれている命令によって本行政審判を結審させ，終結させることが適当であり，公益に資するものと考え，前述したところに基づいて，これにより Touche 会計事務所が前述した Litton 社の監査および Gelco 社の監査に関して譴責処分を受けることを命じる。

Ⅳ．本行政審判の結審と終結

　本行政審判を結審させ終結させる。
証券取引委員会

　　　　　　　　　　［Touche Ross 会計事務所の書簡］

　　　　　　　　　　　　　　　　　　　　　　　　　1983 年 11 月 9 日
証券取引委員会
450 5th Street, N.W.
Washington, D.C. 20549
証券取引委員会委員長およびコミッショナー御中

　Touche Ross 会計事務所は，証券取引委員会実務規則第 2 条第 e 項に基づいて，Litton Industries, Inc.（以下，Litton 社）および Gelco Corporation（以下，Gelco 社）の年次財務諸表に対する当会計事務所の監査に関する問題について，貴委員会が行政審判を開始しようとしていることを理解しています。私どもは，当該行政審判を開始する文書を受け取りました。当該行政審判についての貴委員会の検討に関して，Touche Ross 会計事務所は以下のことを貴委員会に通知させていただきたく存じます。
 1. Touche Ross 会計事務所が，貴委員会スタッフが前述の行政審判を開始すべきとの勧告を貴委員会に対して行うことを検討している旨の通知を受け，前述の監査に関する貴委員会スタッフの懸念についての通知を受けた後，Touche Ross 会計事務所の上級経営者の代表は，問題となっている領域における当会計事務所の実務と手続について，貴委員会の適切なスタッフと会談いたしました。Touche Ross 会計事務所は，貴委員会が当該行政審判を開始した後，それを結審させ終結させようと意図していることを理解しています。
 2. この問題に関係して，Touche Ross 会計事務所は，ここに同封された主張を貴委員会にお知らせいたします。これらの主張に責任を有しているのは Litton 社および Touche Ross 会計事務所のみであり，貴委員会は，それを採用してもいなければ，同意もしておらず，また Litton 社に対する貴委員

会の告訴状における申し立てあるいは貴委員会の命令書に述べられた問題に対する適合性も認めていません。
3. Touche Ross 会計事務所は，行政審判において提出される貴委員会の審決・命令に含まれる一切について認否していませんが，前述の行政審判が提出された際には，本書簡により，Touche Ross 会計事務所はその送達を受け入れ，審決・命令に関する貴委員会の管轄権を認め，審判・命令の発行およびそこに含まれる命令に同意し，貴委員会実務規則で規定されているさらなる通告，聴聞，その他の手続の権利，あるいはその司法審査の権利の一切を放棄します。Touche Ross 会計事務所は，本書簡を自発的に提出しようとしており，貴委員会，その従業員，代表者から，本書簡を提出するよう，いかなる提案，脅迫，あるいは誘導もなされていません。

謹んで提出する
Touche Ross 会計事務所

［同封物］

1. LHA 契約および DD 契約は，包括的調達条件で遂行することが国防総省によって要求されたただ2つの造船契約でした。この包括的調達条件は，実施不可能であるとして1971年に国防総省によって破棄されました。これにより，Litton 社は，報奨金条件付き固定価格契約のもとで，船舶を設計，検査，製造しなければなりませんでした。Litton 社は，まだ開発していない製品の設計および製造にかかるコストを見積らなければなりませんでした。1978年の海軍との交渉による和解の条件のもとでは，LHA 契約および DD 契約に対して，海軍が包括的調達条件を破棄したと言える修正が行われました。また，Litton 社は和解前の事象に基づいて当該契約の妥当性と法的強制力を争わないことに同意しました。
2. 1978年の和解によって，Litton 社はおよそ3億ドルの税引前損失を記録することとなりましたが，Litton 社はまた，いくつかの方法でその影響を小さくする機会を得ました。第1に，Litton 社は，7,100万ドルの繰延コストを他の契約から回収する権利を保持していました。第2に，Litton 社は，コスト削減による利益の80％を，最大で基準損失と考えられる2億ドルまで

享受することが認められたという点で，将来の生産性の改善に対するインセンティブを与えられました。1980 年 7 月 31 日，Litton 社は，LHA 契約および DD 契約のもとでの和解後のコスト削減および利益およそ 1 億 430 万ドルを受け取りました。これは主として，当該和解のインセンティブ条項と，程度は低いものの変更注文から生じたものでした。これらの源泉からのさらなる収益が予想されます。これまでに受け取った収益，および原価抑制インセンティブから生じる利益とあわせて 1980 年 7 月までに受け取ると予想される収益の結果，Litton 社は，当該契約にかかる最終損失の見積額を 2 億ドルから 3,500 万ドル未満に減らしました。

3. 1972 年度から 1977 年度までの Litton 社の年次報告書に含まれる財務諸表には，LHA 契約および DD 契約に関する請求およびその他の不確実性についての「条件付」監査意見が表明されています。さらに，後の年度の財務諸表に対する注記では，完成時点での契約価額超過コストの見積額が具体的に特定されており，海軍との交渉による和解によって，予想される契約収益が全額回収できない可能性があること（1976 年度の財務諸表）および契約コスト合計額が全額回収できない可能性があること（1977 年度の財務諸表）が開示されていました。貴委員会の命令書において挙げられている問題の重要性に疑義を挟むつもりはありませんが，1972 年度に監査意見に限定を付し始めて以降，Litton 社の株価は，それ以前の株式市場指数との関係と比較して相対的に低迷し続けていました。海軍との和解が 1978 年度に成立したとき，株価は株式市場指数との関係において上昇しました。

会計監査執行通牒　第 18 号

Accounting and Auditing Enforcement Releases No.18

1983 年 12 月 9 日
証券取引所法通牒　第 20465 号
行政審判書類　第 3-6313 号

Murphy, Hauser, O'Connor & Quinn 会計事務所の事案に関する，証券取引委員会実務規則第 2 条第 e 項に基づく行政審判開始命令および審決・命令

|被審理人となった監査人| Murphy, Hauser, O'Connor & Quinn 会計事務所（18 名のパートナーを含む約 130 名の専門職スタッフを擁する会計事務所）

|被監査会社| Mr. Discount Stockbrokers 社，SEC 登録ブローカー・ディーラー，NASD 元会員

|対象期間・書類| 1934 年証券取引所法規則 17a-5(d) にしたがって SEC に提出された，1979 年 12 月 31 日に終了する事業年度の年次報告書

|会計上の論点| 差異調整，配当金の純額表示

|監査上の論点| 職業的専門家としての正当な注意，補足報告書における会計システム，内部会計統制および証券保全手続における重要な欠陥の不開示

|関連する会計基準・監査基準| 監査基準書集成 AU セクション 230（職業的専門家としての正当な注意），AU セクション 310（監査計画），AU セクション 320（内部会計統制），AU セクション 326（証拠資料）

解　説

1. 概　要

　Murphy 会計事務所は，割引証券事業を営む Mr. Discount 社の年次報告書の監査において，無限定意見を表明した。しかし，同事務所は，ブローカー業に適合した監査を適切に計画・監督せず，実施すべき会計記録の差異調整や確認手続を行わなかった。また，Mr. Discount 社の会計システム，内部統制システム，および証券保全手続における重要な欠陥を補足報告書に開示せず，あるいは開示した欠陥について不適切な説明を記載した。これらの点において，Murphy 会計事務所は，GAAS に準拠して監査を実施せず，職業的専門家として不適切な行為に従事した。

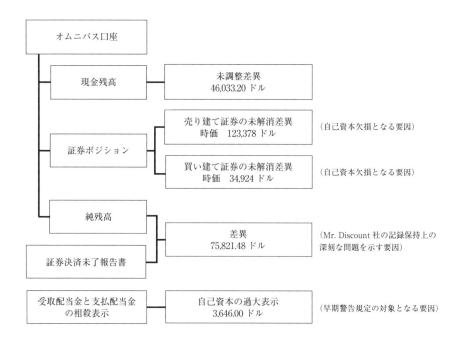

2．会計上の論点

(1) 差異調整
・オムニバス口座の現金残高の調整上の差異を控除していれば，自己資本の欠損が生じていた。
・証券ポジションの未解消差異を時価で評価しなかった。売り建て証券差異の時価を資本から控除すれば，自己資本の欠損が生じていた。

(2) 配当金の相殺表示
・受取配当金と支払配当金の相殺表示により，自己資本は過大表示され，負債総額は過小表示された。そうでなければ，同社は証券取引所法規則 17a-11 の早期警告規定の対象となったであろう。

3．監査上の論点

(1) GAAS への準拠
・証券ブローカーが決済ブローカーに保有する典型的な証券取引口座（オムニバス口座）に特化した監査計画を立案しなかった。
・監査戦略を策定せず，監査チームの活動も監督されなかった。
・Mr. Discount 社の内部統制システムに依拠することはできないと結論づけたが，オムニバス口座の実証テストを十分に実施しなかった。
・差異調整をせず，確認を行わず，カットオフ報告書を要求あるいは利用しなかったことにより，十分かつ適格な証拠を入手しなかった。

(2) 補足説明書
・監査調書には 13 の統制手続のうち 5 つが適切に機能していないと記されていたが，補足報告書には，Mr. Discount 社の証券保全手続にいかなる重要な欠陥も検出されなかったと記載された。
・Mr. Discount 社の会計システム，内部統制システム，および証券の保全あるいは会計処理に関する手続について 3 つの欠陥が指摘されたが，これらの欠陥に関連して必要となる開示や手続は行われなかった。

4. 本事案の実務的意義

　一定の規制を受ける業種やコベナンツ付き資金調達を行っている会社等がある。これらの会社等の経営者は，その発動を回避するため，発動要件について特別の意識や偏向を持った会計処理を行うリスクがあることを再認識させる点において教訓となるものである。

証券取引委員会実務規則第2条第e項(1)［17 C.F.R. 201.2 (e)］[1]に基づく本審決および命令は，公共会計実務に従事するパートナーシップである Murphy, Hauser, O'Connor & Quinn 会計事務所（以下，Murphy 会計事務所）が実施した，登録ブローカー・ディーラーである Mr. Discount Stockbrokers, Inc.（以下，Mr. Discount 社）が提出した1979年12月31日に終了する事業年度の監査済年次報告書（以下，年次報告書）の監査に関するものである。本委員会に提出された当該年次報告書は，Murphy 会計事務所による監査報告書（以下，監査報告書）と重要な欠陥に関する報告書（以下，補足報告書）を収録していた。

　Murphy 会計事務所は，50年以上にわたり公共会計実務に従事してきたパートナーシップ組織である。Murphy 会計事務所の本部オフィスはイリノイ州シカゴにあり，その他にニューヨーク市とニュージャージー州パターソンの2ヶ所にオフィスを有していた。同事務所は，18名のパートナーを含めて約130名の専門職スタッフを擁している。Murphy 会計事務所の業務は，会計，税務，および経営助言業務で構成されている。ブローカー・ディーラーの監査が Murphy 会計事務所の監査実務に占める割合は非常に小さい。Mr. Discount 社の監査とほぼ同時期に，同事務所は，東海岸の会計事務所と合併した。本委員会は，Murphy 会計事務所の東海岸オフィスの監査実務については，いかなる申し立ても行っていない。

　Murphy 会計事務所は，同事務所による Mr. Discount 社の1979年度の監査に関与した3名の会計士を対象とした本委員会の調査を終結させることだけを目的として，以下で説明する和解申入書を自発的に提出した。本委員会は，検

1　証券取引委員会規則第2条第e項第1号は以下のように規定している。
「本委員会は，関与事案に関する告知および聴聞の機会の後，以下の事由に該当すると本委員会が認定した者に対して，本委員会に出頭し，あるいは本委員会所轄業務に従事することのできる権利を一時的に，または永久に拒否することができる。
（ⅰ）他の者の代理となるのに必要な資格を有していないこと，または，
（ⅱ）品位または誠実性を欠いていること，あるいは，職業的専門家として非倫理的または不適切な行為に従事していたこと，もしくは，
（ⅲ）連邦証券諸法（15 U.S.C. 第77a 条から第80b-20条）または同法に基づく規則および規制に故意に違反し，もしくは，かかる違反を故意に幇助および教唆していたこと。」

討の上，本和解申入書を受理することを決定した。本和解申入書において，Murphy 会計事務所は，証券取引委員会実務規則第 2 条第 e 項 (1) のもとでの正式な行政審判の開始を放棄し，ここに示された所見あるいは結論について一切認否することなく，本審決および命令の発行に同意した。本事案に関する事実ならびに関連する会計および監査上の問題に対する本委員会の見解は以下で示される。

Ⅰ．導入および要約

1977 年 7 月 15 日以降本委員会に登録していたブローカー・ディーラーで，全米証券業者協会（National Association of Securities Dealers, Inc.：以下，NASD）の元会員である Mr. Discount 社は，約 800 の顧客口座を有し，割引証券事業を行っていた。1979 年度の監査時点で，Mr. Discount 社には，社長を含む 5 名の従業員がいた。1980 年 4 月 8 日，Mr. Discount 社は，自発的に事業を行うことを止めた[2]。

Mr. Discount 社は，1934 年証券取引所法規則 17a-5(d)[3] にしたがって，1979

---

[2] 1980 年 6 月 3 日，本委員会および証券投資家保護公社（the Securities Investor Protection Corporation：以下，SPIC）が連名で提起した訴訟において，Mr. Discount 社は，その顧客が 1970 年証券投資者保護法の規定のもとでの保護を必要としていることを決定する保護判決を登録すること，および Mr. Discount 社のブローカー・ディーラー事業を清算するために SPIC の管財人を任命することに同意した（Securities and Exchange Commission v. Mr. Discount Stockbrokers, Inc., 80 C2795（N.D.Ⅲ.））。その後，1980 年 10 月 15 日に，Mr. Discount 社が将来において，本委員会の自己資本，顧客保護および会計帳簿・記録に関する要件に違反することを禁じる永久差止命令が，同社の同意をもって登録された。訴訟通牒第 9107 号（1980 年 6 月 13 日）および第 9226 号（1980 年 11 月 3 日）を参照されたい。

1980 年 7 月 24 日，シカゴにある NASD 事業行為委員会第 8 管轄区（以下，DBCC）は，Mr. Discount 社および同社社長に対して懲戒審判を開始した。その懲戒審判は，本委員会の差止手続の対象と同種の違反に関係していた。1981 年 6 月 5 日，DBCC は，Mr. Discount 社を譴責し NASD から除名するとともに，同社社長を譴責し，NASD メンバーの登録代表者となること，および監督者の地位に就くことを禁止した。DBCC の決定は，NASD の理事会によって承認された。1983 年 5 月 27 日，NASD による懲戒審判は，本委員会によって承認された（Mr. Discount Stockbrokers, Inc. 事案，証券取引所法通牒第 19818 号（1983 年 5 月 27 日），27 SEC Docket 1824）。

年12月31日時点の年次報告書を適時に提出した。Murphy会計事務所は，Mr. Discount社の年次報告書を監査し，年次報告書に求められる書類として1980年2月25日付の監査報告書を提出した。Murphy会計事務所の監査報告書では，当該年次報告書がMr. Discount社の財政状態，経営成績および財政状態の変動を適正に表示しているとの無限定意見が表明されていた。監査報告書にはまた，監査が一般に認められた監査基準（以下，GAAS）に準拠して実施されたと記載されていた。

　当該年次報告書にはまた，証券取引所法規則17a-5(j)の規定にしたがって，1980年2月25日付の補足報告書が収録されていた。当該補足報告書には，Mr. Discount社の年次報告書の監査に関連して次のように記載されていた。すなわち，Murphy会計事務所は，「会計システム，証券保全のための内部統制と手続，ならびに1934年証券取引所法規則17a-13で四半期ごとの実施が要求されている証券の会計処理および証券の差異調整のための実務と手続をレビューするとともに，1979年12月31日に終了する事業年度についてMurphy会計事務所が当該状況において必要と判断した，それらに対するテストを実施した。」加えて，同報告書には，「これらのテストは，会計システム，内部会計統制および当該期間における証券の保全または会計処理の手続に存在したかもしれないすべての重要な欠陥を必ずしも発見するものではない」と記述されていた。同報告書にはまた，「証券保全手続」の重要な欠陥は発見されなかったと記述されていた。さらに，「会計システム，内部会計統制，および規則17a-13に準拠して証券の差異調整に当たって実施されている手続は改善されている」が，「証券決済未了報告書と総勘定元帳における統制勘定とが適時に調整されておらず，株式ポジションの記録と証券決済未了報告書が最新のすべての取引を反映するように適時に更新されておらず，そして，四半期ごとの証券数量検査の結果と株式記録とが調整されていなかった」という点において依然として欠陥が存在する，とも記述されていた。

3　証券取引所法規則17a-5(d)は，同法第15条にしたがって登録されたすべてのブローカーおよびディーラーは，規則17a-5(d)(iii)で規定された者を除いて，独立の公認会計士によって監査された年次報告書を，財務諸表日後60日以内に本委員会に提出することを要求している。

本委員会は，Mr. Discount 社の年次報告書の監査は GAAS に準拠して実施されなかった，また当該状況において必要な会計記録のテストやその他の監査手続が実施されなかったと結論づけた。このため，当該年次報告書は，一般に認められた会計原則（以下，GAAP）に継続的に準拠して，Mr. Discount 社の 1979 年 12 月 31 日現在の財政状態と同日に終了する事業年度の経営成績および財政状態の変動を適正に表示しているという無限定意見に対する合理的な基礎はなかった。加えて，補足報告書では，Mr. Discount 社の会計システム，内部会計統制，および証券保全手続における重要な欠陥が開示されておらず，開示された欠陥について不適切な説明がなされ，また，証券取引所法規則 17a-13 に準拠して Mr. Discount 社が適用した手続および証券数量差異の調整に改善が見られたとの誤った説明がなされた。さらに，Murphy 会計事務所は，証券取引所法規則 17a-5(h)(2) によって要求されているにもかかわらず，上述の重要な欠陥について，Mr. Discount 社に対して本委員会に届け出るよう指示せず，自らも本委員会に適時かつ正確に届け出なかった。

Ⅱ．Murphy 会計事務所が実施した Mr. Discount 社の 1979 年度の監査

A．監査計画の策定

　1979 年 10 月，Murphy 会計事務所は，Mr. Discount 社の監査に着手した。同事務所は，Mr. Discount 社の 1977 年および 1978 年の 12 月 31 日にそれぞれ終了する事業年度の監査も担当していた。1979 年度監査の監査チームは，シニア会計士，監査マネジャー，レビュー担当者，契約パートナー各 1 名で構成されていた。1979 年度に Murphy 会計事務所が実施したブローカー・ディーラー 5 社に対する監査のうちの 4 つには，少なくともこれらのうち 1 人が関与し，また，全員が過年度に Murphy 会計事務所が実施したブローカー・ディーラーの監査に関与していた。

　監査マネジャーは，監査計画を策定する責任者であった。彼は，1979 年 10 月に，1978 年度監査において Mr. Discount 社が Murphy 会計事務所に対して

十分に協力しなかったことについて同社社長と話をし，被監査会社の適切な協力なしには必要な監査業務を遂行できないことを説明した。監査マネジャーは，Mr. Discount 社からどの程度の協力が得られるかがわからなかったため，事前の時間予算を作成しなかった。

　また，Murphy 会計事務所の実務にしたがえば，当該監査マネジャーは，予備的な監査作業の範囲を設定し，正式な監査計画を完成させる責任者でもあった。彼は，監査計画の策定に当たって，ブローカーの監査について Murphy 会計事務所が定めた手続を採用した。この手続は，Murphy 会計事務所の標準監査計画書と，アメリカ公認会計士協会（以下，AICPA）のブローカー業向け監査ガイドとで構成されていた。Murphy 会計事務所の標準監査計画書は一般的な性質のものであり，ブローカー業向けにカスタマイズされたものではなかった。たとえば，この標準監査計画書には，オムニバス口座[4]の現金あるいは証券ポジションの監査のための手続も，こうした口座における未調整の差異の処理に関する手続も一切含まれていなかった。Murphy 会計事務所が利用した AICPA の業種別監査ガイドには，ブローカー・ディーラー組織が有すべき内部統制のチェックリストが含まれている。しかしながら，この監査ガイドは，ブローカー・ディーラー監査において実施されるべき監査手続を網羅してはいない。

B. オムニバス口座

　Mr. Discount 社のオムニバス口座の監査における欠陥は，当該口座の分析における3つの重要な要素に関連している。具体的には，Murphy 会計事務所は，現金残高，証券ポジション，および Mr. Discount 社の証券決済未了報告書と口座純残高（moneyline）との 75,821.48 ドルの差異を調整しなかった。

---

[4] オムニバス口座とは，別のブローカー・ディーラーに設けられた決済口座である。そこでは，実行されたすべての証券取引が純額ベースで決済される。Mr. Discount 社のオムニバス口座は，同社の決済会社に設けていた4つの口座で構成されていた。Mr. Discount 社の証券取引の 80% 以上（月に約 500 件の取引）がこれらの口座を通じて実行され決済されていた。

1. 現金残高

　1979年度監査において，シニア会計士は，Mr. Discount 社が同社のオムニバス口座を調整していなかったことをレビュー担当者と監査マネジャーに知らせた。これら3名の会計士は，当該口座を調整するには，Mr. Discount 社の決済会社が作成した1979年度の月次報告書すべてをレビューする必要があると考えた。しかし，レビュー担当者と監査マネジャーは，そのような手続には時間がかかることから，それに反対した。Mr. Discount 社がオムニバス口座を調整していなかったことに加え，同社の決済会社が Murphy 会計事務所による確認の要請に応じなかったため，オムニバス口座の現金残高を検証するために「代替的手続」が採用された。

　その「代替的手続」とは，Mr. Discount 社の4つの口座について決済会社が作成した1979年12月31日付の報告書に示されている現金残高合計を，8つの監査上の調整を行なった後に，1979年12月31日時点の Mr. Discount 社の帳簿上の4つの口座の残高合計と比較するというものであった。8つの調整のうち4つは，Murphy 会計事務所がオムニバス口座以外の口座を分析したことから判明したものであった。残り4つの調整は，Murphy 会計事務所が，限定的ではあるが，決済会社の報告書から Mr. Discount 社の記録へと取引を跡づけたことから判明したものであった。決済会社の報告書に付された説明のない数多くのチェックマークは，例外事項が発見されたもののそれらは解消されていないことを示していた。Murphy 会計事務所の監査人は，Mr. Discount 社の記録から得られた，同社が決済会社に対して負っている金額と，同社に対する決済会社の報告書に記載されている金額には重要な差異はないと結論づけた。

　オムニバス口座の現金残高を調整するのに用いられたこの「代替的手続」は不適切なものであった。Murphy 会計事務所は決済会社の報告書について確認を試みたが，同事務所の要請に対して，決済会社から確認状は一切返送されなかった。さらに，Murphy 会計事務所は，決済会社の1979年12月の報告書に記載されている取引のうち，比較的少数のものについてしか Mr. Discount 社の記録に跡づけなかった。取引の跡づけが限定的であったにもかかわらず，それによって未解消の例外が発見された。これらの差異が解消されなかったことに加えて，47,644.32ドルの期ずれがこの調整において発見されなかった[5]。こ

の項目をMurphy会計事務所による調整に含めていれば，Mr. Discount社が決済会社に対して負っている金額は，決済会社の報告書に示されていた金額よりも大きくなったであろう。この増大により，Murphy会計事務所が確かめた未調整の差異は1,611.12ドルから46,033.20ドルへと変わることになる。このことは，Mr. Discount社が，同社の記録に示された金額よりもかなり大きい未調整の金額を決済会社に対して負っていたことを示している。

　本委員会の見解では，この調整上の差異46,033.20ドルは，自己資本からのマイナス項目として処理することが必要であった。監査人の計算では1979年12月31日時点の自己資本は22,636ドルであったので，46,033.20ドルを控除していれば，自己資本の欠損が生じていたであろう。

2. 証券ポジション

　Mr. Discount社のオムニバス口座における証券ポジションの調整には，決済会社の1979年12月の報告書に反映されていた証券ポジションをMr. Discount社の記録に跡づけることと，その反対に，Mr. Discount社の記録に示されていた証券ポジションを決済会社の報告書上のポジションに跡づけることが必要であった。しかし，決済会社の報告書に記載されたポジションには，Murphy会計事務所の監査人が，対応するポジションをMr. Discount社の記録に発見できないものが複数あった。Murphy会計事務所の監査人は，証券決済未了報告書（未完了証券取引すなわち「証券決済未了」取引の一覧表）と比較することによって，これらの差異のいくつかを解消した。監査人は，残りの差異を解消しないことを決定した。そうするためには，その年度のMr. Discount社のオムニバス口座に対する確認をすべてレビューする必要があったためである。さらに重要なことに，これらの差異がMr. Discount社の資本の計算に与える影響は考慮されなかった。

　証券取引所法規則17a-13(b)(5)にしたがえば，証券ポジションにかかる未調整の差異については，検査・数量調査・検証・比較の後7営業日以内に，その

5　Murphy会計事務所の監査人は，監査に当たって，決済会社の1980年1月の報告書を利用しなかった。もしMurphy会計事務所がこれらの報告書を利用していたならば，同事務所は重要な期ずれに気づいていたであろう。

差異を当該ブローカー・ディーラーの会計帳簿記録の証券数量差異勘定に記録するというのが適切な処理であった。また，証券取引所法規則 17a-3(a)(4)(vi) は，ブローカー・ディーラーに対して，「すべての買い建て株式および売り建て株式の記録差異」を反映した最新の元帳を作成し，保持することを求めている。当該差異を記録し，その記録を保持することに加えて，最も重要なこととして，証券取引所法規則 15c3-1(c)(2)(v) は，Mr. Discount 社の 1979 年度監査の時点で[6]，「すべての売り建て証券の未解消差異の時価をその発見後 7 日以内に」控除すること，および「買い建て証券の未解消の差異については，それが適切に解消される前に当該証券がブローカーあるいはディーラーによって売却されている場合には，それに伴って設けられた積立金があればそれを未解消差異の時価から差し引いた金額を」控除することを要求していた。Murphy 会計事務所は，証券ポジションの未解消差異を時価で評価しなかった。後に，本委員会スタッフは，これらの売り建て証券差異の時価は 123,378 ドルであり，買い建て証券差異の時価は 34,924 ドルであると決定した。1979 年度の FOCUS 報告書によれば，Mr. Discount 社の資本は 90,122 ドルであったので，当時の証券取引所法規則 15c3-1 が要求していたように売り建て証券差異の時価を控除すれば，自己資本の欠損が生じていた。

3．Mr. Discount 社の証券決済未了報告書と口座純残高との差異

　Murphy 会計事務所は，Mr. Discount 社の証券決済未了報告書とオムニバス口座の純残高との 75,821.48 ドルの差異を調整しなかった。しかし，Murphy 会計事務所は，Mr. Discount 社の証券決済未了報告書と，他のブローカー・ディーラーに関する口座の純残高との些細な差異は調整した。

　レビュー担当者と監査マネジャーは，証券決済未了報告書が内部報告書であり，同社の不慣れな出納係によっておそらくは過大表示されているという理由で，そのような調整は不必要であると結論づけた。差異のうちのいくつかの原因は，不慣れな出納係が特定の「証券決済未了」取引を削除しなかったことかもしれない。また，その差異を調整しなくとも，Mr. Discount 社の財務諸表

6　証券取引所法規則 15c3-1(c)(2) は，後に修正された。

もしくは自己資本には重要な影響を及ぼさなかったかもしれない。しかしそうであったとしても，その差異は，Mr. Discount 社が深刻な記録保持上の問題を抱えていることを強調するものであった。

C. 純額表示された配当金

　Murphy 会計事務所は，Mr. Discount 社の年次報告書において，同社の受取配当金勘定と支払配当金勘定を相殺して表示したが，これは不適切であった。この相殺処理によって，税控除対象とならない受取配当金にかかる控除が過小表示されることとなった。その結果，Mr. Discount 社の自己資本は3,646.00ドル過大表示され，負債総額は同額だけ過小表示された。
　この項目の控除が行われていれば，Mr. Discount 社の自己資本に対する負債総額の比率は1200％超となり，同社は証券取引所法規則 17a-11 の早期警告規定の対象となったであろう。

D. 補足報告書

　補足報告書の最初の草案は，監査マネジャーによって作成され，レビュー担当者に提出され，それから契約パートナーに示された。監査マネジャーは，Mr. Discount 社には前年度と同じ状況が未だに存在すること，および自分たちが気づいたいくつかの欠陥を本委員会に通報する必要があることを，監査パートナーに通知した。監査人は，補足報告書の最終版を作成するのに約30分しか費やさなかった。契約パートナーは，Murphy 会計事務所の名称を監査報告書，補足報告書および送り状に署名した。
　契約パートナーは，監査の実施中に，Mr. Discount 社の記録が適切な状態にはなく，Murphy 会計事務所がオムニバス口座を含め貸借対照表上の勘定を調整するには問題があることに気づいていた。同パートナーは，オムニバス口座に関して Murphy 会計事務所が算定した1,600.00ドルの現金残高差異を重要なものと考えていなかった。同パートナーは，その現金残高差異がどのように算定されたのかについて質問しなかったし，「代替的手続」が用いられたこ

とについて説明を受けなかった。同パートナーは，この監査に2時間費やしただけであった。同パートナーは，監査調書をまったく査閲しておらず，レビュー担当者および監査マネジャーとの討議のみに依存していた。

1. 欠陥の不開示

補足報告書には，Mr. Discount 社の証券保全手続に，いかなる重要な欠陥も検出されなかったと記載されていた。しかしながら，Murphy 会計事務所の監査調書には，「証券保全に対する内部会計統制および手続」に関するAICPAの業種別監査ガイドに掲げられている13の統制手続のうち5つが適切に機能していないと記されていた。補足報告書には，Mr. Discount 社の会計システムと内部会計統制は改善されていると述べられていた。その改善は，銀行勘定調整と給与計算の領域におけるものであった。Murphy 会計事務所の監査人は，総勘定元帳におけるいくつかの貸借対照表上の勘定については分析的実証手続を実施したが，オムニバス口座については実証テストを十分に実施しなかった。

加えて，補足報告書には，証券取引所法規則 17a-13 によって要求されている四半期ごとの証券数量検査，および証券差異の解消に改善が認められると記載されていた。しかしながら，Murphy 会計事務所はまた，Mr. Discount 社が四半期ごとの証券数量検査の結果と株式記録とを調整していなかったとも述べていた。これら2つの記述は矛盾している。Murphy 会計事務所は，どんな改善が認められたのかを説明していなかった。Murphy 会計事務所が1979年12月31日に実施した証券数量検査により，証券取引所法規則 17a-13 に反して7営業日以内に Mr. Discount 社の会計帳簿記録に記録されていなかっただけでなく，証券取引所法規則 15c3-1 に反して自己資本から控除されていなかった証券差異が明らかになった。Murphy 会計事務所は，年次報告書の提出日までにこれらの差異を解消した。

2.「欠陥」の不適切な説明

Murphy 会計事務所は，Mr. Discount 社の会計システム，内部統制システム，および証券の保全あるいは会計処理に関する手続について，3つの欠陥を指摘

した。第1の欠陥は,「証券決済未了報告書と総勘定元帳の統制勘定とが適時に調整されなかった」ことであった。オムニバス口座にかかる証券決済未了報告書は,1979年度において,Mr. Discount 社と Murphy 会計事務所のいずれによっても調整されなかった。第2の欠陥は,Mr. Discount 社の「株式ポジションの記録と証券決済未了報告書が最新のすべての取引を反映するように適時に更新されていなかったことが判明した」ことであった。Murphy 会計事務所は,監査の実施中に,これらの記録が最新の状態で保持されていないことに気づいていた。しかし,Murphy 会計事務所は,Mr. Discount 社に対して,本委員会に届け出るよう指示しなかった。そして自らも適時に本委員会に届け出なかった。第3の欠陥は,「四半期ごとの証券数量検査の結果と株式記録とが調整されなかった」ことであった。このことは,Mr. Discount 社が証券差異を識別していなかったことを示している。証券取引所法規則17a-13によれば,四半期ごとの実施が要求されている証券数量検査の日から7営業日以内に解消されない証券差異は,ブローカー・ディーラーの会計帳簿・記録に記録されなければならない。また売り建て証券の差異は,証券取引所法規則 15c3-1 にしたがって,自己資本から控除されなければならない。この控除は行われなかった。

　補足報告書では,Mr. Discount 社がオムニバス口座における現金残高と証券ポジションとを調整していないことは開示されていなかった。同報告書ではまた,同社がオムニバス口座における未解消の証券差異を証券差異勘定に記録していないことも開示されていなかった。Mr. Discount 社は,そのような差異を時価評価せず,自己資本の計算に当たって控除しなかった。また,Murphy 会計事務所は,Mr. Discount 社に対して,証券取引所法規則 17a-5(h)(2)によって求められているにもかかわらず,これらの重要な欠陥を24時間以内に本委員会に届け出るよう指示しなかった。Mr. Discount 社が本委員会にこれらの深刻な問題を届け出なかったため,Murphy 会計事務所には,Mr. Discount 社が本委員会に届け出る期限の後24時間以内に本委員会に通報する責任があった。Murphy 会計事務所は,重要な欠陥が識別されたのは年次報告書が提出される前日であったと主張した。しかしながら,Murphy 会計事務所の監査人は,監査の実施過程でこれらの欠陥に気づいていたはずである。

III．一般に認められた監査基準

　証券取引所法規則 17a-5(g)(1) にしたがえば，ブローカー・ディーラーの監査は GAAS に準拠して実施されなければならず，またその監査では，会計システム，内部会計統制および証券保全のための手続のレビューが，それに対する適切なテストとともに実施されなければならない。本委員会は，Murphy 会計事務所は GAAS に準拠して監査を実施しなかったと結論づけている。

A．職業的専門家としての正当な注意の行使

　「監査人は，監査の実施と監査報告書の作成に当たって職業的専門家としての正当な注意を行使しなければならない」（AU セクション 230.02）[7]。Murphy 会計事務所は，Mr. Discount 社の監査において，職業的専門家としての正当な注意を行使しなかった。たとえば，証券ブローカーの監査に対する Murphy 会計事務所の所定の手続では，Mr. Discount 社の重大かつ複雑なオムニバス口座（決済ブローカーに保有する典型的な証券取引口座）に特化した監査計画を定めていなかった。Murphy 会計事務所は，オムニバス口座の現金残高に対しては簡便な調整手続を用い，証券ポジションの重大な調整上の差異に関しては適切な追跡調査を行わず，Mr. Discount 社の 2 つの内部記録間の差異 75,000 ドルについてはこれを調整しなかった。また，Murphy 会計事務所は，配当金を相殺処理したが，これは不適切であった。契約パートナーは，オムニバス口座の調整に問題があることに全体としては気づいていたが，それらがどのように解決されていたのかについては調査しなかった。それゆえ，同パートナーは，職業的専門家としての正当な注意を行使していなかった。

---

　[7] ここでは，「監査基準書集成」というタイトルの AICPA の出版物の特定のセクションを，たとえば AU セクション 230.02 といった適切なパラグラフの名称を用いて引用している。

B. 監査計画と監督

　GAAS は,「業務を適切に計画し,補助者がいる場合には彼らを適切に監督しなければならない」としている (AU セクション 310.01)。Murphy 会計事務所は,監査の実施と範囲に関する全般的な戦略を策定せず,また監査の実施過程において戦略を適切に見直さなかった。監査を通じて,十分な監査手続が実施されることで問題領域が識別されるとともに,それに対して適切な対応がとられるよう,監査チームの活動が監督されることもなかった。契約パートナーは,不適切にも,監査計画と監督に対する責任の一切を監査スタッフに委譲した。監査スタッフは,ブローカー・ディーラーに関する幅広い経験を有していたが,委譲されたこの責任を適切に果たさなかった。時間予算は一切作成されなかった。利用された監査計画は,ブローカー業界に適合するようにカスタマイズされていなかった。内部統制の領域においては,不適切な作業が行われた。さらに,多くの監査調書には,日付と署名が記入されておらず,クエスチョンマークやチェックマークが付されていたが,それらに対する回答や説明はなかった。

C. 内部会計統制

　監査人は,監査において実施すべきテストの種類と範囲を決定する作業の一部として,被監査会社に存在する内部会計統制を適切に調査し,評価しなければならない (AU セクション 320.01)。この基準はまた,実施基準第 3 基準のもとでの十分な証拠資料を入手するために必要とされるテストの範囲は,内部統制システムへの依拠と反比例の関係にあることを認識している (AU セクション 320.72)。Murphy 会計事務所の監査調書では,監査手続の拡張を必要とする Mr. Discount 社の内部統制システムにおける深刻な欠陥が数多く示されている。Murphy 会計事務所の監査人は内部統制システムに依拠することはできないと結論づけたが,彼らはオムニバス口座の実証テストを十分に実施しなかった。本委員会は,オムニバス口座の重要性に鑑みると,オムニバス口座に対する完全な実証的分析が必要であったと考えている。

D. 適格な証拠資料の十分性

　独立監査人は，監査意見を形成するための合理的な基礎をもたらすのに十分かつ適格な証拠資料を入手しなければならない。監査人は，職業的専門家としての判断を行使して，自らの監査意見を裏づける証拠資料の量と種類を決定しなければならない（AU セクション 326.19）[8]。Murphy 会計事務所の監査人は，Mr. Discount 社の財務諸表に対する自らの結論を裏づけるのに十分かつ適格な証拠を入手しなかった。Murphy 会計事務所は，現金および証券にかかる差異を調整せず，Mr. Discount 社の証券決済未了報告書とオムニバス口座の純残高との差異も調整しなかった。確認の要請に関するフォローアップも行わず，オムニバス口座についてのカットオフ報告書も入手しなかった。確認を行わなかったこと，およびカットオフ報告書を要求あるいは利用しなかったことにより，Murphy 会計事務所は，独立の監査証拠の重要な要素を欠いたまま監査の結論に到達した。Murphy 会計事務所がこの独立の証拠を入手し，オムニバス口座を調整していたならば，Mr. Discount 社には自己資本の欠損が生じていたことに気づいたであろう。

E. パートナーの関与

　契約パートナーは，監査が適切に実施されるようにすることに責任を負っている。この責任には，GAAS に示されているように，監査の計画立案，監督およびレビューの各局面に参画すること，そして最終的には，監査が GAAS に準拠して実施されたこと，および財務諸表が GAAP に準拠して表示されていることを確かめた上で，監査報告書の発行を承認することが含まれる。監査のさまざまな局面への契約パートナーの関与の程度は，当該契約の規模と複雑性，および補助者の経験水準に左右されるかもしれないが，入手した監査証拠の質と十分性，および実施した監査手続の適切性に関して，十分な情報に基づ

　8　証拠資料は，監査人にとって入手可能な基礎的会計データおよびすべての確証的情報からなる。証拠資料は，妥当性と適合性を有さなければならない（AU セクション 326.13 および 326.18）。

く結論に到達できるように常に適切なものでなければならない。

　Mr. Discount 社の監査の契約パートナーは，不適切にも，1979 年度監査の計画および監督のすべての責任を，当該監査のレビュー担当者および監査マネジャーに委譲した。委譲された会計士はブローカー・ディーラーの監査に関する広範な経験を有していたが，前年度から持ち越された問題と 1979 年度監査中に生じた問題を考えると，契約パートナーは，正確には何が問題であり，それらをスタッフがどのように解決すべきかについて，より厳しく調査を行うべきであった。契約パートナーは，Mr. Discount 社の内部統制システムの重要な欠陥およびオムニバス口座の調整にかかる問題に気づいていたにもかかわらず，監査の過程で作成された監査調書を一切査閲しなかった。契約パートナーが関与したのは，監査チームメンバーとの口頭での討議と，監査報告書および補足報告書への署名だけであった。本委員会は，このような関与の水準は，契約パートナーによる適切な計画，監督およびレビューとして許容される最低限と考えられる水準にまったく届いていなかったと考える。

Ⅳ．Murphy 会計事務所の行為

　本委員会は，本事案の状況下で，この欠陥のある監査の責任は Murphy 会計事務所にあると考えている。Murphy 会計事務所によるブローカー・ディーラーの監査の多くに責任を負っている同事務所のトップレベルの者が，この監査に参画していた。加えて，監査計画も，その監督も適切ではなかった。監査計画と監督にかかる責任を契約パートナーが不適切にも委譲したことで，これらの欠陥はさらに悪化することとなった。

　当時，Murphy 会計事務所は，ブローカー・ディーラーの監査のための監査計画を定めておらず，ブローカー・ディーラーの財務諸表の監査向けにカスタマイズされた監査計画を策定することを要求していなかった。Murphy 会計事務所は，同事務所の標準監査計画書を部分的に使用し，加えて，ブローカー・ディーラー向けの AICPA 業種別監査ガイドを参照した。しかしながら，この監査ガイドは監査計画ではない。この監査ガイドによれば，各監査の計画は，組織の規模と種類および内部統制の適切性を慎重に検討して，特定の状況の必

要性に応じて立案されなければならない。それゆえ、上述の内容に基づいて、本委員会は、Murphy 会計事務所が職業的専門家として不適切な行為に従事したと認定する。

V. 和解申入書

　Murphy 会計事務所は、ここで示された所見あるいは結論を一切認否することなく、本審決および命令の発行に同意する和解申入書を自発的に提出した。

　Murphy 会計事務所による和解申入書を受理するかどうかを検討するに当たり、本委員会は、Murphy 会計事務所がこれまで本委員会による懲戒審判あるいは強制審判の対象となったことがないことに留意した。本調査の開始以降、Murphy 会計事務所は、その手続を改善するための体系的なプログラムを自発的に開始したと申し立てている。AICPA の SEC 監査業務部会の正規プログラムの一部として、Murphy 会計事務所は問題なくピア・レビューを受けた。また、各パートナーとスタッフ会計士は、継続的専門研修を受けることが求められた。Murphy 会計事務所はまた、現在ではそのブローカー・ディーラーであるクライアントの規模と種類に応じた具体的な監査プログラムを有していると申し立てている。

VI. 命　令

　前述したところに照らして、本委員会は、証券取引委員会実務規則第2条第e項に基づいて行政審判を開始すること、および Murphy 会計事務所による和解申入書を受理することが適当であり、公益に資するものと考える。

　したがって、本委員会実務規則第2条第e項に基づいて行政審判を開始することをここに命令する。

　さらに、以下のことを命令する。

（1）Murphy 会計事務所をここに譴責処分とする。

（2）Murphy 会計事務所は、以下の誓約事項を遵守しなければならない。

（a）Mr. Discount 社の 1979 年度監査に参画した契約パートナー、レビュー

担当者，および監査マネジャーは，本審決および命令の日付から1年間，Murphy会計事務所が実施する本委員会登録ブローカーあるいはディーラーの監査に関与してはならない。

(b) AICPAのSEC監査業務部会のメンバーとして，メンバーに適用される規則にしたがって，1983年度に予定されているピア・レビューを受けなければならない。

(c) 上記2 (b) で求められているピア・レビューの結果を本委員会に報告しなければならない。レビューワーが作成した調書は，本委員会を除いて非公開とする。

(d) Murphy会計事務所は，(1) 本審決および命令の日付から90日以内に，監査責任者たるパートナーが負っている監査をレビューする責任に関連して，ブローカー・ディーラーの監査において実施する監査手続をレビューし，(2) 合理的に必要とされる追加的手続を実施し，(3) 本委員会の主任会計官にパートナーのレビュー手続について書面で報告し，そのレビューを受けなければならない。

証券取引委員会

George A. Fitzsimmons

書記官

# 会計監査執行通牒　第 27 号

Accounting and Auditing Enforcement Releases No.27

1984 年 4 月 5 日
証券取引所法通牒　第 20824 号
行政審判書類　第 3-6344 号

James H. Feldhake 会計士，Randall R. Beeson 会計士，および Richard A. Stewart 会計士の事案に関する，証券取引委員会実務規則第 2 条第 e 項に基づく行政審判開始命令および審決・命令

被審理人となった監査人　Fox & Company 会計事務所

被監査会社　Alpex Computer 社

対象期間・書類　1981 年 12 月 31 日に終了する事業年度のフォーム 10-K 報告書

会計上の論点　会社売却に関する偽装取引，無価値の受取手形に対する受取利息の計上，関連当事者取引の非開示，前 CEO による資金の流用・横領

監査上の論点　監査契約リスクの評価，監査計画の策定，監査業務の監督，職業的懐疑心，不十分な監査手続

関連する会計基準・監査基準　AICPA 業種別会計ガイド「不動産の売却についての利益認識の会計」，SAS 第 1 号，SAS 第 6 号，SAS 第 7 号，SAS 第 16 号，SAS 第 22 号

解　説

1. 概　要

　被監査会社である Alpex 社は，Ponsoldt 氏から ERC 社を買収し，その代金として 10 万ドルを支払った（図の①の取引）。その後，Alpex 社は G&M 社に ERC 社を売却し，その代金として G&M 社が発行した約束手形を受け取った（図の②の取引）。Ponsoldt 氏は，Alpex 社の前会長兼最高経営責任者であり，Alpex 社による ERC 社の取得と売却の取引に深く関係していた。さらに Ponsoldt 氏は，G&M 社に対する ERC 社の売却にかかる利益の記録を裏づけるために，G&M 社の手形を Onikeh 社に売却した（図の③の取引）。ここで，Alpex 社と G&M 社との間の ERC 社の売買取引（図の②の取引）は偽装取引であったため，G&M 社が振り出した約束手形は無価値であった。したがって，Alpex 社がこの約束手形を受取手形として資産計上した会計処理およびこの受取手形に対しておよそ 8 万ドルの利息を計上した会計処理は不適切であった。さらに，Ponsoldt 氏を通じて Alpex 社が ERC 社を買収した取引（図の①の取引），Alpex 社の資金が ERC 社の負債の返済に融通された取引，Alpex 社が重要な金額の管理委託手数料を Ponsoldt 氏が支配していた会社に支払っていたことなど，重要な関連当事者取引が財務諸表の注記で適切に開示されていなかった。

　Fox 会計事務所が実施した監査には，いくつもの点で不備があった。G&M 社が休眠会社であったことを認識していたにもかかわらず，同社が振り出した約束手形が回収可能かどうかを検証しなかったこと，Alpex 社の資金が ERC 社の負債の返済に充てられた取引において，現金支払いを裏づける支払済小切手または銀行からの通知書を検証しなかったこと，あるいは G&M 社の手形を売却した対価である手形の代金は，実際には Alpex 社が所有する口座に振り込まれていなかったが，その口座が実在するかどうかを確かめていなかったことなどである。また，明らかに警戒すべきいくつもの情報を把握していたにもかかわらず，監査の実施において職業的懐疑心が欠如していた。

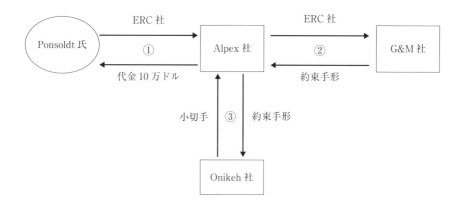

2. 会計上の論点

(1) 会社売却に関する偽装取引
(2) 無価値の受取手形にかかる受取利息の計上
(3) 関連当事者取引の非開示
(4) CEO による資金の流用・横領

3. 監査上の論点

(1) 監査契約リスクの評価手続の不備
・前任監査人とのコミュニケーション
(2) 監査計画の不適切な策定
・内部統制の評価
・内部統制に依拠しない場合に実施すべき監査手続
(3) 監査業務の監督の不備
(4) 職業的懐疑心の欠如
・警戒すべき情報の存在
(5) 監査手続の不備
・不動産取引に対する監査手続
・約束手形の回収可能性の評価
・約束手形売却取引の監査手続

・関連当事者に対する現金支払いの検証手続

4. 本事案の実務的意義

　近時の監査においても，十分な監査証拠に基づかず，ただ監査報告書を発行することがビジネスであると解される事例が見られる。公認会計士の原点を忘れた行為であり，厳しく非難されるべき事案である。このような事案が1つでも生ずれば，公認会計士業界全体の信用失墜につながることを肝に銘じなければならない。

証券取引委員会は，証券取引委員会実務規則第2条第e項(1)(ii)に基づいて，James H. Feldhake 会計士（以下，Feldhake 会計士），Randall R. Beeson 会計士（以下，Beeson 会計士）および Richard A. Stewart 会計士（以下，Stewart 会計士）に対する行政審判を開始することが適当であり，公益に資するものと考える[1]。したがって，ここにかかる行政審判を開始することを命令する。

本行政審判の開始と同時に，Feldhake 会計士，Beeson 会計士および Stewart 会計士は，和解・誓約申入書（以下，申入書）を提出した。本委員会は，この申入書を受理することを決定した。この申入書の条件のもとで，Feldhake 会計士，Beeson 会計士および Stewart 会計士は，ここに述べられている事実関係，所見あるいは結論を認否することなく，聴聞および証拠の提示が行われる前に本審決および命令の登録に同意している。

I．導入と要約

Feldhake 会計士，Beeson 会計士および Stewart 会計士（以下，監査人）は公認会計士である。ここに関連する期間を通じて，Feldhake 会計士と Beeson 会計士は，Fox & Company 会計事務所（以下，Fox 会計事務所）のデンバーオフィスのパートナーであり，Stewart 会計士は，同オフィスのマネジャーであった[2]。

1982年5月，Fox 会計事務所のデンバーオフィスは，Alpex Computer Corp.（以下，Alpex 社）と，同社の1981年12月31日付財務諸表を監査する

---

[1] 証券取引委員会規則第2条第e項(1)(ii)[17 C.F.R. 201.2 (e)(1)(ii)]は，その一部において，以下のように規定している。
「本委員会は，関与事案に関する告知および聴聞の機会の後，以下の事由に該当すると本委員会が認定した者に対して，本委員会に出頭し，あるいは本委員会所轄業務に従事することのできる権利を一時的に，または永久に拒否することができる。
……
（ii）品位または誠実性を欠いていること，あるいは，職業的専門家として非倫理的または不適切な行為に従事していたこと，
……」

契約を締結した。Fox会計事務所のパートナーであるFeldhake会計士は，その当初から，Beeson会計士に同監査の引き継ぎが行われた1982年7月15日ごろまで，同社の監査を監督し，レビューする責任を有していた。Fox会計事務所のパートナーであるBeeson会計士は，Alpex社の監査の監督とレビューに関する最終的な責任を有していた。監査マネジャーであるStewart会計士は，Alpex社の監査を実施し，その監査に割り当てられたFox会計事務所の監査スタッフを監督する責任を有していた。

　本事案に関する本委員会の調査において，とりわけ，(i) フォーム10-Kでの1981年度年次報告書（以下，1981年度10-K）において本委員会に提出された1981年12月31日に終了する年度のAlpex社の財務諸表は，著しく誤っており，利用者を誤導するものであったこと，および(ii) Alpex社の資金が承認されていない会社目的以外の目的で使用されたことが明らかになっている。

　同社の財務諸表を，虚偽を含み利用者を誤導するものとした原因は，(1) 実質的には不動産の売却は行われてないにもかかわらず，その売却を不適切に計上したこと，(2) 無価値の受取手形にかかる受取利息を不適切に計上したこと，および(3) 重要な関連当事者取引を開示しなかったことにあった。受取利息を不適切に計上した結果，収益は40%過大表示され，営業損失は85%過小表示され，そして純利益は13%過大表示された。加えて，不動産の売却を不適切に計上した結果，運転資本は，1,974,358ドルのマイナスとなるはずのところ，525,642ドルのプラスと表示された。

　少なくとも90万ドルにおよぶAlpex社の資金の流用および横領が，同社の前会長兼最高経営責任者であったWilliam R. Ponsoldt氏（以下，Ponsoldt氏）によって行われた。Ponsoldt氏は，同社を一連の偽装取引に関与させた。なかでも同氏は，Alpex社に，自らが支配していたErie Realty Corporation（以下，ERC社）を買収させ，その後，G&M Investments, Inc.（以下，G&M社）

2　Feldhake会計士とBeeson会計士は，すでにFox会計事務所を退所し，それ以降，公開会社の監査を担当していないと述べている。Beeson会計士は公共会計に関連する業務から完全に離れて，現在，不動産開発業務に携わっている。一方，Feldhake会計士は，別の会計事務所に移籍し，税務および会計業務に携わっている。Stewart会計士は，Fox会計事務所に留まっている。

に売却させた。G&M 社は，無価値の約束手形でその支払いを行った。G&M 社に対する ERC 社の売却にかかる利益の記録を裏づけるために，Ponsoldt 氏は，G&M 社の手形を，Lloyd Kojo Onikeh Randall 氏（以下，Randall 氏）が所有しているシエラレオネにある会社（Onikeh 社）に売却した。Randall 氏は，手形の取得に伴って振り出した小切手を支払うつもりはなかったし，そのための資金も有していなかった。また Ponsoldt 氏は，Alpex 社に，Randall 氏から African-Arabian-American Financing and Mining Company Ltd.（以下，AAA 社）を買収させた。この買収において Alpex 社が Randall 氏に支払ったとされる同社の資金の相当部分は，実際には ERC 社が負っていた担保付き債務の返済に充てられた[3]。このとき，ERC 社を所有していたのは G&M 社であったが，同社は Ponsoldt 氏によって支配されていた。

本委員会は，以前 1983 年 6 月 8 日に，Fox 会計事務所に対して，とりわけ，Alpex 社の（1981 年度 10-K に含まれている）1981 年度財務諸表に対して Fox 会計事務所が発行した監査報告書は，Fox 会計事務所の監査が一般に認められた監査基準（以下，GAAS）に準拠して実施されておらず，Alpex 社の財務諸表が同社の財政状態および経営成績を一般に認められた会計原則（以下，GAAP）に準拠して適正に表示していなかったという点において，著しく誤っており利用者を誤導するものであると主張して，民事差止訴訟を提起した[4]。

Feldhake 会計士，Beeson 会計士および Stewart 会計士は，1981 年度の Alpex 社の監査を実施し，監督し，そしてレビューする主たる責任を有していた。したがって，Fox 会計事務所が発行した，重要な虚偽を含み利用者を誤導

3　1983 年 9 月 29 日，本委員会は，Alpex 社と Ponsoldt 氏に対して，1934 年証券取引所法第 10 条第 b 項および第 13 条第 a 項，1940 年投資会社法第 10 条第 a 項，第 30 条第 a 項，第 30 条第 b 項および第 36 条第 a 項の違反を申し立て，民事差止訴訟を提起した。とりわけ，本委員会の告訴状では，Ponsoldt 氏が少なくとも 90 万ドルの Alpex 社の資金を個人的に使用し便益を得るために流用および横領するスキームに関与していたこと，ならびに Alpex 社が，虚偽を含み利用者を誤導する年次報告書，四半期報告書および臨時報告書を本委員会に提出したことが申し立てられている。Alpex 社と Ponsoldt 氏は，告訴状に含まれる主張を認否することなく，とりわけ，Alpex 社と Ponsoldt 氏が上記条項にさらに違反することを禁じた最終命令を裁判所が登録することに同意した（*SEC v. Alpex Computer Corp. et al.*, No. 83-2868.（D.D.C. September 30, 1983））。訴訟通牒第 10144 号（1983 年 9 月 30 日）を参照されたい。

する監査報告書に対する責任の大部分はこの3名にある。

　Alpex 社の 1981 年度財務諸表の監査は，Feldhake 会計士，Beeson 会計士および Stewart 会計士が，新規顧客の受け入れ，監査計画，監督およびレビューに関して専門職業基準に準拠していなかったことを含め，いくつかの点において GAAS に準拠せずに実施されたという点で欠陥を有するものであった。

　さらに，Alpex 社に対して実施された監査では，全体として職業的懐疑心が欠如していた。監査の開始時点において，(1) Stewart 会計士と Feldhake 会計士は，Alpex 社の 1981 年度 10-K が，1982 年 3 月 31 日の提出期限を大幅に過ぎて提出されたことを承知しており，(2) Feldhake 会計士は，Alpex 社の 1980 年度監査を行った Ernst & Whinney 会計事務所（以下，E&W 会計事務所）が，監査を完了し監査報告書を発行した後に辞任したことを承知しており，(3) Feldhake 会計士と Stewart 会計士は，Alpex 社の 1981 年度監査を実施する契約をしていた Arthur Young 会計事務所（以下，AY 会計事務所）が解任されていたことを承知しており，そして (4) 3 人とも，1981 年度を通じて Alpex 社の取締役会会長であり最高経営責任者であり支配株主であった Ponsoldt 氏が，とりわけ，Alpex 社の資金の不適切な管理および濫用に関して提起された訴訟の被告であったことを承知していた。さらに，Feldhake 会計士，Beeson 会計士および Stewart 会計士は，1981 年度開始時点の Alpex 社の主要な資産が現金と短期投資であったこと，そして，関連当事者との多くの疑わしい取引を通じて，1982 年の早い時期までに同社の主要な資産が，その価値が不明で不確実なシエラレオネにおける採掘権に変わっていたことを知っていた。警戒すべきこれらの情報からすると，彼らは疑いを持った懐疑的な態度で監査に望

4　本委員会は，Fox 会計事務所が，1933 年証券法第 17 条第 a 項，1934 年証券取引所法第 10 条第 b 項，第 13 条第 a 項，同法規則第 10b-5，12b-20，13a-1 に違反する行為を，直接間接に，幇助および教唆したこと，ならびに，Fox 会計事務所が，Alpex 社，Saxon Industries, Inc., および Flight Transportation Corp. に対して，重要な虚偽を含み利用者を誤導する監査報告書を発行したことを申し立てた。1983 年 6 月 30 日，Fox 会計事務所は，本委員会の告訴状に含まれる申し立てを認否することなく，最終命令の登録に同意した（*SEC v. Fox & Company*, No. 83-4311（S.D.N.Y. June 30, 1983））。訴訟通牒第 10051 号（1983 年 6 月 30 日）を参照されたい。

むべきであった．にもかかわらず，彼らはこれらの情報を無視し，Alpex 社の事業のそれまでの展開および明らかに疑わしい取引に対する適切な調査を全体として怠った．

以下で詳細に論じるように，Alpex 社の監査に関する監査上の欠陥には，とりわけ次のことがあった．

(1) E&W 会計事務所の辞任の理由について，監査調書のレビューに留まり，同会計事務所に対して問い合わせをしなかったこと
(2) AY 会計事務所とまったく情報交換を行わなかったこと
(3) 経営者の誠実性を評価するための適切な質問を実施しなかったこと
(4) Alpex 社が不動産の売却を，それが実質的には生じていないにもかかわらず，（利得は認識せずに）記録することを承認したこと
(5) 不適切にも重要な金額の受取利息が計上されていることを発見できなかったこと
(6) 明らかに警戒すべき情報があったにもかかわらず，不正が存在する可能性を検討しなかったこと
(7) 関連当事者取引を Alpex 社の財務諸表の注記で適切に開示するよう要求しなかったこと

さらに，上記の監査上の欠陥の大きな原因は，Fox 会計事務所のパートナーである Feldhake 会計士と Beeson 会計士が，個々にあるいは共同で，当該監査の実施担当者であり Alpex 社の疑わしい取引を最も知悉していた Stewart 会計士の作業を適切に監督およびレビューするという責任を果たさなかったことにあった．

したがって，Feldhake 会計士，Beeson 会計士および Stewart 会計士は，Alpex 社に対する監査を実施するに当たり GAAS に準拠しなかったという点で職業的専門家として不適切な行為に従事した．さらにその結果，1981 年 12 月 31 日に終了する年度の Alpex 社の財務諸表に対する Fox 会計事務所の監査報告書は，いくつかの限定事項を条件として[5]，(1) その監査は GAAS に準拠して実施された旨，および (2) Alpex 社の財務諸表は GAAP に準拠して適正

に表示されている旨を，実際にはそうではなかったにもかかわらず記載していた点で，著しく誤っており，利用者を誤導するものとなった。

II．事　実

A．監査上の欠陥

1．監査の実施全般

Fox 会計事務所は，1981 年 12 月 31 日に終了する年度の Alpex 社の財務諸表を監査し，それに対して意見表明する契約を 1982 年 5 月 20 日に Alpex 社と締結した[6]。現場における監査業務は，1982 年 6 月 11 日までにおおよそ完了したが，Fox 会計事務所の監査報告書は，1982 年 9 月 27 日に至るまで発行されなかった[7]。Fox 会計事務所の監査報告書を含んだ 1981 年度 10-K が本委員会に提出されたのは 1982 年 11 月 19 日になってのことであった。

以下で論じるように，Feldhake 会計士，Beeson 会計士および Stewart 会計士は，新規顧客の受け入れ，監査計画，監査業務の監督およびレビューに関して，多くの点で専門職業基準に準拠していなかった。

a．顧客としての Alpex 社の受け入れ

監査基準書（以下，SAS）第 7 号では，前任監査人と後任監査人とのコミュニケーションに関する基準が示されている。SAS 第 7 号は，とりわけ，経営者の誠実性，経営者との間の不合意事項および監査人を変更した理由に関係する事実について，後任監査人が前任監査人に具体的な質問を行うことを求めて

---

[5] Fox 会計事務所の監査報告書には，ゴーイング・コンサーンとして継続する Alpex 社の能力に関する不確実性，および Alpex 社と Ponsoldt 氏に対して財産不正を理由として提起された訴訟の帰結に関する不確実性を理由として限定意見が付されていた。

[6] Alpex 社の 1981 年度 10-K の提出期限は，1982 年 3 月 31 日であった。この遅延からだけでも，当該監査の潜在的な問題に対して監査人は警戒心を抱くべきであった。

[7] Fox 会計事務所の監査報告書の日付は，1982 年 6 月 11 日であった。Stewart 会計士および Beeson 会計士によれば，監査報告書の発行が遅れたのは，監査調書を完成させてレビューを実施しなければならなかったことに加え，特に AAA 社との取引に関して Randall 氏から追加的な確認を得る必要があったためである。

いる。Alpex 社の監査における監査マネジャーである Stewart 会計士と監査パートナーである Feldhake 会計士は，専門職業基準および Fox 会計事務所の内部規定によって要請されていたしかるべき質問を実施しなかった[8]。

　特に，Stewart 会計士と Feldhake 会計士は，直近の監査を担当していた前任監査人の AY 会計事務所と連絡をとらなかった。AY 会計事務所は，1981年 12 月 31 日に終了する年度の Alpex 社の財務諸表を監査する契約を 1981 年に Ponsoldt 氏と締結していた。しかしながら，1982 年 3 月，Ponsoldt 氏が自身の所有する Alpex 社の持分を売却し，Alpex 社が同社のオフィスをミルウォーキーからコロラド州ボールダーに移転した際，AY 会計事務所は解任された。この時点において，AY 会計事務所は，1981 年 12 月 31 日に終了する年度の監査に関する実質的な現場作業にまだ着手していなかった。しかしながら，AY 会計事務所は，Alpex 社から同社の 1981 年度四半期財務諸表に関する相談を受けており，またさまざまな疑わしい取引に関して，Ponsoldt 氏や同社の他の経営者と頻繁に会合の場をもち，話し合いを行っていた[9]。さらに AY 会計事務所は，1981 年 12 月 31 日に終了する年度の監査の準備としていくつかの予備調査を実施していた。

　AY 会計事務所が，1981 年度において Alpex 社，特に Ponsoldt 氏に関与しており，かつ解任されたことからすると，Feldhake 会計士と Stewart 会計士は，AY 会計事務所とコミュニケーションをとり，必要とされる質問を行わなければならなかった。Fox 会計事務所が契約した時点で，Ponsoldt 氏はもはや Alpex 社の経営者ではなかったため，AY 会計事務所とのコミュニケーションおよび同会計事務所に対する質問は特に重要であった。

　Stewart 会計士と Feldhake 会計士は，AY 会計事務所と連絡をとらなかったのは，Alpex 社の取締役会会長である Lucian C. Whitaker II 氏（以下，Whitaker 氏）から，AY 会計事務所は監査業務を一切実施していないとの説明を受けたためであると主張した。彼らは，Alpex 社が 1982 年 6 月 18 日付で本委員会に提出したフォーム 8-K での臨時報告書をレビューした。この臨時報

8　それらの要件は，Fox 会計事務所の様式 PF-05（監査の新規顧客に関する調査チェックリスト）に詳細に記されている。

9　これらの取引は，158 頁から 159 頁に要約されている。

告書には，Alpex 社が AY 会計事務所との「契約を継続しないこととした」旨が述べられていた。しかしながら，両会計士ともさらなる質問を行わなかった。

　同様に，1980 年 12 月 31 日に終了する年度の Alpex 社の財務諸表に関する監査報告書を作成し，その後 1981 年に辞任した E&W 会計事務所に対しても Stewart 会計士は適切な質問を行わなかった。Alpex 社の 1980 年 12 月 31 日に終了する年度の財務諸表を監査し監査報告書を作成したのは E&W 会計事務所のコネチカット州スタンフォードのオフィスであったが，Stewart 会計士は E&W 会計事務所のデンバーオフィスに連絡し，1980 年度の監査調書をレビューした。SAS 第 7 号では，経営者の誠実性，経営者との間の不合意事項および監査人の変更の理由に関して質問することが求められているが，Stewart 会計士は，辞任の理由についても Alpex 社の経営者についてもよく知らない E&W 会計事務所のデンバーオフィスのパートナーと討議しただけであった。Stewart 会計士は，1980 年度の Alpex 社の監査を実施した E&W 会計事務所のスタンフォードオフィスの担当者と連絡をとろうとはしなかった。さらに，Stewart 会計士は，E&W 会計事務所が Alpex 社の監査人を辞任したことに気づいておらず，そのため辞任の理由について質問することはなかった。Feldhake 会計士は，E&W 会計事務所が辞任したことを承知していたにもかかわらず，E&W 会計事務所が辞任した理由，あるいは Stewart 会計士が E&W 会計事務所に関して適切な質問を行ったかどうか，そしてその質問の結果がどうであったのかを明らかにするための措置を講じなかった。

　　b．監査計画，監督およびレビュー

　SAS 第 1 号のセクション 310 は，監査業務を適切に計画することを求めている。SAS 第 1 号のセクション 320 によれば，適切に監査を計画するに当たっては，当該監査において採用される監査手続，実施時期およびテストの範囲を決定するための基礎として，存在している内部統制の適切な調査および評価を含む体系化された分析的なアプローチを採用することが求められている。

　しかしながら，Fox 会計事務所の監査調書には，Alpex 社の会計システムおよび内部統制システムに対するレビューが実施されたことを示す文書は含まれていなかった。Stewart 会計士は，「本年度においては，内部統制システムの

有効性に関する十分な証拠がないため，われわれは，内部統制システムにあまり依拠しない」と記された監査計画に関するメモをレビューしたが，監査調書には，内部統制に依拠しないとの決定を考慮して実施されるべき特定の監査手続を示すものは含まれていなかった。

　Alpex 社の内部統制に依拠しないという Stewart 会計士の決定にもかかわらず，監査人は，Alpex 社の取引に対して限定的な検証手続しか実施しなかった。Stewart 会計士は，Alpex 社の会計帳簿・記録が不完全であり，整理された状態にはなかったことを承知していた。また彼は，多くの取引について裏づけ文書がないことも承知していた[10]。Stewart 会計士は，このような状況を承知していたにもかかわらず，Alpex 社の取引に対する検証の範囲を拡張しなかった。たとえば，取引の検証に関連して，年度全体で検証された小切手はわずか 6 件であった。これは，1981 年度に振り出された Alpex 社の小切手の総数および総額と比較するとあまりにも少ない件数であった。検証された 6 件の小切手はいずれも，ここで議論されている疑わしい取引とは関係しておらず，また金額的にも重要ではなかった。

　SAS 第 1 号のセクション 310 ではまた，監査業務を適切に監督することが求められている。SAS 第 22 号で論じられているように，監督には監査チームにおける下位者を適切に指導すること，および実施された監査業務を適切にレビューすることが含まれている。しかしながら，Alpex 社との契約を担当する監査パートナーであった Feldhake 会計士と Beeson 会計士は，以下で述べるように，それらの責任を適切に果たさなかった。

　Alpex 社を顧客として獲得した Feldhake 会計士は，その当初から 1982 年 7 月 15 日ごろまで，Alpex 社の監査を監督し，レビューする責任を有する担当パートナーであった[11]。Alpex 社の監査の現場作業は 1982 年 6 月 11 日にはほ

10　重要な会計問題に関する Fox 会計事務所のメモには，「われわれは，検証手続に際して，裏づけ文書を入手できないという問題に直面した」と記されている。内部統制の重要な欠陥に関する別のメモには，「われわれは，適切な裏づけ文書の入手が難しいという問題に直面した」と記されている。

11　1982 年 7 月 1 日，Feldhake 会計士は，Fox 会計事務所のデンバーオフィスの監査部門から税務部門へ異動した。1982 年 7 月 15 日ごろ，Feldhake 会計士は，Alpex 社の監査に関する責任を Beeson 会計士に引き継いだ。

ぼ終了し，6月後半には監査調書は Feldhake 会計士の査閲を受ける準備が整っていたが，それ以降に Feldhake 会計士による監査調書の査閲はまったく行われなかった[12]。Fox 会計事務所では，現場作業の開始時において監査パートナーが監査計画書をレビューし承認することが求められていたにもかかわらず，Feldhake 会計士は監査計画書のレビューも実施しなかった。Feldhake 会計士は，ここで論じられている疑わしい取引のいくつかについて承知しており，それらの取引について Stewart 会計士と議論したが，それらの取引に関連する監査ファイル内の文書に対するレビューも，そしてその検討さえもしなかった。さらに，Feldhake 会計士は，監査の計画段階および現場作業段階において Stewart 会計士を適切に監督せず，同会計士に適切な指示を出さなかった。

1982年7月15日ごろに Feldhake 会計士からレビューおよび監督を行う担当パートナーとしての責任を引き継いだ Beeson 会計士は，それらの責任を適切に果たさなかった。Feldhake 会計士は，監査調書を査閲しなかったため，重大な問題のある領域についての概要を Beeson 会計士に伝えることのできる立場にはなかったが，Beeson 会計士は，かかる査閲が行われていないことについては Feldhake 会計士から聞かされていた。

Beeson 会計士が担当パートナーとなった時点では，監査上の重要な領域について未だ解決されていない状況にあったが，この監査に対して Beeson 会計士は最低限しか関与しなかった[13]。彼は，この監査において未だ解決されていない領域への対処を Stewart 会計士に任せたが，Stewart 会計士に対して適切な指示を出さず，また Stewart 会計士の作業の結果をレビューすることもなかった。Beeson 会計士は，疑わしい取引の会計処理について話し合うために設定された Alpex 社の経営者との重要な会合にも出席しなかった。実際，

---

12 Alpex 社の監査ファイルと財務諸表の草案は6月後半に Feldhake 会計士に渡された。Feldhake 会計士は，財務諸表の草案をレビューし，監査のさまざまな点について Stewart 会計士と議論した。しかし Feldhake 会計士は，監査ファイルにおける文書をまったく検討しなかった。

13 Beeson 会計士が引き継いだ時点で，G&M 社および AAA 社との取引をどう会計処理するかは未だ解決されていなかった。また，当該取引のさまざまな側面について検証するために，Randall 氏との会合が予定されていた。

Beeson 会計士は，この監査契約の担当パートナーとしての任期中に Alpex 社の経営者と一度も連絡をとることはなく，何らかの情報交換を行うこともなかった。加えて，Beeson 会計士は，G&M 社および AAA 社に関する疑わしい取引のさまざまな側面について議論し，直接的な確証を得るために予定されていた Randall 氏との会合にも出席しなかった[14]。Stewart 会計士は，1982 年 8 月に Fox 会計事務所のデンバーオフィスで開かれた会合に出席した唯一の監査人であった[15]。

2. 警戒すべき情報

SAS 第 16 号は，経営者不正，資産の不正流用および実質を伴わない取引の記録を含め，誤謬および不正の発見に対する独立監査人の責任に関する基準を定めている。SAS 第 16 号は，「監査人は，監査手続を適用することによって入手した証拠資料が誤謬または不正の可能性を示唆しているかもしれないことを認識して，職業的懐疑心をもって監査を計画し実施しなければならない。監査手続の範囲は，内部会計統制についての検討，実証テストの結果および経営者の誠実性に疑義を生ぜしめる状況によって影響を受けるであろう。……監査手続の結果，重要な誤謬あるいは不正が存在する可能性が示唆された場合，監査手続を拡張しなければならない」と規定している。

本事案では，不正の可能性を示す数多くの事実(すなわち，警戒すべき情報)を監査人は承知していた。

a. Alpex 社による ERC 社の買収

1981 年 2 月の Alpex 社による ERC 社の買収に関して，Stewart 会計士は，ERC 社が所有するニュージャージー州の不動産の公正市場価値は 400 万ドル

---

[14] 監査人は，Randall 氏との会合の結果が判明するまで，監査報告書の発行を延期していた。監査人および Alpex 社にとってその会合が重要であったことは，Randall 氏が Alpex 社の監査人と会合することを主要な目的の 1 つとしてシエラレオネからデンバーまで来なければならなかったという事実からも明らかである。

[15] Randall 氏によれば，その会合は短時間で終了し，その時間の多くは，AAA 社の名称を Ramas 社に変更することを議論するのに費やされた。Stewart 会計士は，Randall 氏に対して，G&M 社および AAA 社との疑わしい取引からの資金の受領については質問したが，それらの取引の実質については質問しなかった。

であり，それには買収日時点でおよそ300万ドルの抵当権やその他の制限が付されている，との説明を受けた。Stewart会計士は，Alpex社が第三者からERC社を購入したとの説明を受けたが，彼は，公正価値が純額で100万ドルとされている不動産をわずか10万ドルでAlpex社が購入することができた理由に関して，適切な質問を行わず，満足のいく説明を受けることもなかった。その取引は，一見して当該不動産の実際の価値に関して疑問を生ぜしめるものであった。

　Whitaker氏は，1979年12月31日時点における当該不動産の価値を3,495,000ドルとする査定をStewart会計士に示した。Stewart会計士は，Alpex社の経営者がインフレーションの影響およびその不動産の改良を理由として，その査定額に50万ドル加えている，との説明をWhitaker氏から受けた[16]。Stewart会計士は，その査定が，Ponsoldt氏の会社であるErie Group社のために作成されたことを承知していた。しかしStewart会計士は，ERC社の不動産の価値に関してそれ以上の監査手続を実施しなかった。その結果，監査人は，Alpex社が有していた，当該不動産をわずか2,520,000ドルと評価した別の査定の存在に気づかなかった[17]。

　ニュージャージー州の不動産の価値をいくらとするかは，その評価がAlpex社の財務諸表に重要な影響を及ぼすため，この監査にとって重要であった。Alpex社が受け取ったG&M社の手形の価値は，基礎となっている当該不動産の公正価値に基づいて決められた。さらに，Stewart会計士とBeeson会計士の見解では，Alpex社によるAAA社に対する投資の最終評価額は，ニュージャージー州の不動産の公正価値に基づいて決められた[18]。Stewart会計士およびBeeson会計士は，関連当事者ではない者による独立の査定といった，ニュージャージー州の不動産の評価を裏づける適格な証拠を入手しなかった。

16　Stewart会計士は，単にWhitaker氏が示した査定を通査しただけであった。Fox会計事務所の監査調書に，その査定に関する文書の複写は含まれておらず，その査定に対してStewart会計士が実施したレビューに関連するコメントあるいは文書も含まれていなかった。

17　1981年1月に行われたさらにもう1つの査定では，当該不動産は110万ドルと評価されていたということには注意が必要である。その査定は，当該不動産への売り手の関与の継続性と売却時期に関して，異なる仮定に基づいていた。

Stewart 会計士および Beeson 会計士は，また，通常であれば不動産取引に適用されるその他の基本的な監査手続を実施しなかった。たとえば，当該不動産に対する記録権原を誰が有しているのか，および何らかの判明していない先取特権が当該不動産に対して存在していないかどうかについての検証は行われなかった。その結果，彼らは，Ponsoldt 氏の会社である Erie Group 社が監査の時点で当該不動産に対する記録権原を有していたこと，および Alpex 社が ERC 社を所有している間に当該不動産に対して追加的に 100 万ドルの先取特権が存在していたことに気づかなかった。さらに，Alpex 社と G&M 社との間で交わされた売却契約によれば，Ponsoldt 氏のもう 1 つの会社である Erie Manufacturing 社に対する 100 万ドルの融資に関連して Alpex 社は偶発債務を負うこととなっていることを Stewart 会計士および Beeson 会計士は認識していなかった。

　Alpex 社から ERC 社に移転されたおよそ 736,000 ドルに達する資金に関して，Stewart 会計士と Beeson 会計士は，その資金が何に使われたのかを明らかにするために，質問を行うこともなく，また何らの監査手続も実施しなかった。もし Stewart 会計士と Beeson 会計士がこの問題を追及していれば，それらの資金の大きな部分が，Ponsoldt 氏が支配する会社に発生し，それらの会社が未だに支払義務を負っていた債務の返済に充てられたことが判明していたであろう[19]。

b．G&M 社に対する ERC 社の売却

　1981 年 6 月に Alpex 社が G&M 社に ERC 社を売却した取引は，Stewart 会計士と Beeson 会計士に，多くの点でその妥当性に関する疑問を抱かせるべきものであった。Stewart 会計士および Beeson 会計士はともに，G&M 社の財務諸表をレビューした。この財務諸表では，G&M 社が流動性の低い資産を保

---

[18] 監査人によって作成された，Alpex 社の 1981 年度財務諸表の注記 4 には，「AAA 社に対する当社の投資の評価額および 1982 年度における未実現利得の認識は，引き渡した資産および受領した資産の公正価値によって決定されることとなる」と記されている。Stewart 会計士と Beeson 会計士は，この AAA 社に関する取引を，ERC 社のニュージャージー州の不動産と AAA 社に対する投資との交換取引と見なしていた。

[19] 「Alpex 社から ERC 社に対して行われた支払いは短期投資である。それが関連当事者取引であることを示す証拠はない。」と Beeson 会計士は信じていた。

有する休眠会社であることが示されていた。Stewart 会計士は,「同社は,ERC 社を買収する投資主体として十分ではなかった」と結論づけ,Beeson 会計士は,「G&M 社には最低限の持分しかなかった」と結論づけた。彼らは,G&M 社はこの売買契約のもとでの支払いを行えるだけの能力を有していない,と結論づけるのに十分な同社の財政状態に関する情報を有していた。4,358,950 ドルに達するこの要支払額は,ニュージャージー州の不動産を担保とする借入金と当該購入のために Alpex 社に対して振り出された約束手形とで構成されていた。しかしながら,監査調書には,G&M 社振り出しの約束手形が回収可能かどうかを Stewart 会計士と Beeson 会計士が検討したことを示すものは何もなかった。さらに,彼らは G&M 社の約束手形を確認するための手続も何ら実施していなかった[20]。

加えて,当該売買契約のもとで,G&M 社は,ニュージャージー州の不動産にかかる抵当権に関する支払いを四半期毎の支払期限の 10 日前に Alpex 社に行うことが求められていた。G&M 社から行われるこれらの支払いの期限は,1981 年 8 月および 11 月,そして 1982 年 2 月および 5 月であり,すべて Fox 会計事務所による監査の期間内であった。また,Alpex 社宛に振り出された約束手形に関する G&M 社からの支払いの期限は 1981 年 12 月であった。Stewart 会計士と Beeson 会計士は,G&M 社がそれらの支払いを行ったかどうかを確かめる監査手続を何ら実施しなかった。事実,G&M 社は,当該売買契約に基づく支払義務のいずれも果たしていなかった[21]。

監査調書に含まれている文書および G&M 社との取引に関する監査人の知識に基づくと,その取引に実質が伴っていないことは,Stewart 会計士と Beeson 会計士にとって明らかなはずであった[22]。これらの文書と彼らの知識にもかかわらず,彼らは,Alpex 社がその取引を売却として記録するとともに,

---

[20] 受取勘定についての第三者への確認は,GAAS のもとで要求されている監査手続である。監査基準ではまた,帳簿価額からの評価減が必要かどうかを判断するために,受取勘定の回収可能性をレビューし分析することが求められている (SAS 第 1 号セクション 331.01)。

[21] Ponsoldt 氏は,G&M 社が ERC 社を所有していた間,AAA 社に関する取引に関連して生じた Randall 氏に対するいくつかの支払いを同氏の同意のもとに利用して,さらにはいくつかの短期投資を利用して,かかる抵当権に関する支払いを行った。

1981 年 12 月 31 日時点の貸借対照表において G&M 社からの受取手形 1,436,542 ドルを 668,931 ドルの未実現利得を控除した上で計上することを認めた。

c. G&M 社の約束手形の売却

監査調書には，Alpex 社が 1981 年 10 月 15 日に G&M 社の約束手形を Randall 氏に売却したとされる取引に関連して，売買契約書，Randall 氏から受け取った 780,000 ポンドの小切手の複写，当該小切手に関する銀行からの通知書を含めた書類が含まれていた。Stewart 会計士と Beeson 会計士は，その監査に関連してこれらの書類に目を通した。これらの書類を見れば，Stewart 会計士と Beeson 会計士は，この取引およびここで議論されるその他の関連取引について疑念を抱くべきであった。

特に，Alpex 社が G&M 社の約束手形を Randall 氏に売却した際の契約書には，次のように記されている。「Onikeh 社は，Alpex 社が当該手形の価値について何らの説明も行っていないことを認識し，理解し，それに合意している。さらに，Onikeh 社は，Alpex 社が当該手形の回収可能性または真正性について何らの説明も行っていないことを認識し，理解している。**Onikeh 社は，Alpex 社に対して一切の遡求権を有さずに当該手形を購入するものであることを認識している。**」(強調原文)[23]。このような普通でない制限が課されていたにもかかわらず，その契約書によれば，Onikeh 社は，G&M 社の手形の額面額全額に加えて，利息も支払うことになっていた。

さらに，G&M 社の手形の代価である Randall 氏からの 780,000 ポンドの小切手に関連する書類によれば，資金はバハマの首都ナッソーにある Artoc Bank に Alpex 社が有する口座には振り込まれておらず，実際，その小切手は 1981 年 11 月 13 日に Ponsoldt 氏に手渡されていた。Alpex 社の会計帳簿・記録に，780,000 ポンドの小切手の受領もしくは預入れは記載されていなかった。さらに，Alpex 社は，Artoc Bank の口座についての記録を有していなかった。Randall 氏の小切手の裏面には，Alpex 社がこの銀行に口座を有していることが示されていたにもかかわらず，Stewart 会計士と Beeson 会計士は，そのよ

---

22 Stewart 会計士は，「それゆえ，当該取引を，G&M 社を通じて行われた ERC 社と AAA 社に対する投資との交換取引と見なすという立場をわれわれはとる」と結論づけた。
23 Onikeh 社は，Randall 氏が所有していた会社である。

うな口座が実在するかどうかを確かめようとしなかった。

Stewart 会計士によれば，監査人は不正調査を行うためではなく，Alpex 社の財務諸表の適正性に関して意見を表明するために契約を結んでいたため，彼は，Randall 氏に G&M 社の手形を売却する目的あるいは動機を問題視しなかった。Beeson 会計士もその売却から不正の可能性に関する疑問を抱くことはなかった。

d. Randall 氏に対する現金の支払い

Alpex 社は，AAA 社の買収に関連して次のとおり Randall 氏に現金を支払ったとされる。すなわち，まず 1981 年 8 月 24 日にオプションの支払いとして 100,000 ドル，1981 年 10 月 14 日に追加的オプションの支払いとして 50,000 ドル，そして 1982 年 2 月に取引完了の最終支払いとして 213,458 ドルである[24]。それらの支払いのかなりの部分は，Alpex 社がもはや ERC 社を所有していない時点で，ERC 社の不動産を担保とする借入金を返済するために用いられた。

上記の支払いは監査対象期間における Alpex 社の主な現金支出であったが，Stewart 会計士がその支払いを裏づける支払済小切手または銀行からの通知書を自ら検証することはなく，また監査スタッフに検証させることもなかった[25]。Stewart 会計士は，当該状況において適切な監査手続を実施しなかったため，Randall 氏に対する支払いに伴うさまざまな疑わしい点について注意を向けることはなかった。

1981 年 8 月 24 日に Randall 氏に対して行われた 100,000 ドルの支払いは，Alpex 社の現金支出記録に記載されなかった。実際，この支払いの記録は，短期投資を清算することで Randall 氏に対する支払いが行われたことを示す 1981 年 9 月の修正仕訳によって行われた。しかしながら，Alpex 社の会計帳簿・記録には，Artoc Bank の口座についての記載はなかった。実際には，1981 年 8 月 24 日ごろに，100,000 ドルが Artoc Bank にある Alpex 社の口座に入金された。同日，82,000 ドルがこの口座から米国における ERC 社の銀行口座に振り

---

[24] 180 万ドルの買収価格の残高は，G&M 社振り出し Randall 氏宛ての 1,436,542 ドルの手形で支払われた。

[25] 先に論じたように，Alpex 社の内部統制に依拠してはいなかったにもかかわらず，当該年度中に検証された現金支出は 6 件のみであった。

込まれた。これらの資金は，その後，四半期毎に行われていたERC社の不動産にかかる抵当権に関する支払いの1981年8月分に充てられた。残りの資金のうち15,000ドルは，1981年11月にERC社に振り込まれ，ERC社のさまざまな費用の支払いに充てられた。最後に，Ponsoldt氏は，1981年10月にArtoc BankのAlpex社の口座から現金2,000ドルを引き出した。Stewart会計士は，この取引を適切に監査しなかったため，当該100,000ドルの支払いをめぐるこれらの状況に気づいていなかった。

1981年10月14日のRandall氏に対する50,000ドルの支払いは，5,000ドルの銀行小切手9枚の発行と現金5,000ドルで行われた。Stewart会計士とBeeson会計士は，監査期間中に銀行からの通知書および支払済銀行小切手が入手されていたにもかかわらず，このように支払いが行われていたことに気づいていなかった。

e．85,000ドルの不正流用

1981年11月，Ponsoldt氏は，Alpex社の短期投資から85,000ドルの資金を，承認されていない会社目的以外の目的で不正に流用した。Stewart会計士は，短期投資の監査に関して，5件で総額657,424ドルの短期投資すべてについて確認を実施することを決定した[26]。Alpex社の経営者がStewart会計士に提出した一覧表によれば，その投資のうちの1件は，Bank of America Internationalに対する85,000ドルであった。

確認状は，Bank of America Internationalに対するものとされた85,000ドル以外のすべての投資について回収された。Bank of America Internationalに対する85,000ドルについては返信がなかった。GAASのもとでは，監査人は，投資の実在性を確かめるために，再度確認状を発送するか，あるいは代替的な監査手続を実施しなければならなかった[27]。しかしながら，Stewart会計士は，いずれの手続も実施しなかった。Stewart会計士は，Alpex社の短期投資の87％については確認した。その85,000ドルは，実際にはBank of

---

26 Ponsoldt氏は，Alpex社の短期投資ポートフォリオを1人で管理していた。
27 SAS第1号セクション331.08では，受取勘定の確認に対して回答が得られない場合に監査人が実施すべき監査手続について規定されている。監査人は，投資の確認についても同様の手続を実施しなければならない。

America に預け入れられていなかった。

3. GAAP 違反

1981 年 12 月 31 日に終了する年度の Alpex 社の財務諸表は，いくつかの重要な点において誤っており利用者を誤導するものであり，また GAAP に準拠していなかった[28]。それにもかかわらず，監査人は，Alpex 社の財務諸表が GAAP に継続的に準拠して同社の財政状態，経営成績および財政状態の変動を適正に表示している旨を記載した監査報告書を Fox 会計事務所に発行せしめた。

a. G&M 社に対する ERC 社の売却を認識した不適切な会計処理

Alpex 社は，1981 年 12 月 31 日に終了する年度の財務諸表において，G&M 社との間の偽装取引を売却として報告したが，これは不適切であった。その結果，Alpex 社の貸借対照表には，同社の最大の資産として，G&M 社からの受取手形 1,436,542 ドルが 668,931 ドルの未実現利得を控除する形で計上されたが，これは不適切であった。

G&M 社との取引を売却として計上することは不適切であった。というのも，その取引には実質がなく，また G&M 社振り出しの手形は無価値であったからである。AICPA 業種別会計ガイド「不動産の売却についての利益認識の会計」(以下，ガイド) によれば，売却価格の回収可能性に不確実性がある場合，および取引に伴う何らかの要素によって，その取引が実質として売却であることが疑われる場合，会計上，不動産の売却を認識することは禁じられている。ガイドでは，不動産の売却を会計上認識しない場合，「売り手は受取勘定を計上せずに，自社の財務諸表に当該不動産およびそれに関連して存在する負債を計上し続け，そして当該不動産の状態を開示する」こととされている。

Stewart 会計士と Beeson 会計士は，このガイドをレビューした上で，その

---

[28] Alpex 社の 1981 年度財務諸表は，収益，営業損失，純利益，流動負債，運転資本および株主持分の欠損に重要な虚偽表示が存在していたという点において誤っており利用者を誤導するものであった。さらに，Alpex 社は，当該財務諸表の注記において，同社の主要な取引が有する関連当事者取引としての性質を開示しなかった。このことについては，以下で詳細に説明する。

売却に伴って生じたと主張されている利得は未実現であるが，Alpex 社がその売却を記録することは適切であると結論づけた。Stewart 会計士と Beeson 会計士がその時点で知っていた情報に基づくと，彼らの結論は不適切であり，またGAAP に違反するものであった。

この取引を誤って記録したことによって，1981 年 12 月 31 日に終了する年度の Alpex 社の財務諸表は重要な影響を受けた。この取引が適切に処理されていれば，流動負債はおよそ 250 万ドル増加したであろう。そしてその結果，運転資本は，報告された 525,642 ドルのプラスではなく，1,974,358 ドルのマイナスとなったであろう[29]。

b. 受取利息の不適切な計上

Alpex 社は，G&M 社の価値のない手形に対して 81,314 ドルの利息を見越し，利益として計上したが，これは不適切であった。Stewart 会計士と Beeson 会計士によれば，彼らは，監査の実施時点および監査報告書の発行時点でその利益計上に気づいていなかった。しかしながら，「稼得利息の分析」との表題が付されたある監査調書には，Alpex 社の 1981 年度の受取利息に 81,314 ドルを含めることが記載されており，当該項目は受取手形に関する稼得利息と識別されていた。Stewart 会計士と Beeson 会計士がこの項目を問題視しなかったことは，Alpex 社に対する監査の実施とそのレビューが不適切であったことを示している。

不適切にもこの項目が計上された結果，Alpex 社の収益は 39.6％過大表示され，営業損失は 84.8％過小表示され，そして純利益は 12.9％過大表示された。

c. 関連当事者取引の不開示

SAS 第 6 号によれば，監査人は，財務諸表において関連当事者取引が適切に開示されているかどうかを確かめなければならない。SAS 第 6 号のもとで，関連当事者取引には，報告会社と別の会社とが同一の経営者によって支配されている場合における両社間の取引が含まれる。SAS 第 6 号は，関連当事者が存在するかどうかを判断し，次の事項が開示されていることを確かめることを

---

[29] 加えて，ERC 社の不動産で構成される非流動資産は，およそ 320 万ドル増加したであろう。

監査人に求めている。すなわち，(1) 関連当事者との関係の内容，(2) 金額および当該取引が財務諸表に及ぼす影響を理解する上で必要と判断したその他の情報を含む，当該取引に関する説明，および (3) 取引額である。

Stewart 会計士と Beeson 会計士は，監査対象期間に発生した Alpex 社の主要な取引が関連当事者取引としての性質を有していることを承知していたにもかかわらず，財務諸表の注記でそれについて開示することを Alpex 社に求めなかった。

Alpex 社の 1981 年度財務諸表において，重要な関連当事者取引に関して次の事項を開示することが必要であったが，それらは開示されていなかった[30]。

(a) Ponsoldt 氏が仲介者を通じて支配していた会社である ERC 社を Alpex 社が 100,000 ドルで買収したこと。
(b) 少なくとも 655,000 ドルの Alpex 社の資金が，ERC 社の負債を返済するために ERC 社に融通されたこと。これらの負債はもともと，Ponsoldt 氏あるいは Ponsoldt 氏が支配していた会社による借入れの結果として生じたものであった。
(c) Whitaker 氏が Alpex 社による AAA 社の買収に関連して Randall 氏の代理人として行動したこと，および Whitaker 氏が Alpex 社の取締役かつ取締役会会長としての在任期間中に Randall 氏から手数料として 35,000 ドルを受け取っていたこと。
(d) Alpex 社が，重要な金額の管理委託手数料を，Ponsoldt 氏が支配していた会社に支払っていたこと[31]。

---

30 注記では，ERC 社が関連会社であることのみが開示されていた。
31 Stewart 会計士および Beeson 会計士は，管理委託手数料の支払いが関連当事者取引に当たることを認識していたが，その開示を要求しなかった。というのも，彼らは，その金額が財務諸表全体にとって重要ではないと考えていたからである。しかし，これはまったく正しくない。その支払額は，営業損失の 58.6%，収益の 27.4%，営業費用の 18.7% および株主持分欠損の 12.9% に達していたからである。加えて，Stewart 会計士と Beeson 会計士は，Alpex 社による ERC 社の買収が関連当事者取引であることも認識していた。さらに，Stewart 会計士は，Whitaker 氏と Randall 氏との関係を承知していた。一方，Beeson 会計士は，Whitaker 氏の活動履歴を詳細に記した履歴書が監査調書に含まれていたにもかかわらず，両者の関係に気づいていなかった。

Ⅲ．所見および結論

　本委員会は，Feldhake 会計士，Beeson 会計士，および Stewart 会計士が Alpex 社の 1981 年度財務諸表の監査を GAAS に準拠して実施しなかったと認定し，結論づける。これらの監査人が，新規顧客の受け入れ，監査計画，監査の監督およびレビューに関連して，多くの点で専門職業基準に準拠しなかったのは極めて軽率であった。また，彼らが，資産の不正流用および実質を伴わない取引の記録を含む不正の発見に対する独立監査人の責任に関連して，専門職業基準に準拠しなかったのは極めて軽率であった。加えて，彼らは，Alpex 社の財務諸表が GAAP に準拠して表示されていないことを承知していたか，もしくは承知しているべきであった状況において，とりわけ同社の財務諸表が GAAP に継続的に準拠して同社の財政状態，経営成績および財政状態の変動を適正に表示しているとの意見を記載した監査報告書を Fox 会計事務所に発行せしめた。したがって，Feldhake 会計士，Beeson 会計士および Stewart 会計士は，職業的専門家として不適切な行為に従事した。

A．Stewart 会計士の行為

　Stewart 会計士は，前任監査人とのコミュニケーションに関する GAAS の規定に準拠しなかった。彼は，AY 会計事務所と連絡をとらず，ただ AY 会計事務所の解任に関して Alpex 社が提出したフォーム 8-K に目を通しただけであった。E&W 会計事務所とのコミュニケーションは，よく評価しても通り一遍のものであり，その結果，彼は，E&W 会計事務所が 1981 年 7 月に Alpex 社の監査人を辞任していたことにさえ気づかなかった。

　Stewart 会計士は，Alpex 社の監査におけるマネジャーとして，監査計画を適切に立案しなかった。Alpex 社の会計システムおよび内部統制システムに関して実施したレビューについての文書は何も残されていなかった。さらに Stewart 会計士は，Alpex 社の内部統制にまったく依拠しなかったにもかかわらず，Alpex 社の取引について非常に限られた範囲でしか検証手続を実施しなかった。

また，Stewart 会計士は，この監査の過程で，十分な職業的懐疑心を発揮しなかった。実際の現場作業を実施し監督した Stewart 会計士が，（ⅰ）Alpex 社では内部統制が構築されておらず，また文書が紛失していたこと，（ⅱ）Alpex 社の主要な取引に疑わしい状況が存在していたこと，および（ⅲ）資金の不適切な管理および濫用に関して提起された訴訟が存在していたことを承知していたにもかかわらず，いくつかの基本的な監査手続を実施せず，また質問も行わなかったのは極めて軽率であった[32]。たとえば，Stewart 会計士は，G&M 社は投資主体として ERC 社を買収できるだけの十分な資力を有していないと結論づけたにもかかわらず，この取引の目的や動機に関する質問を実施しなかった。SAS 第 16 号は，実質を伴わない取引を計上することは不正の存在を示す兆候となることを警告しているが，彼はそのような兆候を適切に調査しなかった。Stewart 会計士はまた，Randall 氏に対する支払いと 85,000 ドルの不正流用に対して適切な監査手続を実施せず，また十分な調査を行わなかった[33]。

　Stewart 会計士は，Alpex 社の財務諸表は GAAP に準拠していないことを承知していた，あるいは承知していなければならなかった。彼がレビューした文書に基づけば，G&M 社に対する ERC 社の売却が実質を伴わないものであったこと，したがってその取引が売却として認識されるべきではなかったことを Stewart 会計士は承知していた，あるいは承知していなければならなかった。Stewart 会計士は，価値のない G&M 社の手形に対して発生した利息を利益として計上することを問題視しなかった。Stewart 会計士は，Alpex 社の主要な取引が関連当事者取引としての性質を有していることに気づいていたにもかかわらず，Alpex 社に対して，同社の財務諸表の注記においてそれを開示するこ

---

[32] 当該訴訟の存在は，Fox 会計事務所の監査報告書において限定事項として扱われていた。この監査報告書にはまた，継続企業の前提に関する不確実性を理由とする限定も付されていた。当該訴訟は，Alpex 社の創業者の未亡人が提起したものである。Ponsoldt 氏は彼女から株式を取得していた。

[33] Alpex 社の投資ポートフォリオを管理していたのは Ponsoldt 氏 1 人であったこと，および 85,000 ドルの投資の存在を示す文書が何ら存在していなかったことに鑑みれば，Stewart 会計士が，その投資とされたものに対して裏づけを入手しようとしなかったことは職務上の怠慢であった。

とを求めなかった。

B. Feldhake 会計士の行為

　Feldhake 会計士は，Fox 会計事務所が Alpex 社と監査契約を締結した当初の契約パートナーであり，Beeson 会計士が監査パートナーとしての責任を引き継ぐ前に生じた監査上の欠陥に対する責任を有している。

　Feldhake 会計士は，前任監査人とのコミュニケーションに関する GAAS の規定に準拠しなかった。彼は，AY 会計事務所と連絡をとることをせず，また E&W 会計事務所の辞任理由について質問することもなかった。これらは重大な不作為である。もし適切な質問を行っていれば，Ponsoldt 氏が開始した疑わしい取引および E&W 会計事務所の辞任理由に関する有効な洞察が得られた可能性がある。

　Feldhake 会計士は，上述したように，新規の監査顧客の調査に関して通り一遍の手続を行っただけであった。このことは，Fox 会計事務所が Alpex 社による監査人の指名を受け入れたのは 1982 年 5 月 20 日であったが，Fox 会計事務所の会計・監査部門担当役員による承認が得られたのは現場における監査作業が終了する 4 日前の 1982 年 6 月 7 日であったという事実からも明らかである[34]。

　Feldhake 会計士は，当該監査の担当パートナーであった期間において，監査を適切に監督しなかった。Feldhake 会計士は，Stewart 会計士と当該監査について討議した際，監査計画を含む監査ファイルを手元に有していたにもかかわらず，それをまったく査閲しなかった。そのために，Feldhake 会計士は，Stewart 会計士が直面した数多くの監査上の問題領域や警戒すべき情報に気づかなかった。もし Feldhake 会計士がこの監査ファイルを適切に査閲していれば，彼は，それらの問題に気づいたであろうし，また監査パートナーとしての

34　Feldhake 会計士によれば，彼は Whitaker 氏に対して，監査人指名の受け入れは本部オフィスの承認を得ることが条件であると説明した。しかしながら，SEC 登録会社に関する Fox 会計事務所の手続では，「契約の受け入れ前あるいは契約継続の承認前に，会計・監査担当役員に」経歴調査報告書を提出することが求められている。

責任を Beeson 会計士に引き継ぐ際にかかる情報を伝達できたであろう。

C. Beeson 会計士の行為

Beeson 会計士は，Alpex 社の監査を適切に監督しなかった。彼は，適切な指導，関与およびレビューを行うことなく Stewart 会計士にこの監査における未解決の問題を解決することを任せた。彼は，1982 年 8 月の Randall 氏との会合を欠席したことに加えて，この監査に関与している間，まったく Alpex 社の経営者と連絡をとらず，またコミュニケーションをすることもなかった。このことは，特に G&M 社および AAA 社との取引に存在する疑わしい状況の一部を承知していたことに鑑みれば許されるものではない[35]。

Beeson 会計士は，Stewart 会計士と同様に，その監査の過程において，不正の可能性を示唆する警戒すべき情報に直面したときでさえ，十分な職業的懐疑心を発揮しなかった。たとえば，Beeson 会計士は，G&M 社の持分はごくわずかであると結論づけたが，それでも，Alpex 社が G&M 社に対して ERC 社を売却した取引の目的や動機を確かめるための措置を講じなかった。Beeson 会計士は，G&M 社の手形の Onikeh 社への売却および Randall 氏に対する現金の支払いに疑問を生じさせる内容が記載されていたいくつかの文書に目を通したが，不正の可能性を検討しなかった。彼は，適切な監査手続を採用しなかったために，85,000 ドルの不正流用に気づかなかった。

Beeson 会計士は，Alpex 社の財務諸表が GAAP に準拠していないことを承

---

[35] さらに，監査の途中で監査パートナーが交代したことで，レビューの対象となっていた取引およびそれらの取引に関する経営者の説明に対する十分な理解が妨げられた。Feldhake 会計士は，監査開始時点で Alpex 社の経営者と面会し，Alpex 社の主要な取引について議論していたが，その監査結果についてのレビューは実施しなかった。Beeson 会計士は，Alpex 社の経営者とまったくコミュニケーションをとらず，また現場における監査作業が行われているときに何ら関与していなかったが，当該監査の最終結果をレビューし承認する責任を与えられた。

このように，監査パートナーが交代したこと，Feldhake 会計士が Stewart 会計士を適切に監督せず，また監査調書を査閲しなかったこと，そして Beeson 会計士が Stewart 会計士を適切に監督せず，また Alpex 社の経営者とコミュニケーションをとらなかったことが，監査上の欠陥をもたらす重大な要因であった。

知していた，あるいは承知していなければならなかった。Beeson 会計士は，G&M 社に対する ERC 社の売却が実質を伴わないものであったこと，およびその売却が認識されるべきではなかったことを承知していた，あるいは承知していなければならなかった。Beeson 会計士は，G&M 社の手形に対して発生した利息を利益に含めることを問題視しなかった。また，Beeson 会計士は，さまざまな関連当事者取引が存在することを承知していたにもかかわらず，Alpex 社に対してそれらの取引を財務諸表の注記で開示することを要求しなかった。

Ⅳ. 和 解 申 入 書

　Feldhake 会計士，Beeson 会計士および Stewart 会計士は，ここで明らかにされた事実，所見および結論について認否することなく，本審決および命令の発行に同意する旨の和解・誓約申入書を本委員会に提出した。

　Beeson 会計士が提出した和解・誓約申入書には，1 年間，本委員会に提出されるあるいは提出されることが求められている公開会社（以下，SEC 登録会社）の財務諸表の監査に関与しないとの誓約が記されている。Feldhake 会計士が提出した和解・誓約申入書には，1 年間，SEC 登録会社の監査および当該 SEC 登録会社の財務諸表の作成に関与しないとの誓約が記されている。さらに，彼らは，SEC 登録会社の監査を再開することを決定した場合には，本委員会に通知することを誓約した[36]。

　Stewart 会計士の和解・誓約申入書には，SEC 登録会社の監査に 90 日間関与しないとの誓約が記されている。さらに，彼は，その後 180 日間，SEC 登録会社の監査に関連した彼の監査業務について，SEC 登録会社の監査に関連して通常実施される審査に加えて，実質的かつ詳細な審査を受けることを誓約した。かかる審査には，SEC 登録会社の監査に関して，Stewart 会計士が実施する実質的な業務の審査，彼が GAAS および GAAP に準拠しているかどうか

36　和解・誓約申入書において，Feldhake 会計士と Beeson 会計士は，今後，公開会社の監査に関与しないと表明している。

ならびに彼の雇用主あるいは会計事務所の手続および方針に準拠しているかどうかの審査が含まれる。Stewart会計士は，自身の業務に対するこのような追加的な審査が当該監査の担当パートナー以外のパートナーによって実施されること，およびこの審査が当該監査に関与する部下に対するStewart会計士の監督をも対象とすることを誓約している。

被審理人の申入書を受理するかどうかを検討するに際して，本委員会は，申入書に，彼らが本調査に協力したこと，および彼らがこれまでに懲戒審判あるいは強制審判の対象になったことがないことが記されていたことに留意している。

V. 命　令

前述したところに基づいて，本委員会は，Feldhake会計士，Beeson会計士およびStewart会計士からの和解・誓約申入書を受理することは適当であり，公益に資するものと考える。

したがって，Feldhake会計士，Beeson会計士およびStewart会計士を譴責処分とすることを命令する。

さらに，Feldhake会計士，Beeson会計士およびStewart会計士が自身の和解・誓約申入書に含まれる誓約事項を完全に遵守することを命令する。

証券取引委員会

George A. Fitzsimmons
書記官

会計監査執行通牒　第 29 号

Accounting and Auditing Enforcement Releases No.29

1984 年 5 月 1 日
証券法通牒　第 6529 号
行政審判書類　第 3-6363 号

Mayo & Associates, P.C.（11000 West McNichols, Suite 116, Detroit, Michigan 48221）という商号で事業を行う Willie L. Mayo 会計士の事案に関する行政審判開始命令，所見および救済的制裁命令

| 被審理人となった監査人 | Willie L. Mayo 会計士（個人会計事務所）

| 被監査会社 | Organized Producing Energy Corporation（OPEC 社）（エタノールの製造・販売事業に参入する計画を有していた）

| 対象期間・書類 | 1983 年 12 月 29 日付で SEC に提出された有価証券届出書

| 会計上の論点 | 実態のない工場取得権利の売却取引と売却利益の計上

| 監査上の論点 | 取引実態の把握のための手続の不実施，経営者の陳述の無批判な受け入れ，精神的独立性の保持，正当な注意の行使

| 関連する会計基準・監査基準 | SAS 第 1 号セクション 331

解　説

1. 概　要

　OPEC 社の経営者は，実態の伴わない工場取得権利の売却取引を作り上げ，その売却利益を直近の財務諸表において計上した。OPEC 社の有価証券届出書に含まれている財務諸表に計上された 1983 年度（決算日 11 月 30 日）の収益の 99.4% および純利益の 100% が当該取引に関係していた。

　経営者は，監査報酬の積み増しを提示することによって，監査人に対して短期間での監査証明を求めた。一方，担当の監査人は経営者の陳述を鵜呑みにし，あまりにも杜撰な監査手続を実施することによって，経営者の要請に応え，当該財務諸表に対して無限定適正意見報告書を提出した（なお，監査人は，期末から約 2 ヶ月と 1 週間後に，この意見を公式に撤回した）。

　1983 年度監査における最大の問題は，
① 当該取引あるいは取引の仕組みがそれなりの実態を有しているか
② この取引において売却益を計上することが一般に認められた会計原則に照らして認められるか
③ ①・②を受けて，貸借対照表に付された当該取引に関する注記の内容は適正であるか

であった。

　World Wide 社は 1983 年度のほぼ期央にあたる 6 月 30 日時点では法人化されていなかったが，期末日（1983 年 11 月 30 日）においては，OPEC 社の完全子会社になっていた。しかし，Mayo 会計士はこの事実を把握しておらず，それゆえ，財務諸表作成上，World Wide 社は第三者企業として取り扱われ，売却利益が計上されることとなった。Mayo 会計士は，World Wide 社設立の経緯や OPEC 社との関係について，深度ある監査をせず，経営者の陳述を鵜呑みにした。

　監査に伴う問題は以下のとおりである。第 1 に，OPEC 社は上記の権利（オプション）を実際には有していなかったにもかかわらず，監査人は，OPEC 社がかかる権利を有していることを裏づけるための監査手続を実施していなかっ

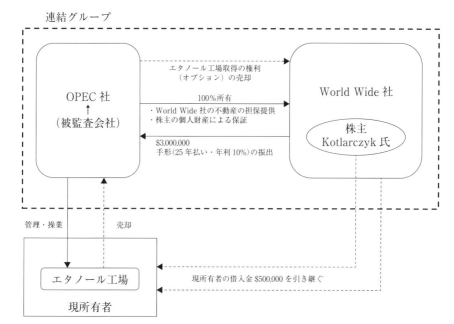

不正会計の背後にある偽造された取引スキーム

た。第2に，上記の権利（オプション）を売却したとした後においても，OPEC 社が当該エタノール工場の操業と管理を引き続き行うことになっていたことを監査人は認識していた。さらに第3に，工場取得権利の対価として，OPEC 社が受け取ったとされる不動産の原価と当該エタノール工場に対する担保権の価値等，回収可能性を判断するための調査・監査手続を何ら実施しなかった。

2. 会計上の論点

(1) エタノール工場の取得の権利（オプション）の売却取引の偽装
(2) 当該権利の売却に伴う利益の計上

3. 監査上の論点

(1) 取引実態の把握のための手続の不実施
(2) 経営者の陳述の無批判な受け入れ

(3) 精神的独立性の保持および正当な注意の行使
(4) 監査報酬の積み増しによる早期の監査証明に対する経営者からの要請

4. 本事案の実務的意義

　本件も第27号と同様,杜撰な監査が行われた事例である。「権利」というやや評価の容易でないものを粉飾の材料にしていることや,監査報酬が成功報酬的であることから生じる倫理上の問題といった,監査人として慎重に対処することの重要性を示唆するものである。

証券取引委員会は，証券取引委員会実務規則第2条第e項 (ii)[1] に基づいて，Willie L. Mayo（以下 Mayo 会計士）に対する行政審判を開始することが適当であり，公益に資するものと考え，ここに開始する。

本行政審判の開始と同時に，Mayo 会計士は，本行政審判で取り上げられている諸問題を解決するために，和解申入書を提出した。本委員会は同会計士の和解申入書を受理することを決定した。Mayo 会計士は，その和解申入書において，本事案における事実あるいは法に関するいかなる問題も審理することなしに，また，ここで示された事実，所見あるいは結論について認否することなく，本行政審判の開始および以下に示す命令の発行に同意した。

I. 事　実

Mayo 会計士は Mayo & Associates, P.C. という事務所名のもとに実務に従事している。同会計士は，1980年に公認会計士として登録し，また1972年以来会計士として雇用されていた。同会計士はアメリカ公認会計士協会とミシガン州公認会計士協会の会員である。同会計士の業務の大半は税務業務と月次記帳業務である。

Organized Producing Energy Corporation（以下，OPEC 社）は，ユタ州で設立された会社で，インディアナ州ミシャウォーカにオフィスを置いている。同社の主たる役員および取締役は，社長兼最高経営責任者であり筆頭株主でもある Gary R. Van Waeyenberghe（以下，Van Waeyenberghe 氏）と副社長兼秘書役の Carl Leibowitz（以下，Leibowitz 氏）である。Van

---

[1] 証券取引委員会実務規則第2条第e項（17 CFR 201.2(e)）は，その一部において，以下のように規定している。
「本委員会は，関与事案に関する告知および聴聞の機会の後，以下の事由に該当すると本委員会が認定した者に対して，本委員会に出頭し，あるいは本委員会所轄業務に従事することのできる権利を一時的に，または永久に拒否することができる。
（i）他の者の代理となるのに必要な資格を有していないこと，または，
（ii）品位または誠実性を欠いていること，あるいは，職業的専門家として非倫理的または不適切な行為に従事していたこと，もしくは，
（iii）連邦証券諸法（15 U.S.C. 第77a 条から第80b-20条）または同法に基づく規則および規制に故意に違反し，もしくは，かかる違反を故意に幇助および教唆していたこと。」

Waeyenberghe 氏は，インディアナ州のある非公開会社の主要株主であった。1983 年の半ば，同氏は，ユタ州の休眠状態にある公開会社の支配権を取得した。Van Waeyenberghe 氏と Leibowitz 氏は，この休眠状態にある公開会社を通じての上記非公開会社の株式取得を画策し，合併に至った。その後，その会社は社名を OPEC 社に変更した。OPEC 社の経営者は，エタノールの製造・販売事業に参入する計画を有していた[2]。しかしながら，1983 年末時点で，操業は行われていなかった。

OPEC 社の財務諸表

1983 年 12 月 29 日，OPEC 社は，500 万ドルのゼロ・クーポン債の公募計画に関連して，有価証券届出書を本委員会に提出した。同届出書には，1983 年 11 月 30 日に終了する年度の OPEC 社の監査済財務諸表と，Mayo & Associates, P.C. として実務に従事している Mayo 会計士の無限定監査意見が記載された監査報告書が含まれていた。OPEC 社は，同財務諸表において，とりわけ 3,223,934 ドルの総資産，300 万ドルの手数料収益，および 1,641,032 ドルの純利益を報告していた。

OPEC 社の 1983 年度の財務諸表において報告された資産の 93%，収益の 99.4%，および純利益の全額は，エタノール工場を取得する権利の売却であると OPEC 社が主張した，1983 年 11 月 14 日に発生した単一の取引によってもたらされたものであった。有価証券届出書において，この 1983 年 11 月 14 日の取引は，財務諸表の注記において以下のように開示されていたにすぎなかった。

> O.P.E.C. 社は，アイオワ州インウッドに所在するエタノール工場の取得について同社が交渉した権利を，1983 年 11 月 14 日に，Michigan 州の World Wide Energy 社と John Kotlarczyk 氏に 3,000,000 ドルで売却した。その検

---

2 エタノールとは，トウモロコシのような農作物の発酵から，あるいは石油または天然ガスに由来するエチレンから得られるアルコールである。エタノールとガソリンを 10：90 の割合で混合したものは，一般にガソホールと呼ばれる。

討に際して，O.P.E.C. 社は，World Wide Energy 社に代わって，上記のエタノール工場取得のための最終条件を交渉することになっている。売却金額3,000,000 ドルの支払いは，World Wide Energy 社の不動産抵当と個人財産によって保証されている。売却代金は，年利10％，年4回複利で，毎年合計330,510 ドルの25年払いで支払われることとなっている。

本委員会は，OPEC 社が1983年度の財務諸表において同社の財政状態と経営成績を著しく誤って表示していると結論づけた[3]。OPEC 社の役員は，アイオワ州にあるエタノール工場の取得に関して，当該工場の所有者から売却を依頼された代理人と議論していたが，OPEC 社は当該工場に関していかなる権利もオプションも有していなかった。さらに，当該工場の現所有者が要求した条件は，工場の取得者が現所有者の負っている約500,000 ドルの借入れを引き受ける，というものであった。加えて，World Wide Energy 社（以下，World Wide 社）もその所有者であるKotlarczyk 氏のいずれも，その支払いを行える財源を有していなかった。またKotlarczyk 氏は，取得した工場の操業から得られる利益から支払うという形でなければ，3,000,000 ドルの手形を支払う意思はないと述べていた。World Wide 社およびKotlarczyk 氏との間の取り決めによれば，当該工場はOPEC 社によって操業されることになっていた。

3　1984年5月1日，コロンビア特別区連邦地方裁判所は，OPEC 社，Van Waeyenberghe 氏およびLeibowitz 氏に，1933年証券法の有価証券届出書および目論見書に関する条項に違反すること，ならびに同法および1934年証券取引所法の詐欺行為禁止規定に違反することを永久に禁止する終局判決を下した。訴訟通牒第10361号（1984年5月1日）を参照されたい。また同日，本委員会は，1933年証券法第8条d 項に基づいて，当該有価証券届出書の発効を停止する命令（1933年証券法通牒第6527号（1984年5月1日）を参照されたい），および本委員会実務規則第2条第e 項に基づいて，弁護士であるLeibowitz 氏に対して，本委員会に出頭し，あるいは本委員会所轄業務に従事することのできる権利を拒否する命令を発行した。証券法通牒第6528号（1984年5月1日）を参照されたい。これらの訴訟における被告および被審理人は，申し立ておよび所見を認否することなく，判決および命令の登録に同意した。

監　査

　Mayo 会計士は，1983 年 12 月に OPEC 社との監査契約を締結した。Mayo 会計士は，OPEC 社の経営者から，同社の財務諸表の作成と短期間での監査終了の要請を受けて，通常よりも相当に高い報酬を提示され，受領した。Mayo 会計士は，エタノール業界の会社の監査，あるいは事業がエタノール業界に何らかの関連を有している会社の監査をこれまでに実施したことはなかった。

　OPEC 社と同社が計画していた事業に関する文書は，1983 年 12 月 12 日ごろ，Leibowitz 氏から Mayo 会計士に手渡された。また，同会計士は，その後，追加的な文書を OPEC 社から郵便で受領した。同会計士はインディアナ州にある同社の事務所を 12 月に 3 度訪れ，文書を調査し，経営者と討議した。OPEC 社を初めて訪問した際，Mayo 会計士は，同社の唯一の原始記入簿が銀行勘定計算書を裏づけ資料とする小切手記入帳であることを知った。元帳はなく，小切手記入帳以外の原始記入簿も存在しなかった。同会計士は，その後，事務所内での監査作業を完了させた。Mayo 会計士は，1983 年 12 月 27 日ごろに，1983 年 12 月 21 日付の無限定意見監査報告書を発行した[4]。

　被監査会社を初めて訪れる前に，Mayo 会計士は，OPEC 社の財務諸表の注記 C で言及されている World Wide 社，Kotlarczyk 氏および OPEC 社の 3 者間での取引に関する 1983 年 11 月 14 日付の契約書の写しを受け取っていた。また Mayo 会計士は，インウッドに所在するエタノール工場を売却後に OPEC 社が管理・運営することを示す補足契約，Kotlarczyk 氏が振り出した額面 300 万ドルの約束手形，および調製報告書が添付された 1983 年 6 月 30 日付の World Wide 社の見積貸借対照表を受け取っていた。OPEC 社が有すると主張した上記のエタノール工場を取得する権利および受取手形については，Mayo 会計士が最初に OPEC 社を訪れた際に説明されていた可能性がある。そしてこれらについては，続く 12 月 21 日の往査の際に，Van Waeyenberghe 氏との間で討議された。この往査中に，Mayo 会計士は，銀行あるいは信用調査機

---

[4] Mayo 会計士が作成した監査報告書の日付が 1983 年 12 月 21 日であったのは，監査の現場作業がその日に実質的に終了していたからである。

関所定の様式で作成された日付なしの Kotlarczyk 氏個人の「財務諸表」をレビューした。しかし，そのコピーは入手しなかった。

上記の文書の他，Mayo 会計士は，OPEC 社がアイオワ州インウッド所在の工場を取得する権利を有していたこと，同社が World Wide 社および Kotlarczyk 氏にその権利を売却したこと，そして，当該工場の操業は手形による代金の支払いを可能にする十分な収益を生み出し得ること，以上 3 点についての Van Waeyenberghe 氏の陳述に依拠した。

Mayo 会計士が当初作成した 1983 年度の財務諸表には，この 1983 年 11 月 14 日の取引は含まれていなかった。この財務諸表は 1983 年 12 月 27 日に作成されたものであり，そこでは約 125,000 ドルの損失が計上されていた。Mayo 会計士は，11 月 14 日の取引は OPEC 社の会計帳簿には記録されていなかったことに加え[5]，自身当該取引について多くのことを知らされておらず，監査人として当該取引に関して納得していなかったため，当該取引を除外したと証言した。

12 月 27 日に，Mayo 会計士は，11 月 14 日の取引を 1983 年度財務諸表に含めなかったことを Van Waeyenberghe 氏に電話で伝えた。Mayo 会計士と Van Waeyenberghe 氏は，この電話の中で当該取引について長時間に渡って話し合った。議論の中で，Mayo 会計士を OPEC 社に紹介した関係者の 1 人は，同会計士に対して，自分が個人的にその工場を視察したことを Mayo 会計士に伝えた。加えて，Van Waeyenberghe 氏は，World Wide 社と Kotlarczyk 氏からの 300 万ドルの手形についての確認状，11 月 14 日付の契約書において言及された担保付き手形の写し，さらに Kotlarczyk 氏個人の財務諸表の写しを受け取れるよう手はずを整えることに同意した。Van Waeyenberghe 氏の保証と追加的文書を提供するとの約束，OPEC 社を Mayo 会計士に紹介した関係者による工場を視察したとの陳述，および監査調書にファイルされた資料を Mayo 会計士自身がレビューした結果に基づいて，同会計士は 1983 年 11 月 14 日の取引を反映させるべく財務諸表を修正し，無限定意見を表明した監査報告

---

[5] 上述のように，OPEC 社の「帳簿」としては，小切手記入帳しかなかった。当該取引は現金を伴っていなかったので，小切手記入帳における記帳はなかった。

書を発行した。Mayo 会計士は，Van Waeyenberghe 氏が提供すると約束した追加的な文書を受け取ることはなかった。

II．結　論

　エタノール工場を取得する権利の売却であると OPEC 社が主張した上述の取引は，OPEC 社の財務諸表上，重要性を有していた。というのは，それは同社の総資産の 93％，収益の 99.4％，純利益のすべてを占めていたからである。しかし，Mayo 会計士が初めて当該取引に相当の注意を払ったのは，1983 年 12 月 27 日の Van Waeyenberghe 氏との電話においてであったことは明らかである。それよりも前の段階では，Mayo 会計士は，当該取引に関していかなる監査手続も実施していなかった。

　エタノール工場を取得する機会について OPEC 社が交渉して得た権利を 11 月 14 日に売却したとされる取引の会計処理は，一般に認められた会計原則に準拠していなかった。第 1 に，当該取引は本質的に偽造取引であり，OPEC 社はエタノール工場に関していかなる強制力のあるオプションも権利も有していなかった。第 2 に，一般に認められた会計原則によれば，売上に対する利益を認識するためには，(1) 利益が決定可能であること——すなわち，売上金額の回収可能性が合理的に確保されていること——，および (2) 利益の稼得プロセスが実質的に終結していること——すなわち，利益を稼得するために売上後に売り手が重大な行動を遂行する義務を負っていないこと——，という条件を満たさなければならないとされている。上述したように，この 2 つの条件は満たされていなかった。Kotlarczyk 氏と World Wide 社は取得代金を支払うための財源を有しておらず，また，未だ取得していないエタノール工場から得られる将来の利益からしか取得代金の支払いを行うつもりはなかった。

　OPEC 社は，この売却条件のもとで追加的な義務を有していた。上述したように，OPEC 社は，当該工場を取得するための最終条件について交渉しなければならなかったことに加え，いったん取得したこの工場を操業しなければならなかった。こうした OPEC 社にかかる契約上の規定は重要な条件であったが，それらの条件は 1983 年 11 月 30 日時点で決定されておらず，履行されてもい

なかった。

　本委員会は，Mayo 会計士が，OPEC 社の 1983 年度財務諸表の監査において，多くの点で，監査人としての責任を果たしていなかったと結論する。同会計士は上記の手形について確認を実施せず，あるいは 11 月 14 日の取引について独立的な検証をまったく行わなかった[6]。同会計士が入手した文書を見れば，それが正常でないことは明らかであり，それゆえ，その文書から得られたとされる結論を裏づけるものではなかった[7]。

　OPEC 社，World Wide 社および Kotlarczyk 氏との間で結ばれた 11 月 14 日の契約は，同社が有すると主張するところの，エタノール工場を取得する権利を OPEC 社が World Wide 社と Kotlarczyk 氏に売却する手段であり，またそういうものであると Mayo 会計士も理解していた。しかし，Mayo 会計士は，売却できる権利を OPEC 社が実際に有していたことを裏づけるための監査手続を何ら実施しなかった。Mayo 会計士が依拠した合意書では，OPEC 社が何かを売却できる権利を有していたことは示されていない。そこでは，「OPEC 社は，あらゆる権利を，**それを OPEC 社が持っているとすれば**，本合意によって売却する」（強調追加）と説明されている。その合意書ではまた，OPEC 社が，取得される当該不動産と工場に対する担保権を，他の資産に対する担保権と併せて保有すると述べられている。Mayo 会計士は，当該担保に供された資産の原価もしくは市場価値，当該工場の実際の価格あるいは交渉で見込まれる価

---

[6] 本委員会スタッフがその調査において 1984 年 1 月に Mayo 会計士に最初に接触した（そこでは，同会計士の作成した監査調書の提出が求められた）後に，同会計士は Kotlarczyk 氏に確認依頼状を発送した。しかし，いかなる回答も得ていなかった。
　　Mayo 会計士は，OPEC 社の売掛金あるいは受取手形に関連して確認状を発送せず，棚卸の立会も実施しなかった。Mayo 会計士は，それぞれの場合においてそれに代わる監査手続を実施したと主張している。しかしながら，売掛金の確認と棚卸の立会が一般に認められた監査手続であり，実施可能な場合には，その代替的手続は認められないことは十分に確立されている。

[7] Mayo 会計士は，当該契約および約束手形が Kotlarczyk 氏によって署名されていることを確認しなかった。事実，Van Waeyenberghe 氏は，Kotlarczyk 氏の名前を同氏の同意を得て署名していた。11 月 14 日の契約では，World Wide 社および Kotlarczyk 氏が共同購入者であることが示されている（ただし，彼らの各々の持分は示されていない）が，300 万ドルの手形は，Kotlarczyk 氏個人として，同氏によってのみ署名されているようである。

格，担保に供されるその他の資産の詳細あるいはその価額についての調査を行っていなかった[8]。11月14日の取引内容について何ら確認を実施せず，当該取引に関する経営者の陳述を検証することなく受け入れたという点で，Mayo会計士は，一般に認められた監査基準によって求められている精神的独立性を保持していなかった，あるいは職業的専門家としての正当な注意を行使していなかった。

　Mayo会計士は，OPEC社に対する300万ドルの手形債務者の一主体であるWorld Wide社の1983年5月付の会計士報告書とそこに添付されていた1983年6月30日付とされている見積貸借対照表を検査した。この会計士報告書には，当該貸借対照表は顧客が提供したデータに基づいて調製されたものであり，それに対して監査は行われていない旨が記されていた。また，そこでは，当該クライアントは一般に認められた会計原則によって要求された開示を省略することを選択したこと，および当該貸借対照表についてはいかなる意見も表明されていないことが述べられていた。当該貸借対照表では，9,935,000ドルの資産が表示されており，そのうち9,750,000ドルが有形固定資産であり，株主持分は9,295,000ドルであると報告されていた。

　Mayo会計士は，OPEC社を初めて訪れる前に，このWorld Wide社の貸借対照表を閲覧していたことは認めた。しかし，この貸借対照表には「**見積貸借対照表**」（強調追加）[9]という名称が付されており，会計士報告書の日付が貸借対照表日よりも前の日付であったにもかかわらず，その貸借対照表が将来の財政状態に関する予測を示したものであることには気づかなかった。同会計士は

8　OPEC社が担保権を有するとされたその他の資産は，11月14日付の契約書に添付された附表に列挙されていたはずである。しかし，その附表はMayo会計士が入手した契約書の写しには添付されていなかった。

9　「見積貸借対照表」という用語は，コーラー会計辞典（*A Dictionary for Accountants*）において次のように定義されている。

　「1.　計画された形式あるいはあり得る将来の財政状態を示す目的で作成された，仮定上の金額または暫定的な金額を表示した，あるいは金額が表示されていない貸借対照表。暫定的貸借対照表。

　2.　未だ完了していない取引の影響を考慮した貸借対照表。例：未だ完了していないか，貸借対照表日の後に完了する資金調達，あるいは確定契約によって認められた資金調達の影響を考慮した貸借対照表。」

また，当該貸借対照表において World Wide 社が OPEC 社の完全子会社であるとされていたことに気づかなかった。それがもし事実であったならば，1983年11月14日の取引の会計処理は認められなかった。さらにその見積貸借対照表は一見して正常ではなく，それに対して Mayo 会計士は疑いを抱くべきであった。World Wide 社は，1983年6月30日時点においては，法人化されておらず，OPEC 社の完全子会社ではなく，実質的な資産を有していなかった。

Kotlarczyk 氏個人の財務諸表は，Kotlarczyk 氏および World Wide 社からの300万ドルの手形に対する Mayo 会計士の評価を可能とするために提供されたものであったようである。しかし，そこに日付はなかった。貸借対照表データは当該財務表において表示されているが，その報告時点の日付は示されていなかった。さらに，損益計算書データは1983年12月31日を末日とする年度について表示されているとされているが，Mayo 会計士はその日付の前に OPEC 社においてそれをレビューしていた。その個人貸借対照表によれば，総資産は841,850ドルであり，その主たる内訳は729,350ドルの不動産（時価）と85,000ドルの市場性のない有価証券であった。負債は356,684ドルで，その大部分が上記不動産を担保とする借入金であった。純資産は485,166ドルであった。Mayo 会計士は，その個人貸借対照表がどのような環境のもとで作成されたのか，誰がそれを作成したのか，Kotlarczyk 氏はそもそもそれを見たことがあるのか，当該貸借対照表は Kotlarczyk 氏の1983年12月31日現在の財政状態を反映したものなのか（実際には反映していなかった）を承知していなかった。

Mayo 会計士は，1983年度財務諸表の監査がいくつかの点で一般に認められた監査基準に準拠していなかったことを認めている。同会計士は，1984年2月6日付の OPEC 社に対する書簡を通じて自身の監査意見を公式に撤回した。

本委員会は，OPEC 社の監査において Mayo 会計士が一般に認められた監査基準に準拠していなかったと結論づけている。主たる監査上の欠陥は以下のとおりである。

A. 専門的技量

　一般に認められた監査基準によれば，会計および監査における専門的技量を有すると主張する監査人は，十分な技術面での訓練を受け，会計および監査におけるスキルを有し，クライアントの会計帳簿・記録に含まれる情報に関して独立的な判断を行使することが要求されている。

　Mayo 会計士は，OPEC 社の証明済財務諸表において，11 月 14 日の取引が一般に認められた会計原則に準拠して処理されていることを確かめていなかった。

　さらに同会計士は，OPEC 社のさまざまな取引と勘定に対して基本的な監査手続を実施していなかった。たとえば，同会計士は，監査報告書を発行する前に，OPEC 社の会計帳簿に計上された 300 万ドルの手形について確認を実施しなかった。監査基準書第 1 号セクション 331 は，「売掛金・受取手形の確認では，監査の対象となっている期間中もしくはその後において，債務者から直接回答を得なければならない」と規定している。Mayo 会計士が Kotlarczyk 氏に確認状を発送したのは，調査の通知がなされた後のことであり，監査報告書が発行された後になってのことであった。

B. 職業的専門家としての正当な注意義務

　Mayo 会計士は，OPEC 社の監査において職業的専門家としての正当な注意を払っていなかった。監査基準は，監査人に対して，自らが行っていることの目的を十分に心に留め，「さらなる調査や検証の必要性が示されている状況においては，慎重に対応してかかる手続を実施すること」を求めている。11 月 14 日の取引についての Mayo 会計士の監査は，さらなる調査が行われないようにしたいと考えていた可能性のある個人との電話と議論とによって行われた。さらに，Mayo 会計士自身は，監査調書の一部をなしている文書をレビューしなかった。その文書には，とりわけ，(1) OPEC 社は「公開」会社であること，(2) OPEC 社はそのすべての権利を「もしそれがあれば」World Wide 社に対して売却したことが記載されていた。

Mayo会計士は経営者の陳述にもっぱら依拠し，その多くは文書化されていなかった。経営者の陳述は，監査の過程で入手される証拠の一部ではあるが，財務諸表に対する監査意見の合理的な基礎を与えるために必要な監査手続の適用に代わり得るものではない。この監査において，同会計士が経営者の陳述に依拠したのは特に誤りであった。

　Mayo会計士は，OPEC社が提出する有価証券届出書に当該財務諸表あるいは自らの監査意見が含まれることを承知しておらず，また1933年証券法のもとで要求されているところに反して，OPEC社の有価証券届出書に監査意見を含めることに同意していなかった，と主張している。確かに，Mayo会計士はゼロ・クーポン債に関する有価証券届出書については承知していなかった可能性があり，同届出書に監査意見を含めることには同意していなかった。しかし本委員会は，本事案の状況下で，本委員会への提出書類に財務諸表もしくは監査意見が含められる可能性があることについて承知していなければならなかったと結論する。

Ⅲ. 所　見

　Mayo会計士は，OPEC社の財務諸表に対して，それらが一般に認められた会計原則（適切な開示を含む）に継続的に準拠してOPEC社の財政状態，経営成績および財政状態の変動を表示している旨の無限定意見を記載した監査報告書を発行した。しかし，同社の財務諸表は一般に認められた会計原則に準拠して表示されていなかった。さらに，監査人がこうした結論を表明できるのは，一般に認められた監査基準に準拠して行われた監査に基づいて監査人が意見を形成した場合のみである。本委員会は，Mayo会計士が職業的専門家として不適切な行為に従事したと認定する。というのは，同会計士の作成した監査報告書には，無限定監査意見と，監査が一般に認められた監査基準に準拠して実施されていないにもかかわらず，それに準拠して実施された旨が記載されていたからである。

Ⅳ. 和解申入書

Mayo会計士は，所見を示し救済的制裁を課す本命令の発行に備える和解申入書を提出した。本和解申入書において，Mayo会計士は，ここで示されている事実，所見あるいは結論を一切認否していない。

Ⅴ. 命　令

前述したところに照らすと，本委員会は，Mayo会計士が提出した和解申入書を受理することは公益に資するものであると判断する。
したがって，以下のことを命令する。

(1) Mayo会計士は，これにより，本委員会に出頭し，あるいは本委員会所轄業務に従事することのできる権利を永久に拒否される。
(2) 本命令日から5年経過後に，Mayo会計士は以下のことを適切に示すことを条件として，本委員会に出頭し，あるいは本委員会所轄業務に従事するための申請を行うことができる。
　(a) Mayo会計士または同氏の事務所あるいは同氏が所属する事務所が，申請時においてアメリカ公認会計士協会SEC監査実務部会のメンバーであり，過去に少なくとも1回ピアー・レビューを受けており，将来も本委員会所轄業務を行う限りSEC監査実務部会のメンバーに留まること。
　(b) Mayo会計士が，上記の申請に先立つ直近3年の各年において，本委員会にとって受容不可能ではない，一般に認められた会計原則と監査基準に関連する専門セミナーまたは大学の講義に合計で50時間以上登録し出席すること。
　(c) 本委員会所轄業務において，Mayo会計士の業務が，本委員会所轄業務に従事しており，かつ，本委員会のスタッフにとって受容不可能ではない公認会計士による審査を1年間受けること。
(3) 上記の申請を本委員会が審査するに当たっては，上記パラグラフ2(a)から2(c)までで述べた事項に加えて，Mayo会計士が本委員会に出頭し，あるいは本委員会所轄業務に従事する資格があるかどうかについての判断に

必要なあらゆる事項を対象とするものとする。

証券取引委員会

送達書類一覧

Mayo 会計士
d.b.a. Mayo & Associates, P.C.
11000 West McNichols, Suite 116
Detroit, Michigan 48221

Willie L. Mayo による和解申入書

Ⅰ.
　Willie L. Mayo（以下，被審理人）は，証券取引委員会（以下，貴委員会）実務規則第2条第e項に基づいて，貴委員会が開始する可能性のある被審理人に対する行政審判に関して，この「Willie L. Mayo による和解申入書」（以下，本申入書）を，貴委員会実務規則第8条第a項に基づいて提出いたします。

Ⅱ.
　本申入書はもっぱら和解を目的として提出され，以下に述べるように，本申入書が貴委員会によって受理されない場合には行政審判の中でいかようにも利用されないとの明確な理解をもって提出されています。本申入書が貴委員会によって受理されなければ，本申入書は取り下げされ，行政審判における記録の一部とはされないものとします。

Ⅲ.
　被審理人は以下の点に同意します。すなわち，
A. 行政審判における命令の送達およびそれに対する答弁書の提出の権利を放棄します。
B. 被審理人および行政審判開始命令，所見および救済的制裁命令（以下，命令）に述べられた事案に関して，貴委員会の管轄権を認めます。

C. もっぱら，本行政審判および貴委員会によるその他の行政審判のために，貴委員会が本事案において発行する命令に含まれる申し立てを認否することなく，所見を示し救済的命令を含む貴委員会の「所見および命令」の登録に同意します。

Ⅳ.

被審理人は，本申入書が自発的に提出されたものであり，貴委員会またはそのメンバー，役員，従業員あるいは代理人から本申入書を提出するよう脅迫あるいは約束は受けていないと認識しているとともに，その旨を主張します。

Ⅴ.

被審理人は，本申入書が，管轄権に関する事項を除いて，事実認定と法律問題についての判決を構成しないこと，あるいは，いかなる民事その他の訴訟手続において付随的禁反言効果を有するものでないことを意図しています。

Ⅵ.

被審理人は，以下の権利を放棄します。
A. 証券取引委員会実務規則第2条第e項に基づく聴聞
B. 事実認定と法律問題に関する結論の提出
C. 証券取引委員会実務規則に基づく聴聞審理官による原始決定
D. 証券取引委員会実務規則に基づく聴聞後のすべての手続
E. 本命令と首尾一貫した証券取引委員会の行為に対する，裁判所による司法審査

敬白
Willie L. Mayo ［署名］

日付：1984年4月20日，個人的に出頭したWillie L. Mayo氏は，私が知る人であり，また，本申入書で言及され，本申入書を作成したと承知している人です。また，彼は，自身が本申入書を作成した者であることを私に対して適切

に認めています。

Winona F. Reese ［署名］
公証人
任期満了日：1984 年 5 月 23 日

会計監査執行通牒　第 32 号
Accounting and Auditing Enforcement Releases No.32

1984 年 6 月 25 日
証券取引所法通牒　第 21095 号
行政審判書類　第 3-6376 号

Stephen O. Wade 会計士 (Matthews, North Carolina), Ralph H. Newton, Jr. 会計士 (Charlotte, North Carolina) および Clark C. Burritt, Jr. 会計士 (Greensboro, North Carolina) の事案に関する，証券取引委員会実務規則第 2 条第 e 項に基づく行政審判開始命令および審決・命令

被審理人となった監査人　A.M. Pullen 会計事務所（パートナー約 400 名，従業員約 1,700 名）に所属の公認会計士 3 名

被監査会社　Southeastern 社および Scottish 社（いずれも貯蓄貸付機関，1934 年証券取引所法第 12 条第 g 項による登録会社）

対象期間・書類　1982 年 12 月 31 日に終了する事業年度の財務諸表および同日に終了する 6 ヶ月間の財務諸表

会計上の論点　先物取引で生じた損失の繰延処理，空取引（wash sale）

監査上の論点　GAAP に関連する会計文献，オピニオンショッピング，健全な懐疑心，監査人の交替

関連する会計基準・監査基準　AICPA 業種別監査ガイド「銀行の監査」，AICPA 監査・会計ガイド「貯蓄貸付組合」，AICPA 論点解説書「先渡契約，スタンドバイ契約および金利先物契約の会計」

解　説

1. 概　要

　被監査会社である Southeastern 社および Scottish 社の2つの貯蓄貸付機関は，それぞれ利率15％および16％のGNMA（政府住宅抵当金庫）証券を購入した。この証券は，利子率が上昇すれば市場価値が下落して損失を被ることになるため，この損失をヘッジするために長期国債についての先物取引の売建てを行った。その後，利子率は急激に下落し，GNMA証券の価値は増加したが，長期国債の価格上昇増加率よりもはるかに小さなものであったため，長期国債の先物売建てによって大きな損失を被ることとなった。

　2つの貯蓄貸付機関は，さらなる損失を被ることを避けるために，利率15％および16％のGNMA証券を売却し，利率8％から12.5％のGNMA証券を購入した。利率15％および16％のGNMA証券を売却し，その後利率8％から12.5％のGNMA証券を購入した取引が「空取引」に該当するかどうかの判断が，その後の会計処理に大きな影響を及ぼすこととなった。「空取引」とは，売却される有価証券が，売却と同時に同じ有価証券あるいは実質的に同じ有価証券に置き換えられる取引である。当該取引が「空取引」に該当すれば，有価証券が先物契約によってヘッジされている場合，ヘッジ対象の有価証券の売却時に当該先物契約について生じた利益あるいは損失は認識されない。逆に有価証券の買い換えが「空取引」に該当しない場合には，当該先物契約に生じる利益あるいは損失は売却時点において認識されなければならない。

　貯蓄貸付機関は，GNMA証券の売却とその後の購入取引が「空取引」に該当するものとして，ヘッジ目的の長期国債の先物契約を決済した際に生じた多額の損失を繰り延べる会計処理を行った。そしてこの監査を担当した公認会計士は，かかる損失繰延の会計処理を容認して無限定の適正意見を表明した。しかし，かかる交換取引は空取引とは認められず，またそこで実施された監査は不適切なものであった。

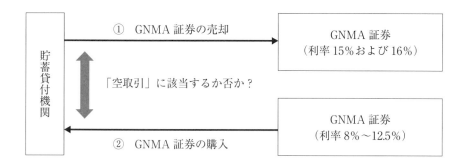

2. 会計上の論点

(1) 先物取引で生じた損失を繰延処理するか当期に全額認識するか
(2) 空取引の要件に合致するか否か
 ・購入する有価証券が売却する有価証券と「同じあるいは実質的に同じ」であるか否か
 ・有価証券の購入と売却が同時あるいはほぼ同時に行われたか否か

3. 監査上の論点

(1) 取得および売却した GNMA 証券の類似性に関する監査判断
(2) AICPA による各指針が GAAP に該当する関連文書であるか否かに関する監査判断
(3) 前任監査人の監査調書や監査判断に関する不十分な検討
(4) 会計問題に精通した事務所内外の関係者との協議の不備

4. 本事案の実務的意義

本事案は、会計判断をめぐるものである。今後も新しい金融商品、取引手法は生まれてくるであろう。それに対して、監査人がいかに慎重に検討することが重要かを示唆している。会社等と会計処理をめぐって論争があるときの監査人の交代には、特に慎重な対応が求められることは現在もまったく変わらない。

証券取引委員会は，証券取引委員会実務規則第2条第 e 項 (1)(ii) に基づいて，Stephen O. Wade 会計士（以下，Wade 会計士），Ralph H. Newton, Jr. 会計士（以下，Newton 会計士）および Clark C. Burritt, Jr. 会計士（以下，Burritt 会計士）に対する行政審判を開始することが適当であり，公益に資するものと考える。したがって，この行政審判が開始されることをここに命令する。

これらの行政審判の開始と同時に，Wade 会計士，Newton 会計士および Burritt 会計士は，和解・誓約申入書（以下，申入書）を提出した。本委員会が受理することを決定した本申入書の条件に基づいて，Wade 会計士，Newton 会計士および Burritt 会計士は，本委員会の管轄権を認めていることを除いて，ここに述べられている事実に関する主張，所見あるいは結論を認否することなく，本審決および命令の登録に同意している。

I．導入および要約

Wade 会計士，Newton 会計士および Burritt 会計士は公認会計士である。ここで関係する全期間を通じて，Wade 会計士，Newton 会計士および Burritt 会計士は，A.M. Pullen & Co. 会計事務所（以下，Pullen 会計事務所）のパートナーであった[1]。

1983 年 10 月 6 日，本委員会は，「特定の証券取引において発生した利得および損失の会計処理に関する事案」（会計監査執行通牒第 14 号，証券取引所法通牒第 20266 号，行政審判書類第 3-6297 号）において，1934 年証券取引所法第 15 条第 c 項 (4) にしたがって命令を登録した。そこでは，Southeastern Savings & Loan Company（以下，Southeastern 社）および Scottish Savings & Loan Association, Inc.（以下，Scottish 社）（以下，これら2社をまとめて貯蓄貸付機関）は，そこで示されている事実に関する主張，所見あるいは結論を認否す

---

[1] 近年行われた合併の前には，Pullen 会計事務所は，およそ 100 名のパートナーと 400 名の従業員を抱える，主として合衆国南東部にオフィスを構える公共会計事務所であった。1984 年 2 月，Pullen 会計事務所は，およそ 300 名のパートナーと 1,300 名の従業員を抱える別の会計事務所と合併し，新しい独立監査人会計事務所（以下，合併後会計事務所）となった。

ることなく，一般に認められた会計原則に準拠していくつかの財務諸表を修正するとともに，証券取引所法第13条第a項の規定および同法のもとでの規則・規制を遵守する命令に同意した。この本委員会の命令では，貯蓄貸付機関がいくつかの先物取引において生じた損失を不適切に繰り延べた財務諸表を本委員会に提出したと認定された（貯蓄貸付機関は，当該命令による要求に基づいて修正財務諸表を本委員会に提出したため，当該事案は貯蓄貸付機関に関しては解決されている）。Pullen会計事務所は，Southeastern社の年次財務諸表に対して無限定適正意見を記載した監査報告書を発行し，またScottish社の中間財務諸表に対しては無限定のレビュー報告書を発行した。Newton会計士およびWade会計士は，それぞれSoutheastern社の監査において契約パートナーおよび副パートナーであった。Newton会計士はまた，Scottish社のレビュー業務における契約パートナーでもあった。

　Newton会計士およびWade会計士によって，貯蓄貸付機関それぞれの財務諸表に対して無限定適正意見を記載した監査報告書と無限定のレビュー報告書が発行されたが，当該財務諸表ではいくつかの先物取引において生じた損失が繰り延べられていた。しかしながら，当該交換取引は空取引（wash sales）ではなかったため，一般に認められた会計原則では，かかる繰延べは認められていなかった。彼らは，また，(a) AICPAが公表した勧告指針がかかる繰延べを認めていないこと，(b) Wade会計士の支援のもとで8ヶ月前に策定されたPullen会計事務所自身のファームポリシーにしたがえば，かかる繰延べは禁止されることになること，(c) 貯蓄貸付機関の前任監査人は，損失の繰延べが不適切であると結論づけていたことを承知していた。

　Southeastern社に対する彼らの監査意見が表明される前に，Wade会計士およびNewton会計士は，当時Pullen会計事務所の監査・会計担当ディレクターであったBurritt会計士に相談した。この相談が行われたとき，Burritt会計士は，持ち込まれた複雑な問題に対して適切な会計処理がなされることを保証する責任を担っていた。Burritt会計士は，先物取引が適切に処理されるようにも，あるいはPullen会計事務所が監査報告書に限定事項を付すようにも対応しなかった。

II. 被審理人

A. Stephen O. Wade 会計士

1984年2月まで，Wade会計士は，Pullen会計事務所のシャーロットオフィスのパートナーであり，そして同会計事務所における貯蓄貸付業界の専門家の1人として指名されていた。Wade会計士は，Southeastern社の監査契約における副パートナーを務めていた。Wade会計士は，現在，合併後会計事務所のパートナーである。

B. Ralph H. Newton, Jr. 会計士

1984年2月まで，Newton会計士は，Pullen会計事務所のシャーロットオフィスのパートナーであった。彼が担当するクライアントは，主として貯蓄貸付機関であった。彼は，1982年12月31日に終了する事業年度のSoutheastern社の監査および1982年12月31日に終了する6ヶ月間のScottish社のレビュー業務[2]における契約パートナーであった。Newton会計士は，合併後会計事務所のパートナーではない。

C. Clark C. Burritt, Jr. 会計士

1984年2月まで，Burritt会計士はPullen会計事務所の監査・会計担当ディレクターであった。彼が担っていた責任には，新たな会計問題についての指針を周知すること，および複雑な問題について監査担当者の相談に応じることが含まれていた。Burritt会計士は，現在，合併後会計事務所のパートナーであり，同事務所の取締役会メンバーである。

---

[2] レビュー業務は監査に比べて検証の範囲がかなり狭く，主として会社担当者に対する質問および財務データに適用される分析的手続で構成される。Pullen会計事務所は，無限定のレビュー報告書において，Scottish社の財務諸表が一般に認められた会計原則に準拠したものとなるためになされるべきいかなる重要な修正にも気づかなかったと記載した。

Ⅲ．背　景

A．貯蓄貸付機関が先物取引について重要な損失を被った

Southeastern 社および Scottish 社は両社とも，その普通株式が証券取引所法第12条第 g 項にしたがって登録されているノースカロライナ州の貯蓄貸付機関である。1983年9月，この2つの貯蓄貸付機関は，証拠審理，事実審理あるいは弁論を行うことなく，それぞれ1982年12月31日に終了する年度の財務諸表および同日に終了する6ヶ月間の財務諸表を修正して，いくつかの先物取引で被った重要な損失を認識するよう要求した本委員会の命令に同意した。

1981年の後半，貯蓄貸付機関は，国債利率連動型定期預金口座（All Savers accounts），市場利率保証口座（Insured Market Rate accounts），および譲渡性預金証書口座における預金を有しており，これらを長期の流動性投資資産に投資しようとしていた。1981年10月から1982年9月までの間に，貯蓄貸付機関は利率15％および16％のGNMA（政府住宅抵当金庫）証券を購入した。貯蓄貸付機関は，この証券を購入した時点で，利子率が上昇すればGNMA証券の市場価値が下落することとなり，もし顧客の預金引出しに応じるためその証券を売却しなければならなくなった場合，かかる市場価値の下落によって損失を被ることになることを懸念した。それゆえ，両社は合衆国財務省証券（以下，長期国債）についての先物取引を売建てすることによってGNMA証券を「ヘッジ」しようとした。

しかしながら，1982年の夏から秋にかけて，利子率は急激に下落した。利子率が下落したため，GNMA証券と先物契約の原資産である長期国債の価値は増加した。しかしながら，利子率の下落に伴い，高利率の住宅ローンの保有者はそれを繰上げ返済し，低利率の住宅ローンに借り換えるであろうと市場は予想した。繰上げ返済が予想されることから，利率15％および16％のGNMA証券は，その満期までの期間が通常の8年から12年ではなく2年から4年の短期金融商品であると市場は認識した。このため，利子率が下落したときに貯蓄貸付機関が所有する利率15％および16％のGNMA証券の価値は増加したが，その増加率は長期国債の価値の増加率よりもはるかに小さかった。貯蓄貸

付機関は長期国債を先物で売り建てていたので，利子率が下落したときに大きな損失を被った。

　1982年秋，貯蓄貸付機関は，さらに損失を被ると予想したため，利率15％および16％のGNMA証券を売却し，利率8％から12.5％のGNMA証券を購入した。Southeastern社は，利率15％および16％のGNMA証券を売却することで750,000ドルの利益を上げた。他方，Southeastern社は，1982年10月と11月に長期国債の先物契約を決済し，およそ370万ドルの著しい損失を被った。Southeastern社は，その後，利率8％から12.5％のGNMA証券をヘッジするために，GNMA証券の先物契約を売り建てた。同様に，Scottish社は，利率15％のGNMA証券を売却して513,000ドルの利益を上げた。Scottish社はまた，11月に長期国債の先物契約を決済し，その結果，およそ210万ドルの著しい損失を被った。Scottish社は，その後，利率8％および10％のGNMA証券をヘッジするためGNMA証券の先物契約を売り建てた。

　両貯蓄貸付機関は，GNMA証券の買い換えを行う前に，これらの取引の適切な会計処理について当時の監査人と議論した。これらの会計事務所のパートナーは当初，利率15％および16％のGNMA証券の売却と利率8％から12.5％のGNMA証券の購入に伴って，先物契約について損失を認識する必要はないであろうと貯蓄貸付機関に伝えた[3]。しかしながら，1982年11月および12月において，それぞれの契約パートナーは，自身の会計事務所の調査研究部署に相談し，先物契約についての損失は当期において認識されなければならないとの回答を得た。1月後半までに，貯蓄貸付機関の当時の監査人は，業界の実務慣行および会計文献に基づくと，先物契約についての損失は繰り延べるのではなく全額認識しなければならないと彼らの会計事務所は考えている旨を貯蓄貸付機関に伝えた。

　Southeastern社の経営者は，この期間中，繰延処理に対する支持を得ようとして，いくつかの会計事務所と，先物取引による損失の会計処理について議論した。1983年2月3日，Southeastern社の社長は，同社と非常に類似した

---

[3] Scottish社の当時の監査人が当初の見解を示したとき，監査人は，Scottish社が既に利回り8％および10％のGNMA証券を保有しており，既存の先物契約をこれらの証券に対するヘッジとしてあらためて指定したいと考えていると信じていた。

状況でヘッジ損失を被ったことのあるノースカロライナ州の別の貯蓄貸付機関の社長と会談した。この貯蓄貸付機関の社長は，その監査人であった Pullen 会計事務所がかつて先物契約についての損失の繰延べに同意したことを Southeastern 社の社長に伝えた。

　1983 年の 2 月と 3 月に，両貯蓄貸付機関はそれぞれ，当時の監査人との契約を解除し，後任として Pullen 会計事務所と契約した。Pullen 会計事務所は，1982 年 12 月 31 日に終了する年度の Southeastern 社の財務諸表に対して，1983 年 3 月 24 日および 1983 年 3 月 28 日付で無限定適正意見を表明したが，この財務諸表では先物契約についての損失が繰り延べられていた。この監査意見は，1983 年 3 月 31 日に本委員会に提出された当該年度のフォーム 10-K での年次報告書に含まれていた。また，Pullen 会計事務所は，1982 年 12 月 31 日に終了する 6 ヶ月間の Scottish 社の財務諸表に対して，1983 年 4 月 12 日付で無限定のレビュー報告書を発行したが，その財務諸表では先物契約についての損失が繰り延べられていた。この監査意見とレビュー意見は，1983 年 4 月 28 日付で本委員会に提出された貯蓄貸付機関の「共同委任勧誘状」に含まれていた。

B. 一般に認められた会計原則は貯蓄貸付機関による先物契約についての損失の繰延べを禁止していた

　一般に認められた会計原則（以下，GAAP）においては，一般的に，有価証券の売却によって生じる利得および損失は売却時点で認識することが求められている[4]。しかしながら，売却される有価証券が，売却と同時に同じ有価証券あるいは実質的に同じ有価証券に置き換えられる場合——これは時として空取引と呼ばれる——には，利益あるいは損失を認識してはならない[5]。有価証券が先物契約によってヘッジされている場合，ヘッジ対象有価証券の売却が空取引を構成していないかぎり，ヘッジ対象有価証券の売却時に当該先物契約につ

---

[4] AICPA 業種別監査ガイド「銀行の監査」32 頁を参照されたい。
[5] 同上，33 頁。

いて生じた利益あるいは損失を認識しなければならない[6]。

利率 15% および 16% の GNMA 証券と利率 8% から 12.5% の GNMA 証券とは GAAP で想定されているような「同じあるいは実質的に同じ」ものではなかったため，前者の売却と後者の購入は空取引としての要件を満たしていなかった。実際，貯蓄貸付機関は，売却された GNMA 証券とは明らかに性質が異なる GNMA 証券を取得するために，当該金融商品を交換していた。これらの金融商品は異なる性質を有していた。それらの利子率は異なっていた。加えて，それらの金融商品の取引価格を見れば，1982 年の夏の終わりから秋にかけて利子率が急落したため，市場ではそれらの金融商品の満期までの期間は大きく異なると見られていることがわかった。さらにその取引価格は，満期までの期間を 12 年とする通常の市場のもとでの前提を用いると，それらの金融商品の利回りが著しく異なっていることを示していた。利率 15% および 16% の GNMA 証券と利率 8% から 12.5% の GNMA 証券との交換は空取引に該当しないため，GNMA 証券の取引およびそれに関連した先物取引から生じた純損失は，繰り延べるのではなく即座に認識されるべきであった。

空取引に該当するためには，有価証券の購入と売却が同時あるいはほぼ同時に行われることも必要である。Scottish 社によるいくつかの GNMA 証券の取引の場合，利率 8% および 10% の GNMA 証券が購入されてから，その後利率 15% の GNMA 証券が売却されるまでの間に 6 週間が経過していた。

Ⅳ. 事　実

A. Wade 会計士および Newton 会計士は GAAP に準拠していない財務諸表を証明することに同意した

1983 年 1 月の終わりから 2 月の初めにかけて，Wade 会計士，Newton 会計士および Pullen 会計事務所のその他のパートナーは，貯蓄貸付機関から監査契約について提案するよう依頼される前に，貯蓄貸付機関の経営者と数回の会

---

[6] AICPA 監査・会計ガイド「貯蓄貸付組合」24 頁を参照されたい。

合をもった[7]。Southeastern 社の経営者は，GNMA 証券の取引と先物取引について大まかに説明した。Scottish 社の社長は，その取引は本質的に Southeastern 社の取引と同じものであると説明した。それらの会合において，Wade 会計士および Newton 会計士は，自分たちの経験に基づくと，先物取引で生じた純損失の繰延べは認められる会計処理であると貯蓄貸付機関に伝えた。しかしながら，彼らは，Pullen 会計事務所は取引の具体的詳細をレビューする必要があると付け加えた。その後，Pullen 会計事務所は，Southeastern 社の GNMA 証券の取引および先物取引に関する情報を提供されたが，Scottish 社の取引に関する情報は提供されなかった。

　Newton 会計士は，その事項に対するレビューを実施し，それについて Pullen 会計事務所の他のパートナーと議論した後で，Pullen 会計事務所は先物契約についての損失の繰延べを認める旨を Southeastern 社の経営者に通知した。その後，Southeastern 社の経営者は Pullen 会計事務所に対して監査契約について提案するよう依頼した。監査契約に関する Pullen 会計事務所からの提案は，1983 年 2 月 18 日開催の監査委員会で承認された。

　1983 年 2 月 23 日，Wade 会計士は Scottish 社の取締役会と会合をもった。Pullen 会計事務所は，1982 年 12 月 31 日に終了する 6 ヶ月間に対するレビュー業務および 1983 年 6 月 30 日に終了する年度の監査業務に関する提案を行う前に，Scottish 社のヘッジ取引を特にレビューすることはなかった。その提案は，1983 年 3 月 23 日開催の取締役会で承認された。

---

[7] Pullen 会計事務所は，1983 年 1 月 21 日ならびに 1983 年 2 月 7 日，8 日，10 日，14 日，15 日および 18 日に，貯蓄貸付機関の一方または両方の経営者と会合をもった。1983 年 2 月 18 日に開催された Southeastern 社の監査委員会の議事録には次のように記載されている。すなわち，Wade 会計士あるいは Newton 会計士がまだヘッジ損失の適切な会計処理を調査しておらず，何らの監査業務も実施していなかった 1983 年 2 月 7 日に，Pullen 会計事務所は，Southeastern 社の社長に対して，「Pullen 会計事務所はこの取引を何ら問題視していない。Pullen 会計事務所は，当該利益を計上しないのは保守的な処理であり，アモチゼーションは申し分のない処理であるとの見解を示していた。Pullen 会計事務所は（Southeastern 社の財務諸表に対して）無限定適正意見を表明するつもりである」と伝えたと記されている。

B. Wade 会計士および Newton 会計士は GAAP を誤って適用した

　貯蓄貸付機関が Pullen 会計事務所に業務を委嘱することが 1983 年 2 月 7 日に明らかになると，Newton 会計士および Wade 会計士は，貯蓄貸付機関によるヘッジ取引の会計処理をレビューした。Newton 会計士と Wade 会計士は，利率 15％ および 16％ の GNMA 証券を利率 8％ から 12.5％ の GNMA 証券と交換することが「空取引」に分類できるかどうか，その結果として，GNMA 証券についての利益とそれに対応する先物契約についての損失の繰延べが認められるかどうかを検討した。

　その取引が空取引に該当するためには，交換が行われた利率 15％ および 16％ の GNMA 証券と利率 8％ から 12.5％ の GNMA 証券とが，同じあるいは「実質的に同じ」ものでなければならなかった。Wade 会計士および Newton 会計士は，異なる GNMA 証券に関する過去の趨勢を検討し，その結果，GNMA 証券の交換が行われた時期を除けば，それらの金融商品の取引価格は，一般に，予想される満期までの期間が実質的に同じであることを示していると結論づけた。

　Wade 会計士および Newton 会計士は，1982 年秋には GNMA 証券に関する従来の前提はもはや当てはまらない，すなわち，それらの金融商品の満期までの期間は交換時点で実質的に同じではないと認識していた。利率 15％ および 16％ の GNMA 証券は，その満期までの期間が 1 年から 5 年と予想されていることを示す価格で取引されていたため，その交換時点で当該証券について予想される満期までの期間は 12 年よりずっと短いということを Wade 会計士および Newton 会計士は認識していた。しかしながら，利率 8％ から 12.5％ の GNMA 証券は，満期までの期間は 12 年であるという予想に基づいて取引され続けていた。

　Newton 会計士は，それらの金融商品の利回りが実質的に同じであったことを確かめるために，ウォール・ストリート・ジャーナルの相場利回りを参照したと述べている。しかしながら，交換時点において，利率 8％ の GNMA 証券と利率 16％ の GNMA 証券についてのウォール・ストリート・ジャーナルにおける相場利回りは，およそ 3％ ポイント異なっていた[8]。Newton 会計士はまた，

Pullen 会計事務所が先物契約に関する会計問題をレビューしていた1983年2月に，それらの金融商品の利回りは実質的に同じであると決定したと述べている。実際，2月には依然として利率8％のGNMA証券の利回りと利率16％のGNMA証券の利回りにはおよそ3％ポイントの差異が存在し続けていた。さらに，それら金融商品の利回りが同じとなるのは，予想される満期までの期間が異なるとの前提が成り立つ場合のみであった。

　これらの異なる金融商品が実質的に同じであるためには，その利回りと予想される満期までの期間の両方が類似していなければならない。これらの金融商品にはこの類似性が欠如していたにもかかわらず，Wade会計士およびNewton会計士は，交換時点においてこれらの金融商品が実質的に同じであると結論づけた。

C．Wade会計士およびNewton会計士は関連する会計文献を適用しなかった

　Wade会計士およびNewton会計士は，関連する権威ある会計原則を適用しなかっただけでなく，繰延べに関する問題を分析する上で，その他のいくつかの関連する会計文献を十分に考慮しなかった。第1に，Pullen会計事務所は，先物取引会計に関するファームポリシーを有していた。このポリシーは，Wade会計士およびその他2人のパートナーの協力を得て，Burritt会計士が起草・発行したもので，1982年7月に採用された。テクニカル・レター82-4[9]と称されるそのポリシーは，AICPAが公表した「論点解説書」（Issues Paper）に基づいて策定されたもので，その論点解説書と同様に，ヘッジ対象資産の簿価を公正市場価値以上に修正することを禁じていた[10]。このファームポリシーに反して，Southeastern社およびScottish社の財務諸表では，先物契約につ

8　対照的に，ウォール・ストリート・ジャーナルにおける1982年初頭のGNMA証券の利回り相場によれば，利率8％のGNMA証券の利回りと利率16％のGNMA証券の利回りとの違いはおよそ1％ポイントから1.25％ポイントであった。ウォール・ストリート・ジャーナルにおけるGNMA証券の相場利回りは，契約上の満期までの期間が30年で，予想される満期までの期間が12年の金融商品に基づいて計算されている。

いての著しい損失の繰延べによってGNMA証券の簿価がその公正市場価値を上回るように修正されていたにもかかわらず，Pullen会計事務所は，Southeastern社の財務諸表に対して無限定適正意見を表明し，またScottish社の財務諸表に無限定のレビュー報告書を発行した。

Wade会計士は論点解説書を考慮する際にファームポリシーの実質を検討したと述べているが，彼の結論はファームポリシーを適用したものとはなっていない。Newton会計士は，公正市場価値を上回る金額にまで資産の簿価を修正することはファームポリシーによって禁止されており，したがって，先物契約についての損失を繰り延べることは禁止されていることを認識していたが，このポリシーは論点解説書に基づいて策定されたものであるため，ファームポリシーについて追加的な考慮の必要はないと結論づけていた。

Wade会計士およびNewton会計士は，論点解説書の重要性を認識していたと認めている。しかしながら，彼らは，論点解説書が権威ある公表物ではなかったことを理由に，それにしたがう必要はないと判断した。彼らは，この論点解説書は時代遅れとなっていると考えたと述べている[11]。彼らはまた，業界の実務では，多くの場合，論点解説書の勧告としての結論は無視されていると主張した。

---

9 Wade会計士は，1982年の春か夏にBurritt会計士に電話をかけ，貯蓄貸付業界において異なった適用方法が存在すると思われるいくつかの会計問題についてのファームポリシーを策定するように要請した。Burritt会計士，Wade会計士およびその他のパートナーで協議した結果，ヘッジにかかる損失の適切な会計処理についてのPullen会計事務所の見解を周知するために，テクニカル・レター82-4が発行された。このファームポリシーの目的は，「事務所内における監査・会計業務の質を改善する」こと，およびPullen会計事務所の異なるオフィス間で整合した取扱いが行われるようにすることであった。

10 1980年12月に公表された論点解説書「先渡契約，スタンドバイ契約および金利先物契約の会計」は権威あるものではないが，そこでは次のように結論づけられている。
「ヘッジ対象資産が売却される前に先渡あるいは先物の売りポジションが決済された場合，当該資産の簿価は，繰延利得あるいは繰延損失の金額だけ修正されなければならない。しかしながら，当該資産の簿価を，ヘッジポジションが決済された時点における当該資産の公正市場価値を超える金額にまで修正してはならない。」

11 Wade会計士が主張するところによれば，論点解説書の結論がPullen会計事務所のファームポリシーとして採用される9ヶ月も「前」の1981年秋の段階で，早くも論点解説書は時代遅れになっていたと彼は信じていたことになる。

最後に，Newton 会計士は，Southeastern 社の監査にかかる現場作業に従事する中で，Southeastern 社の前任監査人が連邦住宅ローン銀行協会に相談していたことに気づいた[12]。同協会のスタッフは，GNMA 証券の交換に対して，住宅ローンの相互売却取引に関連した「覚書 R-49」の規準を適用していると述べた。貯蓄貸付機関による GNMA 証券の交換取引は，「覚書 R-49」における同協会の規準に基づけば，「空取引」に該当しなかった。Newton 会計士は，同協会は GAAP を決定するものではないため，当該協会スタッフの結論を適用することはできないと考えたと述べている[13]。

D. Wade 会計士および Newton 会計士は，前任監査人が先物取引についての損失を繰り延べることに同意しなかったことを知った

　Wade 会計士および Newton 会計士は，Southeastern 社の監査を受嘱すると，1982 年 12 月 31 日に終了する年度における同社の監査に関して前任監査人が作成した監査調書をレビューした。Wade 会計士および Newton 会計士は，かかるレビューを実施する中で，かつて Southeastern 社の監査に関与していたパートナーと話をした。前任監査人は当該先物取引について提案された会計処理に同意せず，この先物取引にかかる純損失を繰り延べることは適切ではなかったとこのパートナーは述べた[14]。Wade 会計士および Newton 会計士は，前任監査人が同意しなかった具体的根拠，前任監査人が検討した会計文献，あるいは前任監査人が他の会計事務所に質問を行ったり他の調査を実施したりしたかどうかを調べなかった。

　Newton 会計士はまた，前任監査人が地元オフィスから本部の調査研究部署に送った繰延処理を支持する覚書と調査研究部署からの回答の覚書とをレビューした。回答の覚書では，当該会計問題が分析されており，先物取引についての損失の繰延べは認められないと述べられていた。その覚書には，別の全

12　Southeastern 社および Scottish 社はいずれも，州によって保証され，また州の規制を受ける貯蓄貸付機関であったため，連邦住宅ローン銀行協会による規制は受けていない。
13　連邦住宅ローン銀行協会は GAAP を決めるわけではないが，しばしば，他の関連する会計文献がない場合には，同協会の指針に基づいて業界の実務が行われる。

国規模の会計事務所の本部に対して行われた質問についても記載されていた。この質問は，別の会計事務所が先物契約についての損失の繰延べを支持していると Southeastern 社がかつて述べていたために実施されたものである。前任監査人の覚書によれば，質問先の会計事務所は，その見解として，先物契約についての損失を繰り延べることはできないと前任監査人に回答していた。

1983 年 4 月 8 日，Wade 会計士および Newton 会計士は，1982 年 6 月 30 日時点で Scottish 社の監査の契約パートナーであった人物と会談し，その監査調書をレビューした。そのパートナーは，自身の会計事務所は Scottish 社には同意しなかったこと，および論点解説書で示された立場を考えると当該損失を繰り延べることはできないというのが自身の見解であることを Pullen 会計事務所に伝えた。

両貯蓄貸付機関の前任監査人が先物契約についての損失を繰り延べることに同意していなかったことを知ったにもかかわらず，Wade 会計士および Newton 会計士は，先物契約についての損失の繰延べに関する問題を考え直すことはなかった。

---

14 Wade 会計士，Newton 会計士および Burritt 会計士は，Southeastern 社の監査にかかる現場作業を実施する中で，監査人の交代に関連して Southeastern 社が提出したフォーム 8-K をレビューした。そのフォーム 8-K には次のように記されている。
「当初のヘッジがヘッジとして有効かどうかについて前任監査人は疑問を抱いていたため，ヘッジとして行われたこれらの取引において生じた純損失を繰り延べ続けられるかどうかに関連して，また市場の異常な変動を埋め合わせようとして，ヘッジ対象資産の一部がそれと同じ特徴を有する別の資産と交換されたのはいつなのかに関連して，前任監査人との間で未解決の会計問題が存在したこと……を除けば……，直近 2 事業年度の監査に関して意見の相違は存在しなかった。」
Wade 会計士，Newton 会計士および Burritt 会計士は，Scottish 社のレビュー業務にかかる現場作業を実施する中で，監査人の交代に関連して Scottish 社が提出したフォーム 8-K をレビューした。フォーム 8-K の前任監査人に関する部分には次のように記されている。
「これらの取引において生じた純損失を，最初にヘッジ対象となった資産と置き換えるために購入されたより低い利率の GNMA パススルー証券の原価に対する上方修正としてどこまで反映させられるかに関連して，またかかる上方修正が修正時点における当該資産の市場価値によってどこまで制約されるのかに関連して，前任監査人が満足できるように当社が解決できなかった会計問題が存在している。」

E. Pullen 会計事務所内の協議プロセスによっても誤りは修正されなかった

　Wade 会計士および Newton 会計士は，監査契約について提案書を提出するよう依頼された後に，Pullen 会計事務所の監査・会計担当ディレクターである Burritt 会計士に相談した。Pullen 会計事務所のファームポリシーでは，通常より複雑な問題が生じたときはいつでも，他の職業的専門家と相談することが求められていた。

　Burritt 会計士は，この会計問題と，Wade 会計士および Newton 会計士がその意思決定プロセスに関連していると考える専門技術的な文献とについての報告を受けた。Burritt 会計士は，Pullen 会計事務所は貯蓄貸付機関の監査を担当している別の独立監査人に取って代わろうとしている旨を告げられた。Burritt 会計士はまた，当該前任監査人は損失繰延問題を疑問視していたが解決できなかったと告げられた。Burritt 会計士は，8ヶ月前に自身が起草し発行した Pullen 会計事務所のファームポリシーであるテクニカル・レター 82-4 を適用しようとは考えなかった。Wade 会計士および Newton 会計士は，連邦住宅ローン銀行協会の規準については Burritt 会計士に伝えなかった。

　監査・会計担当ディレクターとして，Burritt 会計士は，複雑な会計問題が提起された場合に，その問題について個人的に検討したり，Pullen 会計事務所内部の適任者や必要な場合には外部者に問い合わせたりすることによって，その問題が適切に解決されるよう対応する責任を有していた。しかしながら，Burritt 会計士は，前任監査人がその会計方針を疑問視している潜在的なクライアントに対して，Wade 会計士および Newton 会計士が監査契約の提案を行おうとしていたこと知りながら，その会計上の意思決定に対する追加的なレビューは必要ないと結論づけた。Burritt 会計士は，Pullen 会計事務所において貯蓄貸付業界の専門家に指定された者から意見を求めるよう手立てを講じなかった。また彼は，複雑な会計問題について定期的に議論する相手であった Pullen 会計事務所の外部者からの助言も求めなかった。さらに，銀行業界では有価証券の「空取引」がしばしば起こっているにもかかわらず，Burritt 会計士を含めパートナーは誰も，事務所が指定した銀行業の専門家から意見を求めることを検討しなかった。

Newton会計士およびWade会計士はまた，Southeastern社の監査にかかる現場作業を実施する中で，自身の結論を支持する覚書を記し，それをBurritt会計士に届けた。その覚書は，2つの有価証券が「実質的に同じ」であると認めるのに必要な規準を定義した，AICPAの委員会によって作成されたポジションペーパー案に言及していた。この覚書には，利率15％および16％の証券と利率8％から12％の証券について，発行者が同じであり，市場利子率が類似しており，そして契約上の満期日が類似しているといった，ポジションペーパー案で概略が示されている特徴のうち2つの証券が満たしているものについて詳細に記されていた。しかし，この覚書では，それら証券の償還見込みが類似していなければならないという条件を満たしていない点については開示されていなかった。また，市場利回りが類似するのは，予想される満期までの期間について異なる期間を用いて決定された場合のみであることも開示されていなかった。さらに，この覚書は，上で論じたPullen会計事務所のファームポリシーに言及していなかった。Burritt会計士は，その覚書を受け取った後，それ以上の調査を行うことなく，Wade会計士およびNewton会計士の結論を受け入れた[15]。

　Pullen会計事務所の手続において求められているように，貯蓄貸付機関の財務諸表に対する最終のレビューは，Pullen会計事務所のレビューセンターにおいて実施された。しかしながら，Wade会計士およびNewton会計士が適切な調査を行い，彼らの結論を文書化している旨をBurritt会計士がレビュー担当者に伝えたため，この段階において先物取引に関する問題に対する実証的な分析はまったく実施されなかった。

V. 結 論

　AICPAの「職業的専門家の倫理に関する諸概念」では，「公認会計士は，

15　脚注14で言及したSoutheastern社およびScottish社のフォーム8-Kに含まれている文言では，前任監査人が先物契約についての損失の繰延べに同意しなかったことが明示的に述べられてはいなかったが，この文言により，Burritt会計士は，この会計問題についてさらなるレビューが必要であることについて注意を喚起されたはずである。

誠実性と客観性を保持しなければならず，公共会計実務に従事する場合には，業務提供先から独立していなければならない」と規定されている。これらの特質は会計プロフェッションの礎であり，独立監査人に対する信頼の基礎である。本委員会もまた，クライアントの会計処理に対するレビューが公正不偏なものとなるよう，独立監査人が「健全な懐疑心」を保持することの必要性を認識してきた（Touche Ross & Co. 事案（[¶4016] 証券取引所法通牒第20364号，1983年11月14日））。独立監査人は，状況がそのように示す場合には，たとえクライアントの要望に沿わないこととなっても，財務諸表がGAAPに準拠して適正に表示されていないという意見を述べなければならない。そうでなければ，監査人の意見は，監査人のクライアントであれ，投資家，債権者そして政府機関であれ，かかる意見に依拠する人々にとってほとんど価値のないものとなってしまう[16]。

　より重要なことは，「オピニオンショッピング」が行われているのではないかとの疑いを避けるために，これらの基礎的な特質が潜在的なクライアントに対して維持されることである。Pullen会計事務所のパートナーは，業務契約を受嘱する前に，他の2つの会計事務所が貯蓄貸付機関による先物取引の会計処理を受け入れなかったために交代させられたことを知りながら，先物契約についての損失を繰り延べるという貯蓄貸付機関の提案を支持する旨を同社に伝えた。Pullen会計事務所のパートナーは，業務契約が締結されると，先物契約についての重要な損失を不適切にも繰り延べ，したがってGAAPに準拠して表示されていない財務諸表に対して，無限定の監査意見およびレビュー報告書を発行した。このような財務諸表に対して故意に無限定意見を表明することは，いかなる状況のもとであれ，職業的専門家として不適切な行為である。かかる行為は，それが独立監査人の変更という状況で生じる場合には，特に重大である。

16　United States v. Arthur Young & Co., 13頁，脚注15のスリップオピニオン（連邦最高裁判所，1984年3月21日）も参照されたい。

A．Wade 会計士の職業的専門家として不適切な行為

　Wade 会計士は，Pullen 会計事務所において貯蓄貸付業界の専門家として指名され，Southeastern 社の監査における副パートナーとしてレビューを担っていた。彼は，先物契約についての損失を繰り延べるためには交換される証券が「実質的に同じ」でなければならないことを承知していた。さらに彼は，かかる交換の目的は，明らかに，売却した証券とは著しく性質が異なる証券を取得することであったことも承知していた。彼が依拠した会計上の指針，指針案および業界の実務慣行によれば，先物契約についての損失の繰延べは支持されておらず，彼は，少なくとも 2 つの大規模な会計事務所がこの先物契約についての損失の繰延べに同意しなかったことを承知していた。Wade 会計士は，先物契約についての損失の繰延べを禁じるファームポリシーの起草に協力した。こうした要因があるにもかかわらず，Wade 会計士は，先物契約についての損失を繰り延べた財務諸表に対して Pullen 会計事務所に無限定適正意見を表明させた。したがって，Wade 会計士は職業的専門家として不適切な行為に従事した。

B．Newton 会計士の職業的専門家として不適切な行為

　Newton 会計士は，Southeastern 社の監査および Scottish 社のレビュー業務における契約パートナーであった。彼は，先物契約についての損失を繰り延べるためには交換される証券が「実質的に同じ」でなければならないことを承知していた。彼はまた，かかる交換の目的は，明らかに，売却した証券とは著しく性質が異なる証券を取得することであったことも承知していた。彼が依拠した会計上の指針，指針案および業界の実務慣行によれば，先物契約についての損失の繰延べは支持されていなかった。さらに彼は，先物契約についての損失の繰延べを支持しない他の類似した会計文献を適切に検討しなかった。彼は，少なくとも 2 つの大規模な会計事務所がこの先物契約についての損失の繰延べに同意しなかったことを承知していた。彼は，先物契約についての損失の繰延べを禁じている Pullen 会計事務所のファームポリシーを承知していた。こう

した要因があるにもかかわらず，Newton 会計士は，先物契約についての損失を繰り延べた財務諸表に対して Pullen 会計事務所に無限定適正意見を記載した監査報告書および無限定のレビュー報告書を発行させた。このため，Newton 会計士は，職業的専門家として不適切な行為に従事した。

C．Burritt 会計士の職業的専門家として不適切な行為

　Burritt 会計士は，Pullen 会計事務所の監査・会計担当ディレクターであり，複雑な問題が会計的に適切に処理されるよう対応する責任を負っていた。彼は，Southeastern 社および Scottish 社が合併しようとしている新規クライアントであることを承知していた。彼は，2 つの前任会計事務所が解任されていたことを承知していた。彼は，これらの会計事務所が先物契約についての損失の繰延べを疑問視していたことを理解していた。Burritt 会計士は，先物契約についての損失の繰延べが GAAP に準拠していないことを承知していたか，承知しているべきであった。Burritt 会計士は，わずか 8 ヶ月前に自らが起草し発行したファームポリシーが，かかる先物契約についての損失の繰延べを禁じていたことを承知していたか，承知しているべきであった。これらの理由により，Burritt 会計士は，職業的専門家として不適切な行為に従事した。

Ⅵ．和 解 申 入 書

　Wade 会計士，Newton 会計士および Burritt 会計士は，本委員会に対して和解・誓約申入書を提出している。そこでは，彼らは，本委員会の管轄権を認めていることを除いて，ここに述べられている事実，所見あるいは結論を認否することなく，本審決および命令を発行することに同意している。
　Wade 会計士および Newton 会計士が提出した和解・誓約申入書には，各々が本命令の登録から 3 年間，直接的にも間接的にも，財務諸表が本委員会に提出されることが合理的に期待される事業体または会社の監査業務に関与しないとの誓約が示されている。
　Burritt 会計士は，和解申入書において，事務所内での現在の地位に関して，

監査・会計担当ディレクターではなく，またそれになるつもりもなく，オフィス間の検査プログラムを担当しておらず，またそれを担当するつもりもなく，公開会社にかかわる業務についての相談に関与しておらず，またそれに関与するつもりもないことを表明している。

Ⅶ．命　令

　前述したところに照らすと，本委員会は，Wade 会計士，Newton 会計士および Burritt 会計士から提出された和解・誓約申入書を受理することが適当であり，公益に資するものであると考える。

　したがって，Wade 会計士，Newton 会計士および Burritt 会計士は譴責処分とすることを命令する。

　さらに，Wade 会計士および Newton 会計士が，本命令の登録から 3 年間，直接的にも間接的にも，財務諸表が本委員会に提出されることが合理的に期待される事業体または会社の監査業務に関与しないとの和解・誓約申入書に含まれている誓約を完全に遵守することを命令する。

証券取引委員会

会計監査執行通牒　第36号

Accounting and Auditing Enforcement Releases No.36

1984 年 8 月 20 日
証券取引所法通牒　第 21258 号
行政審判書類　第 3-6400 号

Frederick S. Todman & Co. および Victor M. Marchioni 会計士の事案に関する，公的審判開始および救済的制裁命令

被審理人となった監査人　Frederick S. Todman 会計事務所および当該会計事務所所属の公認会計士 1 名

被監査会社　Bell & Beckwith（ブローカー・ディーラーとして本委員会に登録されているパートナーシップ）

対象期間・書類　1934 年証券取引所法規則 17a-5 にしたがって SEC に提出された，1977 年度から 1982 年度までの報告書（財務諸表および補足明細書）

会計上の論点　パートナーによる資金の不正流用

監査上の論点　内部統制の評価，十分かつ適格な監査証拠の入手

関連する会計基準・監査基準　証券取引所法規則 15c3-1，証券取引所法規則 15c3-3

解　説

1. 概　要

　遅くとも1974年から1983年2月まで，Bell & Beckwithのパートナーであったwolfram氏は，自らが管理するいくつかの口座で保有されていた株式の価値を過大評価し，それを担保としてBell & Beckwithから現金約4,700万ドルを引き出していた。

　1977年から1982年までBell & Beckwithの年次監査を実施したTodman会計事務所は，各年において，財政状態計算書およびその他の計算書等に対して無限定意見を表明していた。また，補足報告書において，Bell & Beckwithの会計システム，内部会計統制あるいは証券保全のための手続における重要な欠陥をまったく開示していなかった。

　GAASに準拠しない監査を実施した結果として，Todman会計事務所およびMarchioni会計士は，Wolfram氏による不正を発見できなかった。

2. 会計上の論点

(1) ブローカー・ディーラーのパートナーによる，管理口座における有価証券の過大評価を通じた財産の流用
(2) 当該財産流用に起因する，補足明細表における虚偽表示
(3) 内部統制の欠陥

3. 監査上の論点

(1) 適切な能力を有する人材を十分に投入して監査を実施しなかった。
(2) 適切な監査計画を立てず，監査スタッフを適切に監督しなかった。
(3) 内部統制を適切に評価しなかった。
　・準拠性についての実証テストがいくつかの年度において不実施
　・内部統制質問書あるいはチェックリストがいくつかの年度において利用されず不完全
　・内部統制のレビューに関して，監査調書における文書化がなされていない

(4) 十分かつ適格な監査証拠を入手しなかった。
- 有価証券の価格のテスト
- 準備金勘定の計算の検証に関連しての集中度のテスト
- 監査の過程で入手した記録・情報のレビュー，監査の過程で気づいた事業の重要な側面に関する追加的監査手続
- 経営者の陳述への依拠
- Bell & Beckwith の説明に対するレビュー
- 貸付金融機関が保有する担保と Bell & Beckwith の記録との照合
- 監査調書における文書化

4. 本事案の実務的意義

オーナー企業等で内部統制やガバナンス体制が脆弱な場合，そのオーナーやファミリーあるいは傍系会社への利益還流を常に意識した監査が必要であることを再認識させる事例である。また，監査を行うには資格や経験が必要であり，そうした監査の人的リソースが不足している場合，監査を行うべきではないことを示唆していることは，監査時間の確保が注目されている現在にも警鐘となりうるものである。

I

　証券取引委員会は，ニューヨーク州ニューヨークにある会計事務所 Frederick S. Todman & Co.（以下，Todman 会計事務所）および公認会計士であり Todman 会計事務所のパートナーである Victor M. Marchioni（以下，Marchioni 会計士）に関して，本委員会実務規則第2条第e項にしたがって，公的審判を開始するのが適当であると考える。これらの審判を見越して，Todman 会計事務所と Marchioni 会計士は和解申入書を提出し，本委員会はそれを受理することを決定した。本審判と，本委員会によって提起されるか，本委員会を代理して提起されるか，あるいは本委員会が当事者であるその他の審判のためだけに，そして以下のⅡの第17項の所見を Todman 会計事務所が認めていることを除いてここに含まれている申し立ておよび所見を認否することなく，Todman 会計事務所および Marchioni 会計士は，和解申入書によって，以下で述べる所見および救済的制裁の賦課に同意している。

　したがって，Todman 会計事務所および Marchioni 会計士に対して本委員会実務規則第2条第e項にしたがった審判を開始することを命令し，それはここに開始される。

Ⅱ

　公的審判を開始し，救済的制裁を賦課する命令（以下，審判にかかる命令）および Todman 会計事務所および Marchioni 会計士によって提出された和解申入書に基づいて，本委員会は以下のことを認定する。

1. Todman 会計事務所は，公共会計実務に従事するパートナーシップであり，ニューヨーク州ニューヨークに主たるオフィスを有している。1977年3月から1982年4月まで，Todman 会計事務所は，かつてその主たるオフィスをオハイオ州トレドに有するブローカー・ディーラーであった Bell & Beckwith の年次監査を行う会計事務所であった。

2. Marchioni 会計士は公認会計士であり，Todman 会計事務所のパートナーである。ここで関連する全期間を通じて，彼は，Todman 会計事務所が実施

する Bell & Beckwith の監査を担当するマネジャーあるいはパートナーであった。

3. Bell & Beckwith は，ブローカー・ディーラーとして本委員会に登録されているパートナーシップである。また Bell & Beckwith は，かつてニューヨーク証券取引所，アメリカ株式取引所，および全米証券業者協会のメンバーであった。Bell & Beckwith は，1983 年 2 月 11 日に 1970 年証券投資者保護法にしたがって管財人を指名することに同意するまで証券売買仲介事業を行っており，およそ 7,000 の顧客口座を有していた。ここで関連する全期間を通じて，Bell & Beckwith は本委員会に監査済財務諸表を提出していた。

4. 1955 年ごろから 1983 年 2 月ごろまで，Edward P. Wolfram, Jr.（以下，Wolfram 氏）は Bell & Beckwith に所属しており，被雇用者であった。Wolfram 氏は，1966 年ごろ，Bell & Beckwith の無限責任パートナーとなり，1975 年ごろから 1983 年 2 月 5 日までは，Bell & Beckwith の業務執行パートナーであった。

5. 遅くとも 1974 年から 1983 年 2 月まで，Wolfram 氏は，自身が管理していた Bell & Beckwith のいくつかの口座で保有されていた日本企業 TOTO, Ltd. の普通株式の価値を，Bell & Beckwith の会計帳簿・記録において誤って記録させた。Wolfram 氏は TOTO 株の価値を継続的に増加させ，過大評価した TOTO 株を担保として用いて，おそらくは Bell & Beckwith からの借入金という形で多額の現金を継続的に引き出していた。このスキームが 1983 年 2 月に発覚したとき，Wolfram 氏が管理していた口座で保有されている TOTO 株の価値は 1 株当たり 96,000 ドルを超えていたが，実際の価値は 1 株当たり約 1.80 ドルであった。

6. Wolfram 氏は，手に入れた資金を，個人的に秘匿して利用し便益を得ることに充てた。1983 年 2 月 5 日までに，Wolfram 氏は Bell & Beckwith から約 4,700 万ドル借り入れていたが，その担保は主として過大評価されていた有価証券であった。その 4,700 万ドルの内訳は，不正流用された資金約 3,200 万ドルと発生した利息約 1,500 万ドルであった。Wolfram 氏の不正流用の結果，遅くとも 1979 年 3 月から 1983 年 2 月まで，Bell & Beckwith は支払不能状態にあったにもかかわらず一般顧客を相手に証券売買仲介事業を行って

いた。

7. Todman会計事務所およびMarchioni会計士（以下，両被審理人）は，これまで本委員会に出頭し，本委員会所轄業務に従事してきたし，現在も本委員会に出頭し，本委員会所轄業務に従事し続けている。

8. 両被審理人は，以下の第9項から第14項に示されているとおり，職業的専門家として不適切な行為に従事した。

9. 1977年から1982年まで，Todman会計事務所はBell & Beckwithの年次監査を実施した。Bell & Beckwithは，1934年証券取引所法規則17a-5にしたがって，Todman会計事務所による監査を受けた財務諸表を含む報告書を提出した。これらのBell & Beckwithの監査はすべて，Marchioni会計士が監督していた。各年において，Todman会計事務所の監査報告書では，財政状態計算書および関連する計算書がBell & Beckwithの財政状態を適正に表示している旨の無限定意見が表明されていた。それぞれの監査報告書にはまた，監査が一般に認められた監査基準（以下，GAAS）に準拠して実施され，当該状況においてTodman会計事務所が必要と考えた会計記録のテストおよびその他の監査手続を含んでいる旨が記載されていた。それらの監査報告書にはさらに，Todman会計事務所が，証券取引所法規則15c3-1のもとでのBell & Beckwithの純資本の計算と，証券取引所法規則15c3-3のもとでの準備金勘定の計算とを構成している補足明細表を監査した旨，およびこれらの補足明細表がそこに含まれている情報を適正に表示している旨が記載されていた。この監査報告書ではまた，Todman会計事務所が，証券取引所法規則15c3-3のもとでの所有と支配に関するBell & Beckwithの手続をレビューした旨，および当該手続は証券取引所法規則15c3-3への準拠を合理的に保証しているように思われる旨が記載されていた。

Todman会計事務所は，いずれの年度にも，証券取引所法規則17a-5(j)にしたがって本委員会に提出した補足報告書において，Bell & Beckwithの会計システム，内部会計統制あるいは証券保全のための手続における重要な欠陥をまったく開示していなかった。

10. Bell & Beckwithの監査において，両被審理人は不正を発見することができなかった。その結果として本委員会に提出された監査報告書は著しく誤

り，利用者を誤導させるものとなった。したがって，以下の第11項および第12項に示されている理由により，財務報告書および添付された明細表がその報告書日時点のBell & Beckwithの財政状態を適正に表示しているとする各監査報告書の無限定意見に合理的な基礎はなかった。

11. 証券取引所法規則17a-5(g)(1)は，監査を実施するに当たりGAASに準拠することを監査人に要求している。1977年から1982年までの年度において，Bell & Beckwithの監査を実施するに当たり，Todman会計事務所およびMarchioni会計士は，とりわけ以下の点において，GAASの一般基準にも実施基準にも準拠していなかった。

   a. 両被審理人は，適切な技術的訓練を受け，監査に熟達した人を十分に投入して監査を実施しなかった。

   b. 両被審理人は，適切な監査計画を策定せず，監査スタッフを適切に監督しなかった。

   c. 両被審理人は，以下の点において，存在する内部統制を適切に調査および評価しなかった。

   （1）内部統制システムが適切に機能していることを確かめるための準拠性についての実証テストが，いくつかの年度においてまったく実施されなかった。

   （2）内部統制質問書あるいはチェックリストが，いくつかの年度において利用されず，不完全なままであった。

   （3）内部統制のレビューを説明するための文書あるいは内部統制に依拠する程度とその依拠の根拠と関係する文書が監査調書に含まれていなかった。

   d. 両被審理人は，以下の点において，Bell & Beckwithの財務諸表に対して意見を表明するための合理的な基礎を提供する十分かつ適格な証拠資料を入手しなかった。

   （1）両被審理人が有価証券の価格をテストするのに用いた手続は不適切であった。

   （2）両被審理人がBell & Beckwithの準備金勘定の計算の検証に関連して集中度をテストするのに用いた手続は不適切であった。

(3) 両被審理人は，監査の過程で入手した記録および情報をレビューせず，監査の過程で気づいた当該クライアントの事業の重要な側面に関する追加的な監査手続を採用・実施しなかった。

(4) 両被審理人は，経営者の陳述が誤っていることを証拠づける記録および情報があるにもかかわらず，その陳述に依拠した。

(5) 両被審理人は，証券取引所法規則 15c3-3 の所有および支配に関する要件に準拠するために用いた手続についての Bell & Beckwith の説明をレビューしなかった。

(6) 両被審理人は，いくつかの年度において，顧客による全額支払済証券および超過マージン証券のうち担保に供されているものがないかどうかを確かめることを目的として，貸付金融機関が保有している担保と Bell & Beckwith の記録とを照合しなかった。

(7) 両被審理人は，監査の過程で検証された記録で，当該監査にとって重要なものに関して，実施した手続および導かれた結論を監査調書において適切に文書化しなかった。

12. 第 11 項に示されている監査上の欠陥があったため，両被審理人は，GAAS の一般基準によって要求されているところに反して，検証の実施および監査報告書の作成に際して職業的専門家としての正当な注意を払わなかった。

13. 上述の監査上の欠陥の結果として，Bell & Beckwith の財務諸表の監査に関係して Todman 会計事務所および Marchioni 会計士が発行した監査報告書のいくつかは，とりわけ以下の点において著しく誤っており，利用者を誤導するものであった。

    a. 両被審理人は，Bell & Beckwith の貸借対照表に資産として計上されている顧客に対する債権の大部分が Wolfram 氏への貸付けであり，それに対してはほとんど無価値の証券しか担保に供されておらず，したがって合理的な回収可能性を見込めないこと，それゆえ，Bell & Beckwith が支払不能の状態にあることを開示しなかった。たとえば，1982 年 4 月 30 日付の監査済財務諸表において，Bell & Beckwith は 4,500 万ドルにのぼる顧客に対する債権を資産として計上していたが，その大部分は，Bell &

Beckwith の帳簿上は1株当たり 87,000 ドル以上で評価されているが，実際には1株当たり約 1.80 ドルの価値しかない有価証券が主たる担保となっている Wolfram 氏への貸付けであった。

 b．両被審理人は，1982 年 4 月 30 日の監査報告書発行時点において，資産の過大評価の結果として，およそ 2,500 万ドルの欠損が報告されなかったことを含め，Bell & Beckwith の純資本が十分でなかったことを開示しなかった。

 c．両被審理人は，1982 年 4 月 30 日の監査報告書発行時点において，資産の過大評価の結果として，およそ 2,700 万ドルの欠損が報告されなかったことを含め，Bell & Beckwith の準備金の金額が十分ではなかったことを開示しなかった。

 d．両被審理人は，全額支払済証券および超過マージン証券を取得し，それを所有・管理するための手続に関する Bell & Beckwith の説明を実際にはレビューしていなかったにもかかわらず，これを実施したと記載した。

 e．証券の保全に関する Bell & Beckwith の手続の重要な欠陥を開示しなかった。

14．証券取引所法規則 17a-5(h)(2) の要求に反して，両被審理人は，Bell & Beckwith に対して，会計システム，内部会計統制および証券保全のための手続に重要な欠陥が存在することを本委員会に報告するよう指導しなかった。また，証券取引所法規則 17a-5(h)(2) の要求に反して，両被審理人は，その後 24 時間以内に当該重要な欠陥について本委員会に報告しなかった。

15．両被審理人は，上記の第 10 項から第 14 項で説明した事項を知っていたか，知っていなければならなかった。

16．上述の事項に関係して，州際通商の手段・方法および郵便が利用された[1]。

17．1984 年 8 月 20 日，Securities and Exchange Commission v. Frederick S. Todman（C84 7695）事件において，オハイオ州北部地区連邦地方裁判所（西管区）は，Todman 会計事務所に対して，証券法第 17 条第 a 項，証券取引

---

1 これらの認定を行うに当たり，本委員会は，Todman 会計事務所も Marchioni 会計士も以前に本委員会による懲戒審判あるいは強制審判の対象となったことがないことに留意している。

所法第 10 条第 b 項，第 15 条第 c 項 (3)，第 17 条第 a 項，および同法規則 10b-5, 15c3-1, 15c3-3, 17a-3 および 17a-4 の違反を幇助および教唆することを禁止する永久差止命令を登録した。Todman 会計事務所は，本委員会の告訴状に含まれている申し立てを認否することなく同命令に同意した。

III

前述したところに照らすと，制裁を課し，Todman 会計事務所および Marchioni 会計士が提出した和解申入書で特定された誓約事項の遵守を命令することは公益に資する。本委員会は，Todman 会計事務所が 1977 年 3 月以降，Bell & Beckwith 以外に約 800 の報告書を本委員会に提出したことを認識している。通常の業務過程において，本委員会に提出された Todman 会計事務所のクライアントの財務諸表のほとんどについて，その監査の質を本委員会が調査する事態はこれまでになかった。

したがって，以下のことを命令する。

A. ここに Todman 会計事務所を譴責処分とする。
B. Todman 会計事務所は，以下に説明するとおり，和解申入書における誓約事項を遵守する。
   1. Todman 会計事務所は，その監査実務と監査手続を独立の立場から審査するために，Todman 会計事務所が受容でき，本委員会主任会計官局にとっても受容不可能ではなく，過去においても現在も Todman 会計事務所に所属していない人を 1 名あるいは複数名雇用することを誓約する。この審査に関する本委員会と Todman 会計事務所との共通理解の概略は，「レビューワーに対する覚書」というタイトルが付されてここに添付されている添付書類 A に示されている。Todman 会計事務所は，審査完了後にレビューワーが行うすべての合理的な勧告を実行することを誓約する。あらゆる勧告の合理性を最終的に判断するのは主任会計官局である。
   2. 本命令の発行日から，監査実務と監査手続を審査する者による勧告を実行するとともに，それを実行したことについて主任会計官局に書面で

通知するまで，Todman 会計事務所は，クリアリング・ブローカー・ディーラーを新規監査クライアントとして受け入れないことを誓約する。

3. Todman 会計事務所が最初の審査の結果に基づく勧告にしたがっているかどうかを決定し，またしたがっていることを確かなものとするため，最初の審査に関する報告書の日付から1年間，Todman 会計事務所の監査実務と監査手続のフォローアップ審査を行う者を雇用することを誓約する。フォローアップ審査の実施者は，最初の審査の実施者と同一の者か，彼（ら）を雇用することができなければ，本委員会と Todman 会計事務所との間で相互に合意できる代わりの者とする。この審査に関する本委員会と Todman 会計事務所との共通理解の概略は，同様に添付書類 A に示されている。このフォローアップ審査の実施者が，最初の審査の結果に基づく勧告が実行されていないと報告した場合，フォローアップ審査に関する報告書の日付から，その勧告が実行されたことをフォローアップ審査実施者が主任会計官局に対して証明するまで，Todman 会計事務所は，クリアリング・ブローカー・ディーラーを新規監査クライアントとして受け入れないことを誓約する。

4. 第1項および第3項で説明された審査の結果に関する報告書は，本委員会および Todman 会計事務所に対して提出される。審査の調書，ファイル，その他の文書の内容は，Todman 会計事務所および本委員会を除き，法律によって認められる範囲で公開しないものとする。

5. 本命令の発行日から2年間，Todman 会計事務所は，すべてのパートナー，専門スタッフ，監査に従事するその他の者に対して，毎年年間40時間の職業専門訓練（これは，Todman 会計事務所から独立した，同会計事務所に所属していない者によって実施されなければならない）を提供することを誓約する。Todman 会計事務所は，それ以後においては，監査スタッフに対して合理的と思われる程度の訓練を継続的に提供することを誓約する。

C. Marchioni 会計士は，和解申入書における以下の誓約事項を遵守する。

1. 本命令の登録後の第2月曜日から6ヶ月の間，Marchioni 会計士は，本委員会に出頭せず，本委員会所轄業務に従事しない。

2. 上記第C.1項に示された6ヶ月間の終了後からさらに6ヶ月間，Marchioni会計士がTodman会計事務所のために実施するすべての作業は，主任会計官局にとって受容不可能ではない適格な職業専門会計士によって監督され，審査される。
3. Marchioni会計士は，業務停止の開始から1年の間に，Todman会計事務所から独立した，同会計事務所に所属していない者によって実施される40時間の職業専門訓練を受けなければならない。

証券取引委員会

George A. Fitzsimmons
書記官

添付書類A
レビューワーに対する覚書

　この覚書は，貴殿に対して以下のことを説明することを目的としています。すなわち，ブローカー・ディーラーを含め，その財務諸表がFrederick S. Todman & Co.（以下，Todman会計事務所）による監査報告を受け，証券取引委員会（以下，本委員会）に提出されるクライアント，あるいはその証券が証券取引所に上場されるか，店頭市場で取引されているクライアントに対してTodman会計事務所が実施する監査実務（以下，Todman会計事務所のSEC監査実務）のあり方について行われる審査に関する本委員会とTodman会計事務所との共通理解の概略を説明することを目的としています。Todman会計事務所は，この覚書の条件にしたがって審査を実施する者に対して契約書を作成することになっています。

　この審査は，1984年8月20日に登録された本委員会の命令にしたがって実施されるもので，Todman会計事務所のSEC監査実務の包括的な審査となることが予定されています。この審査は，アメリカ公認会計士協会のSEC実務部会の要件に沿って行われるか，以下の要件に沿って行われます。

1. 貴殿は，Todman会計事務所がSEC監査実務を行う際にしたがっている方針，手続および実務を評価するとともにそれらが有効に実行されているかど

うかを評価し（その評価は，これらの方針，手続および実務についての理解を考慮して行われる必要があります），何らかの欠陥があればそれを指摘し，そうした欠陥を修正するための勧告を行うことになります。
2. 貴殿は，職業的専門家としての経験および知見に基づいて審査の範囲を決定することになります。第7項には，審査することが適切であると本委員会スタッフとTodman会計事務所が合意している調査領域の一覧が示されています。審査の範囲を決定する際には，これらの領域を注意深く検討することが期待されますが，どの領域についても審査手続の種類および範囲は貴殿の判断によって決定されることになります。
3. 審査の一環として，貴殿は，本委員会の意見に説明されている事項に関するTodman会計事務所の最新の方針，手続および実務の適切性を考慮することが期待されます。本委員会の立場の理非に関する判断を行うことは期待されていません。
4. 審査に際してしたがう方法および必要とされる人員の配置は貴殿が決定することになります。貴殿は，審査結果の報告書の基礎となる審査手続の範囲と種類がその目的にとって適切であり，Todman会計事務所のSEC監査実務を合理的に代表するものとなっていると決定することが期待されます。

　貴殿による審査の結果と調書は，本委員会の命令の守秘義務の要件の対象となります。審査の対象となる監査契約にかかるクライアントの名称は，調書および報告書で開示されるべきではありませんが，Todman会計事務所の弁護士には開示される必要があります。さらに，本委員会主任会計官が，著しい欠陥が存在する可能性があると決定し，関係する特定のクライアントの名称を要求した場合には，当該弁護士は本委員会に対してクライアントの名称の情報を提供することになります。Todman会計事務所は，そのような要求を本委員会が審査することを求める権利を有しており，そうした審査を求めた場合には，Todman会計事務所は，本委員会による書面での指令を受け取った時点でそのような要求にしたがうことになります。貴殿は，Todman会計事務所の監査が適切かどうか，あるいはそうした監査契約において表明される意見が正しいかどうかについて一切責任を負いませんが，著しい欠陥が明らかであれば，それに対してTodman会計事務所の注意を向けること

が期待されます。そうした状況があれば，それについてのTodman会計事務所の処置とともに調書に記載しなければなりません。ただし，クライアントの名称は除きます。

5. 貴殿が調査した事項の詳細についての説明はすべて調書の一部を構成します。審査結果の報告書は貴殿の作業を要約するものであり，そこには，SEC監査実務を行う際に，Todman会計事務所の方針，手続および実務が一般に認められた監査基準に準拠しているとの合理的な保証を提供するかどうかについての結論が記載されます。また，審査結果の報告書では，貴殿が行う勧告について説明しなければなりません。貴殿の勧告は，一般に認められた監査基準に準拠していることについての合理的な保証を提供するのに必要と貴殿が考える事項に関連づけられなければなりません。貴殿は，実質的な改善につながると考える勧告およびTodman会計事務所が真剣に考慮すべきと考える勧告を行うこともできます。すでに是正行為がとられるか開始されている勧告については，審査結果の報告書はそのような行為についての説明およびその適切性についての評価を含まなければなりません。その他の事項に関する提案は，Todman会計事務所に直接伝えることができ，審査結果の報告書で説明する必要はありません。しかしそのような提案は，その根拠とともに調書に記載しなければなりません。

6. 中間報告書を発行することは想定されていませんが，審査の進捗状況については本委員会のスタッフおよびTodman会計事務所に通知することになります。上に概略を示した審査の範囲は，Todman会計事務所と本委員会の双方による事前の承認がなければ変更されないと考えられています。しかしながら，貴殿が適切と考える場合には，Todman会計事務所あるいは本委員会のスタッフと審査について自由に議論できると考えられています。

7. 監査実務に関連しており，審査の対象として適当な具体的領域には次のものがあります。

    a. すべての職業的専門家（パートナーと従業員）の採用実務
    b. すべての職業的専門家の訓練および継続的教育
    c. すべての職業的専門家の昇進と昇級
    d. クライアントの受け入れと維持

e. 事務所内での職業的専門家としての責任の割り当て
f. 職業的専門家としての独立性を維持する方法
g. 以下に示す監査業務の実施
   (1) パートナーの関与を含めた職業的専門家の配置と責任の割り当て
   (2) 内部統制システムの評価および監査手続の実施時期，範囲および種類の決定を含めた監査業務の計画
   (3) 監査計画および監査調書の作成および査閲
   (4) 複数のオフィスがかかわる業務の場合におけるオフィス間のコミュニケーション
   (5) 監査の過程における問題の識別と解決
   (6) 独立性
   (7) 業務の審査
   (8) 産業に関する専門知識の利用可能性と適用
h. GAAPおよびGAASに関する適時な指針を含む，事務所の実務，手続および方針の策定および職業的専門家へのそれらの周知
i. 実施された監査に対する品質管理を確立し，実行するための最新の手続
j. 是正手段の適切性

会計監査執行通牒　第 38 号
Accounting and Auditing Enforcement Releases No.38

1984 年 9 月 10 日
訴訟通牒　第 10518 号

証券取引委員会 v. Corda Diversified Technologies Inc. その他
米コロンビア地区地方裁判所，民事訴訟 No. 84 Civ. 2726

被審理人となった監査人　Smith & Stephens 会計事務所および当該会計事務所所属の公認会計士 1 名

被監査会社　Corda Diversified Technologies 社（住宅用，商業用，工業用の機器の製造・販売に従事する会社，店頭市場上場会社）

対象期間・書類　1982 年および 1983 年の 9 月 30 日に終了する事業年度のフォーム 10-K 報告書，1982 年 12 月 31 日および 1983 年 3 月 31 日に終了する四半期のフォーム 10-Q 報告書，1982 年 10 月 14 日付のフォーム 8-K での臨時報告書（Old Florida 社の株主に送付された委任状説明書）

会計上の論点　企業結合の会計処理，減価償却費，関連当事者に対する受取勘定に対する引当金の計上，関連当事者との取引の開示

監査上の論点　GAAP に準拠しておらず，虚偽を含み利用者を誤導する財務諸表の作成への実質的関与

関連する会計基準・監査基準　（会計原則審議会意見書第 16 条，SFAS 第 57 号「関連当事者との取引」，SAS 第 1 号パラグラフ 320.01）

解 説

1. 概　要

　Ajax 社は 1982 年 6 月に Corline 氏および Benedetti 氏が設立した会社であり，彼らはそれぞれ Ajax 社株式の約 83％，約 8％を所有していた。1982 年 9 月に，Ajax 社は，Old Florida 社と企業結合を行った。Old Florida 社は休眠状態にある公開会社で，その唯一の資産は 25 万ドルの現金であった。

　Corline 氏は，公開会社との企業結合により，Ajax 社の資産価値を高め，さらなる買収を行うためにその株式を利用し，株式公募を行い，Ajax 社への投資の流動性を高めることができるようにしようとした。Ajax 社と Old Florida 社との合併にあたり，Old Florida 社を買収会社とした。その結果，Ajax 社の資産は時価評価され，その帳簿価額は 4,576,371 ドルから 14,636,771 ドルに増加した。これは不適切な会計処理である。さらに，Ajax 社は，資産を時価評

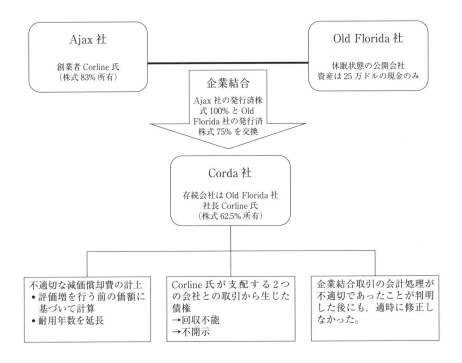

価する前の金額に基づいて，減価償却費を計上した。この会計処理により，利益が著しく過大表示されることとなった。さらに，関連当事者2社との取引から生じた回収不能な債権に対して引当金を計上しなかった。これらの関連当事者との取引は，財務諸表の注記において適切に開示されていなかった。

これらの不適切な会計処理などのために資産，株主持分および純利益が過大表示された財務諸表は，Old Florida 社の株主に対する委任状説明書に含められるとともに，1982年10月8日付で SEC に提出されたフォーム 8-K に含められた。

1982年9月30日に終了する事業年度の財務諸表に対して，Smith & Stephens 会計事務所は，無限定適正意見を表明した。

2. 会計上の論点

(1) Old Florida 社と Ajax 社の企業結合
  ・当該取引において，Ajax 社が買収会社であることは明らかであるにもかかわらず，Ajax 社の資産増加を実現するため，Old Florida 社を買収会社とする会計処理が行われた。
  ・その結果として，Corda 社の資産および株主持分は著しく過大計上されることとなった。

(2) 整合しておらず，かつ，誤った減価償却費の処理
  ・Corda 社および Smith 会計士は，Ajax 社の固定資産の評価増が行われる前の価額に基づいて減価償却費を計上した。適切に処理していれば，減価償却費は 494,000 ドル増え，利益は報告された 411,754 ドルではなく，約 86,000 ドルとなったであろう。
  ・1982年11月には，評価増された価額に基づく機械および設備の減価償却費の計上の悪影響を緩和するため，耐用年数を7年から20年に延長した。

(3) 関連当事者に対する受取勘定についての引当金の不設定
  ・Corline 氏が支配する2つの会社に対して Corda 社は受取勘定を有していたが，これらの受取勘定の回収可能性は低く，引当金が設定されるべきであった。

・さらに当該取引が有する，関連当事者との取引としての性質を適切に開示しなかった。

3. 監査上の論点

(1) 企業結合取引の監査
・Smith会計士は，Corline氏が資産を増加させたいと考えていることを知っており，Corline氏をはじめとするAjax社株主が合併後の会社の支配主体となるであろうことも知っていた。
・Smith会計士は，会計原則審議会意見書第16号を適切に適用しなかった。
・Smith会計士は，資産評価増の根拠として，1982年5月にCorline氏が入手した査定資料を用いたが，その査定を詳細にレビューしたり，査定の仮定が合理的かどうかを検討したりすることはなかった。

(2) 減価償却費の監査
・耐用年数の延長に関して，20年の耐用年数の基礎あるいは合理性を確かめるための意味のある手続を行わなかった。

(3) 関連当事者に対する受取勘定
・回収可能性に関する経営者の説明を受け入れた。
・取引の実質に関する証拠を得るための手続を実施しなかった。

(4) 監査報告書の不撤回
・1983年6月に，Smith会計士は，企業結合の会計処理が不適切であり，GAAPに準拠していないことを知ることとなったが，1982年9月30日に終了する事業年度の財務諸表に対する監査報告書を撤回するための行動を，1984年2月13日まで7ヶ月以上にわたって，とらなかった。

(5) 会計事務所の問題
・監査実務に関連して，文書化することを要求するための方針が存在していない。
・監査計画の作成や現場での監査作業に対する適切なレビューを求める方針が存在していない。

4. 本事案の実務的意義

　会計基準が定まっているにもかかわらず，これを軽視し，経営者に迎合的な監査を行っていた事案である。現在においても企業価値評価が適切であるかどうか，また過大になっていないかが論点となる事案は多く，慎重な対応が求められる。買収後，結果的に価値評価が過大であった場合，適切な監査手続を懐疑心をもって実施していたかが問われることを肝に銘じるべき事案である。過大評価は，いずれ露見することと認識し，監査人として適切な対応が必須であることを認識すべきである。

本日，証券取引委員会は，米コロンビア地区地方裁判所において，Corda Diversified Technologies, Inc.（以下，Corda 社），Richard J. Corline（以下，Corline 氏），Deno C. Benedetti（以下，Benedetti 氏），Smith & Stephens Accountancy Corp.（以下，Smith & Stephens 会計事務所），James J. Smith（以下，Smith 会計士）に対する告訴状を提出したことを公表した。本委員会による告訴状は，Corda 社，Corline 氏，Benedetti 氏，Smith & Stephens 会計事務所，Smith 会計士が 1934 年証券取引所法の詐欺行為禁止条項に違反することを制限・禁止し，Corda 社が証券取引所法の定期報告規定の一部に将来において違反することを制限・禁止し，Corline 氏，Benedetti 氏，Smith & Stephens 会計事務所，Smith 会計士が証券取引所法の定期報告規定の一部の違反を幇助および教唆することを制限・禁止する永久差止命令およびその他の副次的な救済を求めている。

カリフォルニア州シティ・オブ・インダストリーに主要なオフィスを構えるフロリダ州の会社，Corda 社は，住宅用，商業用，工業用の機器の製造と販売に従事している。カリフォルニア州ランチョ・サンタ・フェ在住の Corline 氏は Corda 社の社長および取締役を務めている。カリフォルニア州ロサンゼルス在住の Benedetti 氏は，1982 年以降，Corda 社の副社長と最高財務担当役員を務めている。カリフォルニア州パサデナの Smith & Stephens 会計事務所は，1983 年 9 月まで Corda 社の独立監査人を務めていた。公認会計士であり，Smith & Stephens 会計事務所の株式の 50% を保有する Smith 会計士は，カリフォルニア州グレンドラ在住である。Smith 会計士は，Smith & Stephens 会計事務所が Corda 社に対して実施する監査業務その他の会計業務の主たる責任者であった。

本告訴状は，Corda 社が提出した 1982 年 9 月 30 日時点のフォーム 8-K での臨時報告書，1982 年 9 月 30 日に終了する事業年度のフォーム 10-K での年次報告書，1982 年 12 月 31 日および 1983 年 3 月 31 日に終了する四半期のフォーム 10-Q での四半期報告書には，資産，株主持分および純利益が著しく過大表示されているという点で，重要な虚偽が含まれ，利用者を誤導し，一般に認められた会計原則に準拠していない財務諸表が含まれていたと申し立てている。加えて，これらの提出書類では，特定の取引にかかる関連当事者の性質を開示

しておらず，また，Corda 社の社長であり支配株主である Corline 氏が，関係会社の取締役，株主および役員でもあったことを開示していなかった。

さらに，本告訴状は，上述した過大表示と利用者を誤導する開示が，とりわけ次の原因によってもたらされたものであると申し立てている。

(1) Corda 社を伴った企業結合について不適切な会計処理を行い，これにより Corda 社の資産と株主持分は著しく過大表示された。
(2) 過大表示された資産にかかる減価償却費を，こうした資産の過大表示された価値と整合しない方法で処理した。
(3) 使用している機械および設備の耐用年数を 7 年から 20 年に不適切に変更し，これにより，減価償却費は著しく過小表示され，純利益は著しく過大表示された。
(4) 関連当事者に対する受取勘定が回収不能であることに伴う損失について引当金を計上しなかった。
(5) 関連当事者との取引に関して要求される開示を行わなかった。

上で言及した行為についての告訴状の提出と同時に，米コロンビア地区地方裁判所は，Corda 社，Smith & Stephens 会計事務所および Smith 会計士に対して，Corda 社，Smith & Stephens 会計事務所および Smith 会計士が証券取引所法第 10 条第 b 項および同法規則 10b-5 にさらに違反し，Corda 社が証券取引所法第 13 条第 a 項および同法規則 13a-1, 13a-11, 13a-13, 12b-20 に違反し，Smith & Stephens 会計事務所および Smith 会計士が証券取引所法第 13 条第 a 項および同法規則 13a-1, 13a-11, 13a-13, 12b-20 の違反を幇助および教唆することを禁止する永久差止命令の最終判決を登録した。Corda 社，Smith & Stephens 会計事務所および Smith 会計士は，本委員会の告訴状における申し立てを認否することなく，最終判決の登録に同意した。

さらに，Corda 社に対して登録された最終判決は，Corda 社に対して，最近提出された 1983 年 9 月 30 日に終了する事業年度のフォーム 10-K での年次報告書に言及した，フォーム 8 での修正を本委員会に提出するよう命じた。そこでは，以前に公表され提出された財務諸表の一部は，Corda 社が株主持分およ

び資産を過大表示し，いくつかの関連当事者との取引の性質を開示していなかった（こうした取引の実質は，かかる報告書における文章中では開示されていたが）という点において，一般に認められた会計原則に準拠していなかった旨を述べることが求められた。

これに関連して，本委員会は，Smith & Stephens 会計事務所および Smith 会計士に対して，1984 年 9 月 10 日，証券取引委員会実務規則第 2 条第 e 項に基づく行政審判を開始した（会計監査執行通牒第 39 号）。この行政審判の開始と同時に，Smith & Stephens 会計事務所および Smith 会計士は和解申入書を提出し，そこでは，所見を認否することなく，本委員会の審決および命令の登録に同意した。

Smith & Stephens 会計事務所の和解申入書および Simth 会計士の和解申入書を受理するに当たって，本委員会は，とりわけ，Smith 会計士が主たる責任を負っていた 1982 年 9 月 30 日に終了する事業年度の Corda 社の財務諸表に対する Smith & Stephens 会計事務所による監査は，一般に認められた監査基準（以下，GAAS）に準拠して実施されていなかったと判断した。また，当該財務諸表に対する同会計事務所の監査報告書は，(1) その監査が GAAS に準拠して実施されたと記しており，(2) Corda 社の財務諸表は一般に認められた会計原則（以下，GAAP）に準拠して適正に表示されていると記していたが，実際には，こうした記述は真実ではなかったという点において，著しく誤っており，利用者を誤導するものであったと本委員会は認定した。さらに，本委員会は，Smith 会計士の行為は，認識ある過失によって GAAP に違反した，虚偽を含み利用者を誤導する Corda 社のいくつの財務諸表の作成に実質的に関与したという点において，極めて軽率であったと結論づけた。加えて，Smith & Stephens 会計事務所が，監査報告書が誤っており，利用者を誤導するものであると結論づけた後に，速やかに当該監査報告書を取り下げなかったことは，職業的専門家としての責任の著しい欠如を示しており，監査契約に関する同会計事務所の方針および手続には多くの点で欠陥があると本委員会は結論づけた。

こうした所見に基づいて，Smith & Stephens 会計事務所および Smith 会計士が本委員会に出頭し，あるいは本委員会所轄業務に従事することのできる権

利を永久に拒否することを本委員会は命令した。しかし，本命令の日から2年経過後は，いくつかの条件および資格を満たしていることを満足のいく形で示すことを条件として，本委員会への出頭および本委員会所轄業務への従事を再開することを申請することができるものとする。

永久差止命令およびその他の副次的な救済を求める告訴状

　原告証券取引委員会（以下，本委員会）は，告訴状において，入手した情報とその信念に基づいて次のことを申し立てる。

1. 被告人Corda Diversified Technologies, Inc.（以下，Corda社），Richard J. Corline（以下，Corline氏），Deno C. Benedetti（以下，Bnededetti氏），Smith & Stephens Accountancy Corporation（以下，Smith & Stephens会計事務所），James J. Smith（以下，Smith会計士）は，直接間接に，また単独で，および共謀して，1934年証券取引所法第10条第b項 [15 U.S.C. 78j(b)] および同法規則10b-5 [17 C.F.R. 240.10b-5] に違反した行為，実務，営業過程に従事してきた。そして，今も従事しており，今後も従事しようとしている。

2. 被告人Corda社は，直接間接に，証券取引所法第13条第a項 [15 U.S.C. 78m(a)] および同法規則13a-1 [17 C.F.R. 240.13a-1]，13a-11 [17 C.F.R. 240.13a-11]，13a-13 [17 C.F.R. 240.13a-13]，12b-20 [17 C.F.R. 240.12b-20] に違反した行為，実務，営業過程に従事してきた。そして，今も従事しており，今後も従事しようとしている。

3. 被告人Corline氏，Benedetti氏，Smith & Stepehns会計事務所，Smith会計士は，直接間接に，また単独で，および共謀して，証券取引所法第13条第a項 [15 U.S.C. 78m(a)] および同法規則13a-1 [17 C.F.R. 240.13a-1]，13a-11 [17 C.F.R. 240.13a-11]，13a-13 [17 C.F.R. 240.13a-13]，12b-20 [17 C.F.R. 240.12b-20] の違反を幇助および教唆する行為，実務，営業過程に従事してきた。そして，今も従事しており，今後も従事しようとしている。

4. 本委員会は，証券取引所法第10条第b項，第13条第a項，第23条第a項 [15 U.S.C. 78j(b), 78m(a) and 78w(a)] に基づいて与えられた権限にしたがって，上述の第1項から第3項で挙げた規則を公表してきた。それらは，ここでの

全期間を通じて，そして現在も，効力を有している。
5. 被告人 Corda 社，Corline 氏，Benedetti 氏，Smith & Stephens 会計事務所，Smith 会計士は，本裁判所によって制限・禁止されなければ，ここで申し立てている行為，実務および営業過程ならびに類似の意図および目的をもつ行為，実務および営業過程に従事し続けるであろう。

管轄権および裁判地

6. 本委員会は，被告人がここで述べるような行為，実務および営業過程に従事することを制限・禁止し，その他のエクイティ上の救済を得るために，証券取引所法第 21 条第 d 項および第 21 条第 e 項［15 U.S.C. 78u(d) and 78u(e)］によって与えられた権限にしたがって本件を提訴している。
7. 本裁判所は，証券取引所法第 21 条第 d 項，第 21 条第 e 項および第 27 条［15 U.S.C. 78u(d), 78u(e) and 78aa］にしたがって，本訴訟に対する管轄権を有する。
8. 被告人 Corda 社，Corline 氏，Benedetti 氏，Smith & Stephens 会計事務所，Smith 会計士は，直接間接に，ここで申し立てている行為，実務および営業過程との関連で，州際通商にかかる手段・方法および郵便を利用していた。こうした行為，実務および営業過程の一部は，コロンビア地区内で行われていた。

被　告　人

9. 1982 年 9 月 30 日以前は Old Florida Rum Company（以下，Old Florida 社）という名称であった Corda 社は，オフィスをカリフォルニア州シティ・オブ・インダストリーに構える，フロリダ州法のもとで組織されている会社である。設立当初から，Old Florida 社は蒸留酒の製造と瓶詰めに従事していたが，1973 年 4 月にその営業活動を止めた。このとき，Old Florida 社の唯一の資産はおよそ 25 万ドルの現金であった。この状態は，Old Florida 社が Ajax Industries 社（以下，Ajax 社）と企業結合を行い，その社名を Corda 社に変更した 1982 年 9 月 30 日まで続いた。ここで関連する全期間を通じて，

Corda 社の株式は店頭市場で取引されていた。Corda 社は，証券取引所法第 15 条第 d 項 [15 U.S.C. 78o(d)] に基づいて，年次報告書およびその他の定期報告書を提出することが求められている。

10. 被告人 Corline 氏は，1976 年からアメリカに在住しているイギリス人である。Corline 氏は現在，カリフォルニア州ランチョ・サンタ・フェに在住している。Corline 氏は，Ajax 社の創設者であり，その株式の約 83％の受益権所有者である。Ajax 社と Old Florida 社の企業結合の結果，Corline 氏は Corda 社の取締役兼社長となり，Corda 社の普通株式の約 62.5％の受益権所有者となった。Corline 氏は，Corda 社の社長として，Corda 社の財務諸表をレビューし，ここで議論される不適切な会計実務の一部を開始した。

11. 被告人 Benedetti 氏は，カリフォルニア州ロサンゼルスに在住している。1982 年以降，Benedetti 氏は Corda 社の副社長および最高財務担当役員を務めている。Benedetti 氏は，Corda 社の財務諸表に責任を負っており，その作成をレビューするとともに支援していた。Old Florida 社と Ajax 社の企業結合の結果として，Benedetti 氏は Corda 社の普通株式の約 8％を取得した。

12. 被告人 Smith & Stephens 会計事務所は，1980 年 10 月に組織された，カリフォルニア州パサデナにある会計事務所である。同会計事務所には，被告人 Smith 会計士と Arthur Stephens 会計士の 2 人の対等出資者がおり，問題となった期間には 3 名から 5 名のスタッフを抱えていた。1983 年 9 月ごろまで，Smith & Stephens 会計事務所は Corda 社の独立監査人であった。

13. 被告人 Smith 会計士は，カリフォルニア州グレンドラに在住している。Smith 会計士は，Smith & Stephens 会計事務所が Corda 社に対して実施した監査業務およびその他の会計業務に主たる責任を負っていた。

第一訴訟原因

証券取引所法第 10 条第 b 項 [15 U.S.C. 78j(b)] および同法規則 10b-5 [17 C.F.R. 240.10b-5] の違反

14. 第 1 項および第 4 項から第 13 項の内容はここで再度申し立てられ，それらに言及することによってここに統合される。

15. 遅くとも 1982 年 6 月以降今日まで，被告人 Corda 社，Corline 氏，Benedetti 氏，Smith & Stephens 会計事務所，Smith 会計士は，直接間接に，また単独で，および共謀して，Corda 社の有価証券の取得と売却との関連で，州際通商にかかる手段・方法および郵便を利用することによって，(1) 不正の方策，スキーム，策略を用いてきており，現在も用いており，今後も用いようとしている，(2) 重要な事実について虚偽の説明を行ってきており，現在も行っており，今後も行おうとしており，さらに，そうした説明がなされる状況に照らして，それを利用者を誤導しないものにするために必要な重要な事実の説明を省略してきており，現在も省略しており，今後も省略しようとしている，(3) Corda 社の株式の取得者と売却者に対する不正あるいは詐欺となる行為，実務および営業過程に従事してきており，現在も従事しており，今後も従事しようとしている。これらは，証券取引所法第 10 条第 b 項 [15 U.S.C. 78j(b)] および同法規則 10b-5 [17 C.F.R. 240.10b-5] に違反している。

16. 前述した違反行為の一部として，Corline 氏および Benedetti 氏は，虚偽を含み利用者を誤導する財務諸表を公表し，Corline 氏，Benedetti 氏，Smith & Stephens 会計事務所および Smith 会計士は，当該財務諸表を作成しレビューした。この財務諸表は，Corda 社の 1982 年 10 月 8 日付のフォーム 8-K での臨時報告書，1982 年 9 月 30 日に終了する事業年度のフォーム 10-K での年次報告書，1982 年 12 月 31 日および 1983 年 3 月 31 日に終了する四半期のフォーム 10-Q での四半期報告書に含まれた。これらの報告書は，資産，株主持分および純利益が著しく過大表示されており，関連当事者との取引に関して必要な開示がなされていないという点において，重要な虚偽を含んでおり利用者を誤導するものであった。上述の過大表示と利用者を誤導する開示は，とりわけ次の原因によってもたらされた。(1) Corda 社と Corline 氏によって支配された会社との企業結合について不適切な会計処理を行い，これにより Corda 社の資産と株主持分は著しく過大表示された。(2) 過大表示された資産にかかる減価償却費を，こうした資産の過大表示された価値と整合しない方法で処理した。(3) 使用している機械および設備の耐用年数を 7 年から 20 年に不適切に変更し，これにより，減価償却費は著しく過小表示され，純利益は著しく過大表示された。(4) 関連当事者に対する受取勘定が

回収不能であることに伴う損失について引当金を計上しなかった。(5) 関連当事者との取引に関して要求される開示を行わなかった。

さらに，Corda 社の 1982 年 9 月 30 日に終了する事業年度の財務諸表に対する Smith & Stephens 会計事務所の監査報告書では，その監査が一般に認められた監査基準（以下，GAAS）に準拠して実施された旨，および Corda 社の財務諸表は一般に認められた会計原則（以下，GAAP）に準拠して適正に表示されている旨が述べられていたが，実際には，こうした記述は真実ではなかったという点において，当該監査報告書は虚偽を含んでおり利用者を誤導するものであった。

Old Florida 社と Ajax 社の企業結合

17. 1982 年 6 月に，Corline 氏と Benedetti 氏は，他の会社のハードウェア部門の事業および資産を買収するために，非公開会社である Ajax 社を設立した。Corline 氏は，Ajax 社の普通株式の約 83％の受益所有権を所有し，Benedetti 氏は約 8％を所有していた。
18. Corline 氏は，Ajax 社と公開会社との企業結合を行うことによって，結果としての会社が (i) Ajax 社の資産価値を高め，(ii) さらなる買収を行うためにその株式を利用し，(iii) 株式公募を行い，(iv) Ajax 社への投資の流動性を高めることができるようにしようとした。
19. Corline 氏は，Ajax 社と，Corline 氏が持分を所有する公開会社 Riverside Financial Corporation（以下，Riverside 社）の両社の監査を実施してもらうために，Smith & Stephens 会計事務所と契約を締結した。以前，Corline 氏に対して会計業務を提供したことがあった Smith 会計士は，Ajax 社および Riverside 社に対して Smith & Stephens 会計事務所が実施する会計業務に主たる責任を負っていた。
20. Corline 氏は，Ajax 社を Riverside 社と結合することを望んでおり，提案した企業結合によって Ajax 社の資産価値を高めることが妥当かどうかを決定するために Smith 会計士の助言を求めた。
21. Smith 会計士は，Corline 氏が Ajax 社の資産価値を高めたいと考えてい

ることを知っており，Corline 氏が両社に対して有している関係に気づいていた。Smith 会計士は当初，Ajax 社と Riverside 社の結合において，財務諸表に計上される Ajax 社の資産の価値を公正価値まで高めることは可能であるとの見解を示した。

22. しかしながら，Ajax 社の弁護士は後に，Ajax 社，Riverside 社および Corline 氏の支配従属関係のために，資産価値を高めることは適切ではないことを Corline 氏に通知した。

23. それを受け，Smith 会計士は，Ajax 社の資産価値を高めることは適切であるという当初の立場を翻した。Corline 氏は，Smith 会計士と弁護士が価値を高めることは適切ではないという立場を新たに示したために，提案した企業結合を行わないことにした。

24. Ajax 社を公開会社と結合し，その過程において Ajax 社の資産価値を高めたいと依然として考えていた Corline 氏は，1982 年 5 月後半，Old Florida 社の支配株主と会談し，両社の結合を打診した。この時点において，Old Florida 社は休眠状態の公開会社であった。

25. Old Florida 社と Ajax 社の結合を見越して，Corline 氏は，1982 年 6 月に，見積貸借対照表を作成し，Old Florida 社の当時の支配株主に送付した。この見積貸借対照表では，Ajax 社の資産価値を，その帳簿価額 4,576,371 ドルから公正価値であると主張された 14,636,771 ドルに増加させていたが，これは不適切であった。

26. 1982 年 7 月半ば，Corline 氏は，Smith 会計士に，当該取引が発生した場合に用いられる会計処理を決定するよう依頼した。

27. その時点で，Corline 氏が Ajax 社の資産評価を増大させるように取引を構築したいと考えていること，およびその取引によって Corline 氏が支配株主となることを知っていた Smith 会計士は，Old Florida 社が Ajax 社を買収しようとしていることにしたが，これは不適切であった。

28. Smith 会計士および Corline 氏は，これらの財務諸表における機械および設備の価値を増大させるための基礎として，以前 Corline 氏が入手した資産査定額を用いた。しかし，Smith 会計士は，その合理性を確かめるために査定額の詳細をレビューする手続をまったく行わなかった。

29. Smith会計士が，Old Florida社を買収会社として扱ったことにより，Ajax社の資産価値を公正価値とされた額まで著しく高めることが可能となった。Ajax社を適切に買収会社としていれば，GAAPのもとでは，こうした資産価値の増大は生じなかったであろう。
30. Corline氏およびSmith会計士がOld Florida社を買収会社として扱ったことは不適切であり，明らかに取引の実質と矛盾しており，GAAPに準拠していなかった。
31. 著しく利用者を誤導する見積財務諸表をCorline氏およびBenedetti氏から受け取っていたOld Florida社は，1982年9月9日，Corline氏，Benedetti氏およびその他3名のAjax社の株主と契約を結んだ。そこでは，Old Florida社が，Ajax社の発行済株式100%と交換に，その発行済株式の75%をAjax社の株主に対して発行することとされた。
32. 上述の契約においては，次年度に特定額以上の利益を達成すれば，Corline氏，Benedetti氏およびその他のAjax社の株主は，Old Florida社の所有権を約85%まで高められるという条項が含まれていた。
33. 1982年9月18日に，Old Florida社の株主に対して，Ajax社との結合の承認を求める委任状説明書が送付された。委任状説明書には，Corline氏の求めに応じてSmith会計士が作成した，虚偽を含み利用者を誤導する見積財務諸表が含まれていた。
34. 上述した企業結合にかかる不適切な会計処理の結果として，Old Florida社の株主に提供された委任状説明書に含まれた財務諸表におけるCorda社の資産および株主持分は著しく過大表示されていた。さらに，この財務諸表は，1982年10月14日付のフォーム8-Kで本委員会に提出された。
35. 1982年9月30日，Old Florida社の株主は，Old Florida社とAjax社との取引を承認した。企業結合の結果として，Ajax社はOld Florida社の完全子会社となった。それと同時に，Corda Diversified Technologies社と社名を変更した。こうした取引と同時に，Corline氏はCorda社の社長となり，Benedetti氏は副社長および最高財務担当役員となった。Ajax社に支配関係をもつ者が，Corda社の取締役会7議席のうち5議席を占めた。そして，Smith & Stephens会計事務所はCorda社の監査人となった。

整合しておらず，かつ，誤った減価償却費の処理

36. 企業結合について不適切な会計処理が行われたことによってもたらされた過大表示は，Corda 社および Smith 会計士が，Ajax 社の機械および設備の評価増を行った額に基づいて計算された金額の減価償却費を計上しなかったことにより，さらに複雑となった。Old Florida 社の株主に送付された委任状説明書および Corda 社の 1982 年度フォーム 10-K 報告書に含まれた見積損益計算書において，減価償却費は，見積貸借対照表に示された評価増を行った後の金額ではなく，Ajax 社の機械および設備の原始帳簿価額に基づいて計算されていた。

37. 減価償却費の不適切な処理により，見積損益計算書における減価償却費は，見積貸借対照表における Corda 社の資産評価増と整合しないことになり，さらに，利益の過大表示をもたらすこととなった。Old Florida 社の株主に送付された委任状説明書に含まれるとともに，Corda 社の 1982 年度フォーム 10-K 報告書において本委員会に提出された見積貸借対照表における機械および設備の評価増と整合する形で，見積損益計算書において減価償却費の修正がなされていれば，減価償却費は約 494,000 ドル増加したであろう。これにより，利益額は，実際に報告された 411,754 ドルから約 86,000 ドルになる。

38. Old Florida 社と Ajax 社の企業結合の前においては，Corline 氏は，Smith 会計士の同意を得て，Ajax 社の使用している機械および設備を減価償却するのに，耐用年数は 7 年とするのが合理的であり，とりわけアメリカ内国歳入庁の指針と整合していると決定していた。

39. 1982 年 11 月ごろ，Corline 氏と Smith 会計士は，「評価増された」機械および設備についての減価償却費が Corda 社の将来の財務諸表，とりわけ 1982 年 12 月 31 日に終了する四半期にかかる四半期財務諸表に与えるマイナスの影響について議論した。

40. Corline 氏は，Smith 会計士に対して，機械および設備の耐用年数を恣意的に 20 年に延長することを提案した。

41. Corline 氏も Smith 会計士も，機械および設備について 20 年という耐用年数を選択することが，7 年という耐用年数を合理的であるとしてきた従来

の結論と矛盾しているという事実にもかかわらず，20 年という耐用年数の基礎あるいはその合理性を確かめるために，意味のある手続をまったく行わなかった。

42. Corline 氏および Benedetti 氏は，Smith 会計士が作成した財務諸表の草案をレビューし，それを Corda 社の 1982 年 12 月 31 日に終了する四半期にかかるフォーム 10-Q 報告書に含めた。減価償却費を計算するために用いた不適切な方法の結果として，1982 年 12 月 31 日に終了する 3 ヶ月間に関して報告された純損失 120,000 ドルは著しく過小表示されていた。

43. Corline 氏および Benedetti 氏は，Corda 社の 1983 年 3 月 31 日に終了する四半期にかかるフォーム 10-Q 報告書に含まれる財務諸表を作成し，それをレビューした。Smith 会計士および Corline 氏が是認した不適切な減価償却方法によって，1983 年 3 月 31 日に終了する 3 ヶ月間に関して報告された純利益 397,001 ドルは著しく過大表示されていた。

回収不能な関係当事者に対する受取勘定についての引当金の不設定

44. 1982 年に，Corline 氏は，自らが支配する 2 つの会社，すなわち Riverside 社と，マサチューセッツ州法のもとで組織された非公開会社である Corda International Holdings 社（以下，Corda International 社）に対する受取勘定を生じさせるいくつかの取引を，Ajax 社および Corda 社に行わせた。

45. 1982 年 9 月 30 日時点で，Corda 社の財務諸表には，Ajax 社が製造した製品の売上，事務所スペースおよび設備のリース，在庫品の販売および経営管理料の支払いから生じた Riverside 社に対する受取勘定 451,074 ドルが計上されていた。

46. Corline 氏および Smith 会計士は，Riverside 社の財政状態が危険な状態にあることを知っていた。Smith & Stephens 会計事務所，そして主に Smith 会計士は，1982 年 6 月 30 日を期末とする Riverside 社の期末監査を実施し，その結果，運転資本がマイナス 636,000 ドル，株主持分欠損が 374,000 ドル，当年度の損失が 435,000 ドルであることが明らかとなった。Riverside 社の財政状態は非常に危険な状態にあったので，Smith & Stephens 会計事務所は

Riverside社のゴーイング・コンサーンとして存続する能力を疑問視する限定意見を表明せざるを得なかった。

47. Smith会計士がRiverside社に対する受取勘定の回収可能性を疑問視したとき，Riverside社の財政状態が危険な状態にあることを同じく知っていたCorline氏は，Smith会計士に，受取勘定は将来において回収可能であると納得させることを意図した説明を行った。Smith会計士は，Riverside社の支払能力に伴う不確実性を適切に検討することなく，Corline氏の説明を受け入れた。

48. Corline氏の説明に基づいて，Smith氏は，Corda社に対して，Riverside社に対する受取勘定について引当金を設定するよう要求しなかった。その結果，Corda社は，当該受取勘定の全額を本委員会に提出した財務諸表において流動資産として表示した。

49. さらに，1982年9月30日時点のCorda社の財務諸表には，Corda International社に対する受取勘定150,007ドルが流動資産として計上されていた。この受取勘定は，Ajax社がCorda International社に対して陳腐化した無価値の棚卸資産を200,000ドルで売り上げたことから生じていた。これは，Corda社に200,000ドルの利益をもたらした。

50. Corda International社の監査も行っていたSmith会計士は，本取引の外見からしても，本取引の実質と，結果としての受取勘定の回収可能性を疑問視すべきであった。

51. Riverside社およびCorda International社という関連当事者に対する受取勘定にかかる損失について引当金が計上されなかったことにより，本委員会に提出されたCorda社の1982年9月30日に終了する事業年度の財務諸表およびその後の四半期報告書において，利益は著しく過大表示されることとなった。

52. さらに，Corda社，Corline氏，Benedetti氏およびSmith会計士は，GAAPの要求にしたがわず，Corda社の財務諸表において当該取引が有する関連当事者との取引としての性質を適切に開示しなかった。

財務諸表および監査報告書が虚偽を含み利用者を誤導するものであった旨の不開示

53. 1983年半ばに，Corline氏は資本を調達するための交渉を引受業者および金融機関と開始した。こうした交渉の結果，Corda社は，財務諸表の作成についての支援を得るために大手会計事務所と契約を結んだ。

54. 当該大手会計事務所は，Old Florida社とAjax社の結合についての会計処理をレビューした後，Ajax社が買収会社と考えられるべきであったという点で，Old Florida社とAjax社の間の取引はGAAPに準拠して会計処理されていなかったと結論づけた。その結果，当該大手会計事務所は，財務諸表を修正して，とりわけAjax社の資産と株主持分の評価増を取り消すべきであると結論づけ，Corda社，Corline氏およびBenedetti氏に通知した。

55. Smith & Stephens会計事務所およびSmith会計士は，1983年半ばにこの大手会計事務所の結論を知らされたとき，別の大手会計事務所にも相談し，Corda社の財務諸表はGAAPに準拠して作成されていなかったということを確認した。Smith & Stephens会計事務所およびSmith会計士は，1983年半ばに，Corda社が以前に公表した財務諸表はGAAPに準拠して作成されていなかったことに同意しているとCorda社に伝えた。

56. Corda社が以前に公表した財務諸表はGAAPに準拠していなかったという結論により，Bank of Americaとの長期負債契約が即座に不履行となった。この契約のもとでは，Corda社は，常時，少なくとも10,000,000ドルの株主持分を維持することが求められていた。Corline氏およびBenedetti氏は，1983年7月ごろに，Bank of Americaから，融資契約が不履行の状態にあることを通知され，別の資本調達先を探すよう助言を受けた。

57. 1983年12月13日，Corline氏は，Corda社の財務諸表には修正の必要があり，この修正はCorda社の損益計算書に影響を与えることを初めて公に説明するプレスリリースを起草し，Corda社はこれを公表した。しかしながら，このプレスリリースは，Corda社の正味財産は著しく減少するであろうこと，以前に公表された財務諸表はGAAPに準拠して作成されていなかったこと，Corda社はBank of Americaとの長期契約について不履行の状態にあること

を開示しなかったという点で，重要な事実を説明していなかった。
58. 1984年2月3日，Corda社は，本委員会に対して，フォーム8-K報告書を提出した。このフォーム8-K報告書には，とりわけ，Corda社が新たな会計士と契約を結んだこと，「間違いがなく正確」ではないかもしれない財務諸表を以前に提出したこと，Bank of Americaとの融資契約の条項に違反したこと，本委員会の調査を受けていることが記載されていた。しかしながら，このフォーム8-K報告書は，以前に公表された財務諸表はGAAPに準拠しておらず，そこでは資産，株主持分および利益が著しく過大表示されていたことが開示されていなかったという点で，重要な事実を説明していなかった。
59. 1982年9月30日に終了する事業年度のCorda社の財務諸表についてのSmith & Stephens会計事務所の監査報告書には，その監査はGAASに準拠して実施されたと記されており，Corda社の財務諸表はGAAPに準拠して適正に表示されていると記されていたが，実際には，こうした記述は真実ではなかったという点において，当該監査報告書は虚偽を含み利用者を誤導するものであった。
60. Corda社が以前に公表した財務諸表はGAAPに準拠していなかったと1983年7月に結論づけたSmith会計士およびSmith & Stephens会計事務所は，その時点で，1982年9月30日に終了する事業年度のCorda社の財務諸表についての監査報告書を取り下げる，あるいは当該監査報告書をもはやCorda社の財務諸表と関係づけないようにCorda社に対して通告するといった対応をとらなかった。こうした対応はGAASにおいて要求されている。
61. 1984年2月13日になってようやく，Smith & Stephens会計事務所は，その監査報告書をもはや以前に公表されたCorda社の財務諸表と関係づけないようCorda社に通告した。

本委員会に対して提出された，虚偽を含み利用者を誤導するCorda社の書類

62. 上述の違反行為の一部として，またそれを助長して，Corda社，Corline氏およびBenedetti氏は，遅くとも1982年10月から始まって今日まで，重

要な虚偽を含み利用者を誤導するフォーム 10-K での年次報告書，フォーム 10-Q での四半期報告書，フォーム 8-K での臨時報告書を本委員会に提出した。

63. 上述した Corda 社の財務諸表における著しい過大表示は，1982 年 9 月 30 日に終了する事業年度の Corda 社のフォーム 10-K 報告書，1982 年 12 月 31 日および 1983 年 3 月 31 日に終了する四半期のフォーム 10-Q 報告書に加えて，企業結合の承認を求めて Old Florida 社の株主に送付された委任状説明書にも含まれた。Corline 氏，Benedetti 氏，Smith & Stephens 会計事務所，Smith 会計士は，こうした著しい過大表示について知っていたか，さもなければ，知っていなければならなかった。

64. 1982 年 10 月 14 日ごろ，Corda 社はフォーム 8-K での臨時報告書（以下，1982 年 10 月 8-K）を本委員会に提出した。これには，Corline 氏および Benedetti 氏が署名していた。1982 年 10 月 8-K には，Old Florida 社と Ajax 社の企業結合の承認との関係で Old Florida 社の株主に送付された委任状説明書が含まれていた。加えて，1982 年 10 月 8-K には，Old Florida 社および Ajax 社の見積財務諸表が含まれていた。

65. 1982 年 10 月 8-K に含まれていた財務諸表は，とりわけ以下の点において，虚偽を含んでおり利用者を誤導するものであった。
   （ⅰ）15,119,727 ドルと報告されている Old Florida 社と Ajax 社の総資産は，少なくとも 9,000,000 ドル過大表示されていた。
   （ⅱ）9,948,939 ドルと報告されている Old Florida 社と Ajax 社の株主持分は，少なくとも 9,000,000 ドル過大表示されていた。
   （ⅲ）441,754 ドルと報告されている Old Florida 社と Ajax 社の純利益は，償却資産の評価と矛盾する基礎により計算されており，したがって，著しく過大表示されていた。

66. 1982 年 12 月 15 日ごろ，Corda 社はフォーム 10-K での年次報告書（以下，1982 年 10-K）を本委員会に提出した。これには，Corline 氏および Benedetti 氏が署名していた。1982 年 10-K には，Corda 社の 1982 年度の監査済財務諸表と Smith & Stephens 会計事務所の監査意見が含まれていた。

67. 1982 年 10-K は，とりわけ以下の点において，重要な虚偽を含んでおり利用者を誤導するものであった。

（ⅰ）16,101,691 ドルと報告されている総資産は，少なくとも 10,100,000 ドル過大表示されていた。

（ⅱ）10,305,340 ドルと報告されている株主持分は，少なくとも 10,100,000 ドル過大表示されていた。

（ⅲ）Ajax 社と Old Florida 社との企業結合が 1982 年 1 月 22 日時点で行われたかのように表示されている 1982 年 9 月 30 日に終了する事業年度の見積純利益は 467,241 ドルと報告されていたが，これは著しく過大表示されていた。

（ⅳ）財務諸表の注記に含まれた関係会社との取引の開示は，それが当該関係の性質を説明しておらず，Corda 社の社長兼支配株主である Corline 氏が関係会社の取締役，株主および役員でもあることを説明していなかったという点で，利用者を誤導するものであった。

（ⅴ）1982 年 9 月 30 日に終了する事業年度の Corda 社の財務諸表についての Smith & Stephens 会計事務所の監査報告書では，その監査が GAAS に準拠して実施されたと述べられており，Corda 社の財務諸表は GAAP に準拠して適正に表示されていると述べられていたが，実際には，こうした記述は真実ではなかった。

68. 1983 年 2 月 15 日ごろ，Corda 社は 1982 年 12 月 31 日に終了する四半期のフォーム 10-Q での四半期報告書（以下，1982 年 12 月 10-Q）を本委員会に提出した。これには，Corline 氏および Benedetti 氏が署名していた。1982 年 12 月 10-Q には，1982 年 12 月 31 日に終了する四半期にかかる Corda 社の未監査財務諸表が含まれていた。

69. 1982 年 12 月 10-Q は，とりわけ以下の点において，重要な虚偽を含んでおり利用者を誤導するものであった。

（ⅰ）16,352,838 ドルと報告されている総資産は，少なくとも 10,200,000 ドル過大表示されていた。

（ⅱ）10,184,159 ドルと報告されている株主持分は，少なくとも 10,200,000 ドル過大表示されていた。

（ⅲ）121,000 ドルと報告されている 1982 年 12 月 31 日に終了する四半期の純損失は，著しく過小表示されていた。

70. 1983年4月28日ごろ，Corda社は1983年3月31日に終了する四半期のフォーム10-Qでの四半期報告書（以下，1983年3月10-Q）を本委員会に提出した。これには，Corline氏およびBenedetti氏が署名していた。1983年3月10-Qには，1983年3月31日に終了する四半期にかかるCorda社の未監査財務諸表が含まれていた。
71. 1983年3月10-Qは，とりわけ以下の点において，重要な虚偽を含んでおり利用者を誤導するものであった。
    （ⅰ）18,415,275ドルと報告されている総資産は，少なくとも10,200,000ドル過大表示されていた。
    （ⅱ）10,581,431ドルと報告されている株主持分は，少なくとも10,200,000ドル過大表示されていた。
    （ⅲ）397,001ドルと報告されている1983年3月31日に終了する四半期の純利益は，著しく過大表示されていた。
72. 第14項で説明した事項により，Smith会計士は，証券取引所法第10条第b項［15 U.S.C. 78j(b)］および同法規則10b-5［17 C.F.R. 240.10b-5］に違反した。

第二訴訟原因

　証券取引所法第13条第a項［15 U.S.C. 78m(a)］および同法規則13a-1，13a-11，13a-13，12b-20［17 C.F.R. 240.13a-1，240.13a-11，240.13a-13，240.12b-20］の違反

73. 第2項から第13項および第16項から第71項の内容はここで再度申し立てられ，それらに言及することによってここに統合される。
74. 遅くとも1982年9月ごろに始まり，1983年2月ごろまで，Corda社は，直接間接に，フォーム10-Kでの年次報告書，フォーム10-Qでの四半期報告書，フォーム8-Kでの臨時報告書を提出した。そして，Corline氏，Benedetti氏，Smith & Stephens会計事務所，Smith会計士は，Corda社にこれらの報告書を提出せしめた。これらの報告書は，上の第16項から第71項で述べた理由により，重要な事実について虚偽の説明を含んでおり，そうした説明がなされる状況に照らして，それを利用者を誤導しないものにする

ために必要な重要な事実を説明しておらず，虚偽を含み利用者を誤導する財務諸表を含んでいた。

75. 証券取引所法第15条第d項［15 U.S.C. 78o(d)］は，有価証券発行者に，証券取引所法第13条第a項［15 U.S.C. 78m(a)］によって要求される補足報告書および定期報告書を提出することを求めている。
76. ここで関連する全期間を通じて，Corda社は，証券取引所法第13条第a項［15 U.S.C. 78m(a)］によって要求されるこうした補足報告書および定期報告書を提出することを求められていた。
77. Corda社は，証券取引所法第13条第a項［15 U.S.C. 78m(a)］および同法規則13a-13［17C.F.R. 240.13a-13］によって要求されている，1983年6月30日に終了する四半期にかかる10-Q報告書を提出していない。
78. 上述の第73項から第77項で説明した事項により，Corda社は，直接間接に，証券取引所法第13条第a項［15 U.S.C. 78m(a)］および同法規則13a-1, 13a-11, 13a-13, 12b-20［17 C.F.R. 240.13a-1, 240.13a-11, 240.13a-13, 240.12b-20］に違反してきた。そして，今も違反しており，今後も違反しようとしている。Corline氏，Benedetti氏，Smith & Stephens会計事務所，Smith会計士は，直接間接に，これらの違反をさまざまな形で幇助および教唆してきた。

　それゆえ，原告証券取引委員会は，謹んで次のことを請求し，要求する。

Ⅰ．

　Corda社，Smith & Stephens会計事務所，および，その代理人，使用人，役員，取締役，従業員，弁護士，これらの者と積極的な協調関係にある者，ならびに，Corline氏，Benedetti氏，Smith会計士，および，その代理人，使用人，従業員，弁護士，これらの者と積極的な協調関係にある者が，直接間接に，有価証券の取得あるいは売却に関連して，州際通商にかかる手段または方法，郵便あるいは証券取引所の便宜を利用して，以下のことを行うことによって，証券取引所法第10条第b項［15 U.S.C. 78j(b)］および同法規則10b-5［17 C.F.R. 240.10b-5］に違反することを制限，禁止する永久差止命令およびその他の副次的な救済の終局判決（以下，終局判決）

(a) 不正の方策，スキーム，策略を用いること

(b) 重要な事実について虚偽の説明をし，あるいは，そうした説明がなされる状況に照らして，それを利用者を誤導しないものにするために必要な重要な事実の説明を省略すること
(c) 何者かに対して不正および詐欺として作用する行為，実務あるいは営業過程に従事すること

Ⅱ.

　直接間接に，証券取引所法第13条第a項および第15条第d項ならびにそのもとで公表された規則および規制にしたがって本委員会に提出することが求められている年次報告書，四半期報告書，臨時報告書で，重要な事実についての虚偽の説明を含んだもの，あるいは，そうした説明がなされる状況に照らして，それを利用者を誤導しないものにするために必要な重要な事実の説明を省略したもの，あるいは適時に提出されていないものの提出を行い，あるいは提出せしめることによって，Corda社，Smith & Stephens会計事務所，および，その役員，代理人，使用人，従業員，弁護士，これらの者と積極的な協調関係にある者が，直接間接に，証券取引所法第13条第a項 [15 U.S.C. 78m(a)] および同法規則 13a-1, 13a-11, 13a-13, 12b-20 [17 C.F.R. 240.13a-1, 240.13a-11, 240.13a-13, 240.12b-20] に違反することを制限，禁止するとともに，Corline氏，Benedetti氏，Smith会計士，および，その代理人，使用人，従業員，弁護士，これらの者と積極的な協調関係にある者が，直接間接に，証券取引所法第13条第a項 [15 U.S.C. 78m(a)] および同法規則 13a-1, 13a-11, 13a-13, 12b-20 [17 C.F.R. 240.13a-1, 240.13a-11, 240.13a-13, 240.12b-20] の違反を幇助および教唆することを制限，禁止する永久差止命令の終局判決

Ⅲ.

　本告訴状の提出から60日以内に，フォーム8での修正を提出することをCorda社に命じる終局判決。そこでは，1984年7月5日に提出された1983年9月30日に終了する事業年度のフォーム10-Kでの年次報告書に言及するとともに，1982年10月14日に提出されたフォーム8-Kでの臨時報告書，1982年9月30日に終了する事業年度のフォーム10-Kでの年次報告書，1982年12月

31日および1983年3月31日に終了する四半期のフォーム10-Qでの四半期報告書に含まれているCorda社が以前に公表した財務諸表は，株主持分および資産が著しく過大表示されており，特定の関連当事者との取引の性質が開示されていなかったという点において，一般に認められた会計原則に準拠していなかった旨を説明する。加えて，Corda社は，上述したフォーム8での修正において，1983年9月30日に終了する事業年度のフォーム10-Kでの年次報告書の4頁で「営業損失」という項目のもとでなされていた説明を実質的に再確認する。

Ⅳ.

　さらに，当該状況のもとで，本裁判所が適切であると考えるその他のさらなる救済を求める。

謹んで提出する
Gary Lynch［署名］
Neil S. Lang［署名］
James B. Bragg［署名］
Cer Gladwyn Goins［署名］
Michael J. Missal［署名］

　原告証券取引委員会代理人，450 Fifth Street, N.W., Washington, D.C. 20549, (202) 272-2945

Corda Diversified Technologies社に対する永久差止命令およびその他の副次的な救済の終局判決

　原告証券取引委員会（以下，同委員会）は，永久差止命令およびその他の副次的な救済を求める告訴状（以下，告訴状）を提出することによって本訴訟を開始した。被告人Corda Diversified Technologies社は，異議を留めぬ出廷をし，本裁判所の同社に対する管轄権および本訴訟の係争事項に対する管轄権を受け入れ，正式事実審理および弁論を行うことなく，さらに事実あるいは法に関するいかなる問題についての司法的判断を行うことなく事実認定と法律上の

結論の登録の権利を放棄し，証言あるいは証拠を聴取されることもなく，同社が認めた本裁判所の管轄権に関して以外に本告訴状における申し立てを一切認否せず，ここに添付され統合された「同意事項および誓約事項」においてこの永久差止命令の終局判決（以下，終局判決）の登録に同意した。さらに，本裁判所は当事者およびその係争事項に対する管轄権を有しているように思われ，本裁判所は訴状冒頭部において十分な情報を得ている。

Ⅰ.

　Corda社，その役員，取締役，代理人，使用人，従業員，弁護士，後継者，譲受人およびこれらの者と積極的な協調関係にある者は，直接間接に，有価証券の取得あるいは売却に関連して，州際通商にかかる手段または方法，郵便あるいは証券取引所の便宜を利用して，以下のことを行うことによって，1934年証券取引所法第10条第b項［15 U.S.C. §78j(b)］および同法規則10b-5［17 C.F.R. §240.10b-5］に違反することを永久に制限，禁止されるべきであり，これによって，永久に制限，禁止されることを命令し，司法判断し，判決する。

1. 不正の方策，スキーム，策略を用いること
2. 重要な事実について虚偽の説明をし，あるいは，そうした説明がなされる状況に照らして，それを利用者を誤導しないものにするために必要な重要な事実の説明を省略すること
3. 何者かに対して不正あるいは詐欺として作用する行為，実務あるいは営業過程に従事すること

Ⅱ.

　さらに，Corda社，その役員，取締役，代理人，使用人，従業員，弁護士，後継者，譲受人およびこれらの者と積極的な協調関係にある者が，直接間接に，(1) 1934年証券取引所法第13条第a項ならびにそのもとで公表された規則および規制にしたがって同委員会に提出することが求められている年次報告書，四半期報告書，臨時報告書，その他の定期報告書で，重要な事実についての虚偽の説明を含んだもの，あるいは，そうした説明がなされる状況に照らして，それを利用者を誤導しないものにするために必要な重要な事実の説明を省

略したもの，あるいはそこで開示することが要求されている情報を開示していないものの提出を行うこと，あるいは提出せしめること，(2) こうした年次報告書，四半期報告書，臨時報告書，その他の報告書の提出に際して，制定法または同委員会の規則および規制，あるいはその両方に基づいて，適切な場合には Corda 社は提出期限を延長することができるが，それ以外の場合において，かかる報告書を速やかに提出しないこと，によって，1934 年証券取引所法第 13 条第 a 項 [15 U.S.C. §78m(a)] および同法規則 13a-1 [17 C.F.R. §240.13a-1]，13a-11 [17 C.F.R. §240.13a-11]，13a-13 [17 C.F.R. §240.13a-13]，12b-20 [17 C.F.R. §240.12b-20] に違反することを永久に制限，禁止されるべきであり，これによって，永久に制限，禁止されることを命令し，司法判断し，判決する。

Ⅲ.

さらに，Corda 社は，60 日以内に，フォーム 8 での修正を提出することを命令し，司法判断し，判決する。そこでは，1984 年 7 月 5 日に提出された 1983 年 9 月 30 日に終了する事業年度のフォーム 10-K での年次報告書に言及するとともに，1982 年 10 月 14 日に提出されたフォーム 8-K での臨時報告書，1982 年 9 月 30 日に終了する事業年度のフォーム 10-K での年次報告書，1982 年 12 月 31 日および 1983 年 3 月 31 日に終了する四半期のフォーム 10-Q での四半期報告書に含まれている Corda 社が以前に公表した財務諸表は，株主持分および資産が著しく過大表示されており，特定の関連当事者との取引の性質が開示されていなかった（こうした取引の実質は，かかる報告書における文章中では開示されていたが）という点において，一般に認められた会計原則に準拠していなかった旨を説明する。加えて，Corda 社は，1983 年 9 月 30 日に終了する事業年度のフォーム 10-K での年次報告書の 4 頁で「営業損失」という項目のもとでなされていた，Corda 社が利益を報告していた以前の期間において実際には損失を被っていたと 1984 年 7 月 5 日時点で経営者は信じている旨の説明を実質的に再確認するとともに，フォーム 8 の提出日時点で，その独立会計士である Price Waterhouse 会計事務所との議論の後，経営者は，その真摯な努力にもかかわらず，かかる報告書の対象期間の純利益あるいは純損失の正確な金額を決定できていない旨を表明する。

Ⅳ.

 さらに，Corda 社，その役員，取締役，代理人，使用人，従業員，弁護士，後継者，譲受人およびこれらの者と積極的な協調関係にある者が，すべての点において，ここに添付され統合され，すべてここで説明されたのと同じ効力と効果を有する「Corda Diversified Technologies 社の同意事項および誓約事項」に含まれた誓約事項を遵守することを命令し，司法判断し，判決する。

 また，遅滞の理由なくば，裁判所書記官は，これによって，連邦民事訴訟規則第 54 条第 b 項に基づいて，本終局判決を登録するよう指示する。

Corda Diversified Technologies 社の同意事項および誓約事項

1. 被告人 Corda Diversified Technologies 社（以下，Corda 社）は，同社および本訴訟の係争事項に対する本裁判所の管轄権を認め，原告証券取引委員会（以下，同委員会）の永久差止命令およびその他の副次的な救済を求める告訴状（以下，告訴状）が同社に送達されることを認める。

2. Corda 社は，同社が認める管轄権に関して以外に本告訴状における申し立てを一切認否せず，ここに添付された形式での Corda Diversified Technologies 社に対する永久差止命令およびその他の副次的な救済の終局判決（以下，終局判決）をさらに告知することなく登録することを認め，それに同意する。終局判決は，(1) (a) 有価証券の取得あるいは売却に関連して，1934 年証券取引所法第 10 条第 b 項 [15 U.S.C. §78j(b)] および同法規則 10b-5 [17 C.F.R. §240.10b-5]，ならびに (b) 1934 年証券取引所法第 13 条第 a 項 [15 U.S.C. §78m(a)] および同法規則 13a-1 [17 C.F.R. §240.13a-1]，13a-11 [17 C.F.R. §240.13a-11]，13a-13 [17 C.F.R. §240.13a-13]，12b-20 [17 C.F.R. §240.12b-20] に Corda 社が違反することを永久に制限，禁止し，(2) 終局判決の登録から 60 日以内に，1984 年 7 月 5 日に提出された 1983 年 9 月 30 日に終了する事業年度のフォーム 10-K での年次報告書に言及するとともに，1982 年 10 月 14 日に提出されたフォーム 8-K での臨時報告書，1982 年 9 月 30 日に終了する事業年度のフォーム 10-K での年次報告書，1982 年 12 月 31 日および 1983 年 3 月 31 日に終了する四半期のフォーム 10-Q での四半期報告書に含まれている Corda 社が以

前に公表した財務諸表は，株主持分および資産が著しく過大表示されており，特定の関連当事者との取引の性質が開示されていなかった（こうした取引の実質は，かかる報告書における文章中では開示されていたが）という点において，一般に認められた会計原則に準拠していなかった旨を説明するフォーム8での修正をCorda社が提出することを命令している。加えて，Corda社は，1983年9月30日に終了する事業年度のフォーム10-Kでの年次報告書の4頁で「営業損失」という項目のもとでなされていた，Corda社が利益を報告していた以前の期間において実際には損失を被っていたと1984年7月5日時点で経営者は信じている旨の説明を実質的に再確認するとともに，フォーム8の提出日時点で，その独立会計士であるPrice Waterhouse会計事務所との議論の後，経営者は，その真摯な努力にもかかわらず，かかる報告書の対象期間の純利益あるいは純損失の正確な金額を決定できていない旨を表明する。

3. さらに，Corda社は，さらに告知することなく署名および登録のために，同委員会が本裁判所に対して，ここに添付された終局判決を提示することに同意し，応諾する。

4. Corda社は，同社の独立会計士であるPrice Waterhouse会計事務所によってなされた説明に照らして，将来における同委員会への提出書類に1983年9月30日時点の貸借対照表を含めないことを除いて，かかる将来の提出書類において (a) Corda社が最近提出した1983年9月30日に終了する事業年度 (以下，1983年度) のフォーム10-Kでの年次報告書に含まれた，1983年9月30日に終了する20ヶ月間の連結損益計算書，連結株主欠損変動表あるいは連結財政状態変動表に監査人の意見が付されていないこと，(b) 上述のフォーム10-Kに，1983年度の監査済みの連結損益計算書，連結株主持分（欠損）変動表，連結財政状態変動表，および以前の事業年度にかかる比較財務情報が含まれていないこと，(c) Corda社が，1982年度および1983年度に関して，あるいはこれらの年度におけるいかなる期間に関しても，比較財務情報を含めていないこと，に基づいて，Corda社に対して，同委員会が，終局判決違反の侮辱手続その他の法的手続を開始し，あるいは執行訴訟を開始することはないと理解している。さらに，Corda社は，前文に示されている場合を除

いて，同委員会に提出される年次報告書，四半期報告書および臨時報告書に含まれる Corda 社の 1983 年度後の事業年度にかかる情報の開示に関して，Corda 社が 1934 年証券取引所法第 12 条，第 13 条ならびにそのもとで公表された規則および規制に規定された報告要件に準拠しなかった場合には，同委員会は Corda 社に対して執行訴訟を開始する権利を保有していることを理解している。また，Corda 社は，この和解が，1933 年証券法ならびにそのもとで公表された規則および規制の規定に基づく公募あるいは私募による有価証券の募集あるいは売却に適用される，監査済財務諸表の提供についての要件を扱ったものではなく，また，その要件の適用を控えるものでもないことを理解しているとともに，そのことに同意している。

5. Corda 社は，依然として本訴訟の当事者であるかのように，本事案におけるすべての正式事実審理およびその他の法的手続において，連邦刑事訴訟規則に規定されているように，同委員会へ証拠開示を行うことを誓約する。しかし，このことは，Corda 社の証拠開示を行うとの誓約が，適用される憲法上のあるいはその他の法的な権利あるいは特権に対する同社の主張の影響を受けることを条件としている。

6. これによって，Corda 社は，事実認定と法律上の結論の登録の権利を放棄する。

7. Corda 社は，終局判決の登録に上訴するために有する一切の権利を放棄する。

8. Corda 社は，本同意書を，自由に，自由意志に基づいて，自発的に作成しており，同委員会あるいはそのメンバー，従業員，役員，代理人，代表者から，Corda 社が本同意書を作成するよう，いかなる性質の約束も脅迫もなされてないことを申し述べる。

Corda Diversified Technologies 社
Deno C. Benedetti ［署名］

日付：1984 年 8 月 30 日

証明書
　Ⅰ．これによって，フロリダ州法のもとで正当に組織され存在している株式

会社 Corda Diversified Technologies 社の役員である Deno C. Benedetti は，1984 年 8 月 29 日に開催された Corda Diversified Technologies 社の取締役会の会議において，同取締役会が，依然として完全に有効であり，以下のように同社の議事録に記録されている決議を採択したことを証明する。

　米コロンビア地区地方裁判所において証券取引委員会によって提訴された民事訴訟において，被告人として挙げられた旨の通知を受けた Corda Diversified Technologies 社は，これによって，同社に対する永久差止命令の終局判決およびそれに関連した同意書の登録を含んだ，同訴訟の和解に同意することを決議した。

　さらに，Corda Diversified Technologies 社を代表して，和解を進める際のかかる文書を作成する権限を，Richard Corline あるいは Deno C. Benedetti に与えることを決議した。

日付：1984 年 8 月 30 日

Deno C. Benedetti［署名］

James J. Smith 会計士に対する永久差止命令の終局判決

　原告証券取引委員会（以下，同委員会）は，永久差止命令およびその他の副次的な救済を求める告訴状（以下，告訴状）を提出することによって本訴訟を開始した。被告人 James J. Smith 会計士（以下，Smith 会計士）は，異議を留めぬ出廷をし，本裁判所の自身に対する管轄権および本訴訟の係争事項に対する管轄権を受け入れ，正式事実審理および弁論を行うことなく，さらに事実あるいは法に関するいかなる問題についての司法的判断を行うことなく事実認定と法律上の結論の登録の権利を放棄し，証言あるいは証拠を聴取されることもなく，Smith 会計士が認めた本裁判所の管轄権に関して以外に本告訴状における申し立てを一切認否せず，ここに添付され統合された「同意事項および誓約事項」においてこの永久差止命令の終局判決（以下，終局判決）の登録に同意した。さらに，本裁判所は当事者およびその係争事項に対する管轄権を有しているように思われ，本裁判所は訴状冒頭部において十分な情報を得ている。

Ⅰ.

　Smith 会計士，その代理人，使用人，従業員，弁護士，後継者，譲受人およびこれらの者と積極的な協調関係にある者は，直接間接に，有価証券の取得あるいは売却に関連して，州際通商にかかる手段または方法，郵便あるいは証券取引所の便宜を利用して，以下のことを行うことによって，1934 年証券取引所法第 10 条第 b 項 [15 U.S.C. §78j(b)] および同法規則 10b-5 [17 C.F.R. §240.10b-5] に違反することを永久に制限，禁止されるべきであり，これによって，永久に制限，禁止されることを命令し，司法判断し，判決する。

1. 不正の方策，スキーム，策略を用いること
2. 重要な事実について虚偽の説明をし，あるいは，そうした説明がなされる状況に照らして，それを利用者を誤導しないものにするために必要な重要な事実の説明を省略すること
3. 何者かに対して不正あるいは詐欺として作用する行為，実務あるいは営業過程に従事すること

Ⅱ.

　さらに，Smith 会計士，その代理人，使用人，従業員，弁護士，後継者，譲受人およびこれらの者と積極的な協調関係にある者が，直接間接に，1934 年証券取引所法第 13 条第 a 項ならびにそのもとで公表された規則および規制にしたがって証券発行者が同委員会に提出することが求められている年次報告書，四半期報告書，臨時報告書，その他の定期報告書で，かかる年次報告書，四半期報告書，臨時報告書，その他の定期報告書に含まれる財務諸表あるいは監査報告書に関して，重要な事実についての虚偽の説明を含んだもの，あるいは，そうした説明がなされる状況に照らして，それを利用者を誤導しないものにするために必要な重要な事実の説明を省略したもの，あるいは要求されている情報を開示していないものを提出せしめることによって，1934 年証券取引所法第 13 条第 a 項 [15 U.S.C. §78m(a)] および同法規則 13a-1 [17 C.F.R. §240.13a-1]，13a-11 [17 C.F.R. §240.13a-11]，13a-13 [17 C.F.R. §240.13a-13]，12b-20 [17 C.F.R. §240.12b-20] の違反を幇助および教唆することを永久に制限，禁止されるべきであり，これによって，永久に制限，禁止されることを命令し，司法判断

し，判決する。

Ⅲ．

さらに，Smith 会計士，その代理人，使用人，従業員，弁護士，後継者，譲受人およびこれらの者と積極的な協調関係にある者が，すべての点において，ここに添付された「James J. Smith の同意事項および誓約事項」に含まれた誓約事項を遵守することを命じ，司法判断し，判決する。

また，遅滞の理由なくば，裁判所書記官は，これによって，連邦民事訴訟規則第 54 条第 b 項に基づいて，本終局判決を登録するよう指示する。

James J. Smith の同意事項および誓約事項

1. 被告人 James J. Smith（以下，Smith）は，自身および本訴訟の係争事項に対する本裁判所の管轄権を認め，原告証券取引委員会（以下，同委員会）の永久差止命令およびその他の副次的な救済を求める告訴状（以下，告訴状）が自身に送達されることを認める。
2. Smith は，自身が認める管轄権に関して以外に本告訴状における申し立てを一切認否せず，(1) 1934 年証券取引所法第 10 条第 b 項 [15 U.S.C. §78j(b)] および同法規則 10b-5 [17 C.F.R. §240.10b-5] に違反すること，および，(2) 1934 年証券取引所法第 13 条第 a 項 [15 U.S.C. §78m(a)] および同法規則 13a-1 [17 C.F.R. §240.13a-1]，13a-11 [17 C.F.R. §240.13a-11]，13a-13 [17 C.F.R. §240.13a-13]，12b-20 [17 C.F.R. §240.12b-20] の違反を幇助および教唆すること，を永久に制限，禁止する，ここに添付された形式での James J. Smith に対する永久差止命令の終局判決をさらに告知することなく登録することを認め，それに同意する。
3. さらに，Smith は，さらに告知することなく署名および登録のために，同委員会が本裁判所に対して，ここに添付された終局判決を提示することに同意し，応諾する。
4. Smith は，依然として本訴訟の当事者であるかのように，本事案におけるすべての正式事実審理およびその他の法的手続において，連邦刑事訴訟規則に規定されているように，同委員会へ証拠開示を行うことを誓約し，さらに，

同委員会による合理的な通知に基づいて証人として出頭および証言することを誓約する。しかし，このことは，Smith の証拠開示を行い，証人として証言するとの誓約が，適用される憲法上のあるいはその他の法的な権利あるいは特権に対する Smith の主張の影響を受けることを条件としている。
5. これによって，Smith は，事実認定と法律上の結論の登録の権利を放棄する。
6. Smith は，終局判決の登録に上訴するために有する一切の権利を放棄する。
7. Smith は，本同意書を，自由に，自由意志に基づいて，自発的に作成しており，同委員会あるいはそのメンバー，従業員，役員，代理人，代表者から，Smith が本同意書を作成するよう，いかなる性質の約束も脅迫もなされてないことを申し述べる。
8. Smith は，本終局判決および本同意書が本訴訟の和解だけを目的とするものであり，Smith あるいはその他の者に対する他の民事訴訟，刑事訴訟，行政訴訟の開始を禁じるものではないことを理解し，そのことに同意している。

James J. Smith［署名］

日付：1984 年 7 月 30 日

Smith & Stephens 会計事務所に対する永久差止命令の終局判決

　原告証券取引委員会（以下，同委員会）は，永久差止命令およびその他の副次的な救済を求める告訴状（以下，告訴状）を提出することによって本訴訟を開始した。被告人 Smith & Stephens 会計事務所は，異議を留めぬ出廷をし，本裁判所の同会計事務所に対する管轄権および本訴訟の係争事項に対する管轄権を受け入れ，正式事実審理および弁論を行うことなく，さらに事実あるいは法に関するいかなる問題についての司法的判断を行うことなく事実認定と法律上の結論の登録の権利を放棄し，証言あるいは証拠を聴取されることもなく，同会計事務所が認めた本裁判所の管轄権に関して以外に本告訴状における申し立てを一切認否せず，ここに添付され統合された「同意事項および誓約事項」においてこの永久差止命令の終局判決（以下，終局判決）の登録に同意した。さらに，本裁判所は当事者およびその係争事項に対する管轄権を有しているように思われ，本裁判所は訴状冒頭部において十分な情報を得ている。

Ⅰ.

　Smith & Stephens 会計事務所，その役員，取締役，代理人，使用人，従業員，弁護士，後継者，譲受人およびこれらの者と積極的な協調関係にある者が，直接間接に，有価証券の取得あるいは売却に関連して，州際通商にかかる手段または方法，郵便あるいは証券取引所の便宜を利用して，以下のことを行うことによって，1934 年証券取引所法第 10 条第 b 項 [15 U.S.C. §78j(b)] および同法規則 10b-5 [17 C.F.R. §240.10b-5] に違反することを永久に制限，禁止されるべきであり，これによって，永久に制限，禁止されることを命令し，司法判断し，判決する。

1. 不正の方策，スキーム，策略を用いること
2. 重要な事実について虚偽の説明をし，あるいは，そうした説明がなされる状況に照らして，それを利用者を誤導しないものにするために必要な重要な事実の説明を省略すること
3. 何者かに対して不正および詐欺として作用する行為，実務あるいは営業過程に従事すること

Ⅱ.

　さらに，Smith & Stephens 会計事務所，その役員，取締役，代理人，使用人，従業員，弁護士，後継者，譲受人およびこれらの者と積極的な協調関係にある者が，直接間接に，1934 年証券取引所法第 13 条第 a 項ならびにそのもとで公表された規則および規制に基づいて証券発行者が同委員会に提出することが求められている年次報告書，四半期報告書，臨時報告書，その他の定期報告書で，かかる年次報告書，四半期報告書，臨時報告書，その他の定期報告書に含まれる財務諸表あるいは監査報告書に関して，重要な事実についての虚偽の説明を含んだもの，あるいは，そうした説明がなされる状況に照らして，それを利用者を誤導しないものにするために必要な重要な事実の説明を省略したもの，あるいは要求されている情報を開示していないものを提出せしめることによって，1934 年証券取引所法第 13 条第 a 項 [15 U.S.C. §78m(a)] および同法規則 13a-1 [17 C.F.R. §240.13a-1]，13a-11 [17 C.F.R. §240.13a-11]，13a-13 [17 C.F.R. §240.13a-13]，12b-20 [17 C.F.R. §240.12b-20] の違反を幇助および教唆する

ことを永久に制限，禁止されるべきであり，これによって，永久に制限，禁止されることを命令し，司法判断し，判決する。

Ⅲ.

　さらに，Smith & Stephens 会計事務所，その役員，取締役，代理人，使用人，従業員，弁護士，後継者，譲受人およびこれらの者と積極的な協調関係にある者が，すべての点において，ここに添付された「Smith & Stephens 会計事務所の同意事項および誓約事項」に含まれた誓約事項を遵守することを命令し，司法判断し，判決する。

　また，遅滞の理由なくば，裁判所書記官は，これによって，連邦民事訴訟規則第54条第b項に基づいて，本終局判決を登録するよう指示する。

Smith & Stephens 会計事務所の同意事項および誓約事項

1. 被告人 Smith & Stephens 会計事務所は，同会計事務所および本訴訟の係争事項に対する本裁判所の管轄権を認め，原告証券取引委員会（以下，同委員会）の永久差止命令およびその他の副次的な救済を求める告訴状（以下，告訴状）が同会計事務所に送達されることを認める。

2. Smith & Stephens 会計事務所は，同会計事務所が認める管轄権に関して以外に本告訴状における申し立てを一切認否せず，(1) 1934年証券取引所法第10条第b項 [15 U.S.C. §78j(b)] および同法規則 10b-5 [17 C.F.R. §240.10b-5] に違反すること，および，(2) 1934年証券取引所法第13条a項 [15 U.S.C. §78m(a)] および同法規則 13a-1[17 C.F.R. §240.13a-1]，13a-11[17 C.F.R. §240.13a-11]，13a-13[17 C.F.R. §240.13a-13]，12b-20 [17 C.F.R. §240.12b-20] の違反を幇助および教唆すること，を永久に制限，禁止する。ここに添付された形式での Smith & Stephens 会計事務所に対する永久差止命令の終局判決をさらに告知することなく登録することを認め，それに同意する。

3. さらに，Smith & Stephens 会計事務所は，さらに告知することなく署名および登録のために，同委員会が本裁判所に対して，ここに添付された終局判決を提示することに同意し，応諾する。

4. Smith & Stephens 会計事務所は，依然として本訴訟の当事者であるかのように，本事案におけるすべての正式事実審理およびその他の法的手続において，連邦刑事訴訟規則に規定されているように，同委員会へ証拠開示を行うことを誓約する。しかし，このことは，Smith & Stephens 会計事務所の証拠開示を行うとの誓約が，適用される憲法上のあるいはその他の法的な権利あるいは特権に対する同会計事務所の主張の影響を受けることを条件としている。
5. これによって，Smith & Stephens 会計事務所は，事実認定と法律上の結論の登録の権利を放棄する。
6. Smith & Stephens 会計事務所は，終局判決の登録に上訴するために有する一切の権利を放棄する。
7. Smith & Stephens 会計事務所は，本同意書を，自由に，自由意志に基づいて，自発的に作成しており，同委員会あるいはそのメンバー，従業員，役員，代理人，代表者から，Smith & Stephens 会計事務所が本同意書を作成するよう，いかなる性質の約束も脅迫もなされてないことを申し述べる。
8. Smith & Stephens 会計事務所は，本終局判決および本同意書が本訴訟の和解だけを目的とするものであり，Smith & Stephens 会計事務所あるいはその他の者に対する他の民事訴訟，刑事訴訟，行政訴訟の開始を禁じるものではないことを理解し，そのことに同意している。

Smith & Stephens 会計事務所
Arthur D. Stephens ［署名］

日付：1984 年 7 月 30 日

証明書

　I．これによって，カリフォルニア州法のもとで正当に組織され存在している株式会社 Smith & Stephens 会計事務所の役員である James J. Smith は，1984 年 7 月 30 日に開催された Smith & Stephens 会計事務所の取締役会の会議において，同取締役会が，依然として完全に有効であり，以下のように同会計事務所の議事録に記録されている決議を採択したことを証明する。

　米コロンビア地区地方裁判所において証券取引委員会によって提訴された民

事訴訟において，被告人として挙げられた旨の通知を受けた Smith & Stephens 会計事務所は，これによって，同会計事務所に対する永久差止命令の終局判決およびそれに関連した同意書の登録を含んだ，同訴訟の和解に同意することを決議した。

　さらに，Smith & Stephens 会計事務所を代表して，実質的にここに添付された形式で要求される和解を進める際のかかる文書を作成する権限を，社長 Arthur D. Stephens あるいは役員 James J. Smith に与えることを決議した。

日付：1984 年 7 月 30 日

James J. Smith［署名］

会計監査執行通牒　第 39 号

Accounting and Auditing Enforcement Releases No.39

1984 年 9 月 10 日
証券取引所法通牒　第 21298 号
行政審判書類　第 3-6407 号

Smith & Stephens 会計事務所および James J. Smith 会計士の事案に関する，証券取引委員会実務規則第 2 条第 e 項に基づく行政審判開始命令および審決・命令

被審理人となった監査人　Smith & Stephens 会計事務所および当該会計事務所所属の公認会計士 1 名

被監査会社　Corda Diversified Technologies 社（住宅用，商業用，工業用の機器の製造・販売に従事する会社，店頭市場上場会社）

対象期間・書類　1982 年および 1983 年の 9 月 30 日に終了する事業年度のフォーム 10-K 報告書，1982 年 12 月 31 日および 1983 年 3 月 31 日に終了する四半期のフォーム 10-Q 報告書，1982 年 10 月 14 日付のフォーム 8-K での臨時報告書（Old Florida 社の株主に送付された委任状説明書）

会計上の論点　企業結合の会計処理，減価償却費，関連当事者に対する受取勘定に対する引当金の計上，関連当事者との取引の開示

監査上の論点　GAAP に準拠しておらず，虚偽を含み利用者を誤導する財務諸表の作成への実質的関与

関連する会計基準・監査基準　会計原則審議会意見書第 16 条，SFAS 第 57 号「関連当事者との取引」，SAS 第 1 号パラグラフ 320.01

解　説

1. 概　要

　Ajax 社は1982年6月に Corline 氏および Benedetti 氏が設立した会社であり，彼らはそれぞれ Ajax 社株式の約83％，約8％を所有していた。1982年9月に，Ajax 社は，Old Florida 社と企業結合を行った。Old Florida 社は休眠状態にある公開会社で，その唯一の資産は25万ドルの現金であった。

　Corline 氏は，公開会社との企業結合により，Ajax 社の資産価値を高め，さらなる買収を行うためにその株式を利用し，株式公募を行い，Ajax 社への投資の流動性を高めることができるようにしようとした。Ajax 社と Old Florida 社との合併にあたり，Old Florida 社を買収会社とした。その結果，Ajax 社の資産は時価評価され，その帳簿価額は4,576,371ドルから14,636,771ドルに増加した。これは不適切な会計処理である。さらに，Ajax 社は，資産を時価評

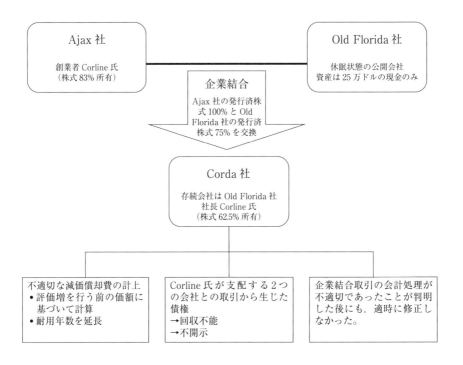

価する前の金額に基づいて，減価償却費を計上した。この会計処理により，利益が著しく過大表示されることとなった。さらに，関連当事者2社との取引から生じた回収不能な債権に対して引当金を計上しなかった。これらの関連当事者との取引は，財務諸表の注記において適切に開示されていなかった。

これらの不適切な会計処理などのために資産，株主持分および純利益が過大表示された財務諸表は，Old Florida 社の株主に対する委任状説明書に含められるとともに，1982年10月8日付でSEC に提出されたフォーム8-K に含められた。

1982年9月30日に終了する事業年度の財務諸表に対して，Smith & Stephens 会計事務所は，無限定適正意見を表明した。

2. 会計上の論点

(1) Old Florida 社とAjax 社の企業結合
- 当該取引において，Ajax 社が買収会社であることは明らかであるにもかかわらず，Ajax 社の資産増加を実現するため，Old Florida 社を買収会社とする会計処理が行われた。
- その結果として，Corda 社の資産および株主持分は著しく過大計上されることとなった。

(2) 整合しておらず，かつ，誤った減価償却費の処理
- Corda 社および Smith 会計士は，Ajax 社の固定資産の評価増が行われる前の価額に基づいて減価償却費を計上した。適切に処理していれば，減価償却費は494,000ドル増え，利益は報告された411,754ドルではなく，約86,000ドルとなったであろう。
- 1982年11月には，評価増された価額に基づく機械および設備の減価償却費の計上の悪影響を緩和するため，耐用年数を7年から20年に延長した。

(3) 関連当事者に対する受取勘定についての引当金の不設定
- Corline 氏が支配する2つの会社に対してCorda 社は受取勘定を有していたが，これらの受取勘定の回収可能性は低く，引当金が設定されるべきであった。

- さらに当該取引が有する，関連当事者との取引としての性質を適切に開示しなかった。

3. 監査上の論点

(1) 企業結合取引の監査
   - Smith 会計士は，Corline 氏が資産を増加させたいと考えていることを知っており，Corline 氏をはじめとする Ajax 社株主が合併後の会社の支配主体となるであろうことも知っていた。
   - Smith 会計士は，会計原則審議会意見書第16号を適切に適用しなかった。
   - Smith 会計士は，資産評価増の根拠として，1982年5月に Corline 氏が入手した査定資料を用いたが，その査定を詳細にレビューしたり，査定の仮定が合理的かどうかを検討したりすることはなかった。

(2) 減価償却費の監査
   - 耐用年数の延長に関して，20年の耐用年数の基礎あるいは合理性を確かめるための意味のある手続を行わなかった。

(3) 関連当事者に対する受取勘定
   - 回収可能性に関する経営者の説明を受け入れた。
   - 取引の実質に関する証拠を得るための手続を実施しなかった。

(4) 監査報告書の不撤回
   - 1983年6月に，Smith 会計士は，企業結合の会計処理が不適切であり，GAAP に準拠していないことを知ることとなったが，1982年9月30日に終了する事業年度の財務諸表に対する監査報告書を撤回するための行動を，1984年2月13日まで7ヶ月以上にわたって，とらなかった。

(5) 会計事務所の問題
   - 監査実務に関連して，文書化することを要求するための方針が存在していない。
   - 監査計画の作成や現場での監査作業に対する適切なレビューを求める方針が存在していない。

4. 本事案の実務的意義

　会計基準が定まっているにもかかわらず，これを軽視し，経営者に迎合的な監査を行っていた事案である。現在においても企業価値評価が適切であるかどうか，また過大になっていないかが論点となる事案は多く，慎重な対応が求められる。買収後，結果的に価値評価が過大であった場合，適切な監査手続を懐疑心をもって実施していたかが問われることを肝に銘じるべき事案である。過大評価は，いずれ露見することと認識し，監査人として適切な対応が必須であることを認識すべきである。

証券取引委員会は，証券取引委員会実務規則第2条第e項第1号の(ii)および(iii)に基づいて，Smith & Stephens Accountancy Corporation（以下，Smith & Stephens 会計事務所）および James J. Smith 会計士（以下，Smith 会計士）に対する行政審判を開始することが適当であり，公益に資するものと考える[1]。したがって，ここにかかる行政審判を開始することを命令する。

本行政審判の開始と同時に，Smith & Stephens 会計事務所および Smith 会計士は和解申入書を提出した。本委員会は，この和解申入書を受理することを決定した。この和解申入書の条件のもとで，Smith & Stephens 会計事務所と Smith 会計士は，ここに述べられている事実関係，所見および結論を認否することなく，聴聞会および証拠提示の前に本審決および命令が登録されることに同意している。

I. 導入および要約

Smith & Stephens 会計事務所は，カリフォルニア州パサディナにある小規模な会計事務所である。会計法人として組織されていたこの会計事務所には，2人の対等出資者がおり，問題となった期間には3人から5人のスタッフを抱えていた。Smith & Stephens 会計事務所は，1982年から1983年にかけて公開会社数社をクライアントとして有していた。これらクライアントからの報酬は，Smith & Stephens 会計事務所の年間収益の重要な部分を占めていた。

同会計事務所は，アメリカ公認会計士協会（The American Institute of Certified Public Accountants：以下，AICPA）SEC 監査実務部会のメンバー

---

[1] 証券取引委員会規則第2条第e項第1号の(ii)および(iii)は，その一部において，以下のように規定している。
「本委員会は，関与事案に関する聴聞会の通知および開催後，以下の事由に該当すると本委員会が認定した者に対して，本委員会に出頭し，あるいは本委員会所轄業務に従事することのできる権利を一時的に，または永久に拒否することができる。
……
(ii) 品位または誠実性を欠いていること，あるいは，職業的専門家として非倫理的または不適切な行為に従事していたこと，もしくは，
(iii) 連邦証券諸法（15 U.S.C. 第77a条から第80b-20条）または同法に基づく規則および規制に故意に違反し，もしくは，かかる違反を故意に幇助および教唆していたこと。」

ではなく，したがって，これまでピア・レビューを受けたことがない。同会計事務所の 50％の株式を有する Smith 会計士は公認会計士である。Smith & Stephens 会計事務所の設立前には，Smith 会計士は全国規模の会計事務所の監査マネジャーであった。

　本行政審判の原因となった問題は，Corda Diversified Technologies Inc.（以下，Corda 社）に関する一部の事項について本委員会スタッフが実施した非公式な調査において発見された。この調査によって，とりわけ，(1) 資産，株主持分，純利益が著しく過大計上されており，(2) 関係会社との取引に関して必要な開示がなされていないという点において，1982 年 10 月 8 日付のフォーム 8-K での臨時報告書，1982 年 9 月 30 日に終了する事業年度にかかるフォーム 10-K での年次報告書，および 1982 年 12 月 31 日に終了する四半期にかかるフォーム 10-Q での四半期報告書に含まれる財務諸表は著しく誤っており，利用者を誤導するものであり，一般に認められた会計原則（以下，GAAP）に準拠していないことが判明した。

　Smith & Stephens 会計事務所は，1982 年 9 月 30 日に終了する事業年度にかかる Corda 社の財務諸表を監査し，無限定適正意見を表明した。Smith 会計士は，この監査の実施に主たる責任を負っていた。Smith 会計士はまた，1982 年 10 月 8 日付のフォーム 8-K 報告書の一部として本委員会に提出された，委任状説明書に含まれる Corda 社の見積財務諸表も作成した。加えて，Smith 会計士は，1982 年 12 月 31 日に終了する四半期にかかるフォーム 10-Q 報告書に含まれる財務諸表の草案も作成した。

　上述の財務諸表は，とりわけ，(1) 企業結合に関連して機械設備の不適切な評価増が行われ，それによって Corda 社の資産と株主持分が著しく過大表示された，(2) 関係会社に対する回収不能な債権について引当てを行わなかった，(3) 関係会社との取引に関して要求される開示を行わなかった，という点において，著しく誤っており，利用者を誤導するものであり，GAAP に準拠していなかった。加えて，1982 年 12 月 31 日に終了する四半期にかかる Corda 社の未監査財務諸表では，減価償却費が著しく過小表示されていたため，純利益が著しく過大表示されていた。その原因は，機械設備の耐用年数を 7 年から 20 年に不適切に延長したことにある。

以下で議論される事実に基づき，われわれは，次のように結論づけた。すなわち，Smith 会計士が主たる責任を負っていた，1982 年 9 月 30 日に終了する事業年度にかかる Corda 社の財務諸表に対する Smith & Stephens 会計事務所の監査は，一般に認められた監査基準（以下，GAAS）に準拠して実施されなかった。また，当該財務諸表に対する監査報告書は，(1) その監査が GAAS に準拠して実施された旨，および (2) 実際にはそうではないにもかかわらず，Corda 社の財務諸表が GAAP に準拠して適正に表示されている旨が述べられている点において，著しく誤っており，利用者を誤導するものであった。また，認識ある過失により GAAP に準拠せず，虚偽を含み利用者を誤導する上記財務諸表の作成に実質的に関与したという点で，Smith 会計士の行為には重大な過失があったとわれわれは結論づけた。

したがって，われわれは，Smith & Stephens 会計事務所および Smith 会計士は，証券取引委員会実務規則第 2 条第 e 項第 1 号 (ii) の意味で，職業的専門家として不適切な行為に従事したと結論づけている。また，われわれは，Smith & Stephens 会計事務所および Smith 会計士は，1934 年証券取引所法第 10 条第 b 項および同法規則 10b-5 に違反し，1934 年証券取引所法第 13 条第 a 項および同法規則 13a-1，13a-11，13a-13 および 12b-20 の違反を幇助および教唆したと結論づけている[2]。

---

[2] これに関連する事案において，1984 年 9 月 6 日，本委員会は，Smith & Stephens 会計事務所，Smith 会計士，Corda 社，Corline 氏および Deno C. Benedetti 氏が，証券取引所法第 10 条第 b 項および同法規則 10b-5，ならびに証券取引所法第 13 条第 a 項および同法規則 13a-1，13a-11，13a-13，12b-20 に違反したことを申し立てる，S.E.C. v. Corda Diversified Technologies, Inc., et al. (84 Civ. [2726] (D.D.C)) と題する告訴状を提出した。この提訴と同時に，Smith & Stephens 会計事務所および Smith 会計士は，告訴状の申し立てを認否せず，将来において証券取引所法第 10 条第 b 項および同法規則 10b-5 に違反すること，ならびに証券取引所法第 13 条第 a 項および同法規則 13a-1，13a-11，13a-13，12b-20 の違反を幇助および教唆することに対する永久差止命令の登録に同意した。

Ⅱ．事　実

A．背　景

　Corda 社との監査契約に先だって，Smith 会計士は，全国規模の会計事務所のマネジャーとして，Corda 社の社長である Richard J. Corline 氏（以下，Corline 氏）の支配下にあるさまざまな会社に対して会計業務および監査業務を実施していた。1980 年，Smith 会計士がこの会計事務所を退職し，Smith & Stephens 会計事務所を設立すると，Corline 氏は Smith & Stephens 会計事務所のクライアントとなった。Corline 氏の支配下にある会社の 1 つに Ajax Industries 社（以下，Ajax 社）があった。この会社は，主に住宅業界で用いられるハードウェア製品を製造する非公開会社であった。Corline 氏は，Ajax 社の普通株式のおよそ 82％を保有していた。Smith & Stephens 会計事務所は，同社が 1982 年 1 月に Corline 氏に買収されたときから同社に対する会計業務および監査業務を実施してきた。

　Ajax 社の買収後まもなく，Corline 氏は，自身が持分を有し，休眠状態にある「幽霊」公開会社である Riverside Financial Corporation（以下，Riverside 社）と，Ajax 社とを結合させるための交渉に入った。Corline 氏が Ajax 社を公開会社と結合させようとしたのは，(1) Ajax 社の資産の価額を自身の考える公正価値にまで引き上げ，(2) 買収を行い，(3) 公募増資を行い，(4) Ajax 社株主の流動性を高める，という 4 つの理由からであった。

　1982 年 4 月ごろ，Corline 氏は，Riverside 社との結合において，GAAP にしたがって，Ajax 社の財務諸表上の資産の価額をその公正価値にまで引き上げることができるかを Smith 会計士に尋ねた。これに対して Smith 会計士は，はじめは肯定的な回答をしたが，後にこれを撤回し，Riverside 社は Ajax 社の関係会社であるため資産価額の引き上げはできないと結論づけた。

　その後 Corline 氏は，Ajax 社と結合を行うために関係会社でない「幽霊」公開会社を探し始めた。Corline 氏は，いくつかの幽霊公開会社の支配株主と接触し，1982 年 5 月に，Ajax 社との結合相手として Old Florida Rum Company（以下，Old Florida 社）を選び出した。その取引は，1982 年 9 月

30 日に Old Florida 社が Ajax 社を結合し，社名を Corda 社に変更して完了した。この企業結合により，旧 Ajax 社株主は Corda 社普通株式の 75％の支配権を獲得し，特に，実質的所有者である Corline 氏は 62.5％の支配権を獲得した。Corline 氏は Corda 社の社長にも就任し，旧 Ajax 社の関係者が Corda 社の取締役会メンバー 7 人のうち 5 人を占めることとなった。Smith & Stephens 会計事務所は，独立会計士として Corda 社と契約を結んだ。

B. 企業結合会計

1982 年 7 月，Corline 氏は，Old Florida 社と Ajax 社の結合を見越して，結合取引が成立した場合にどのような会計処理を行うべきかを決定するよう Smith 会計士に依頼した[3]。この時点で Smith 会計士は，Corline 氏が Ajax 社の資産の評価を増大させ，自身が支配株主となるように，取引を構築しようとしていることに気づいていた。

Smith 会計士によれば，Corline 氏の要請を受けて，Smith 会計士は当該取引の適切な会計処理方法を決定するために，会計原則審議会意見書第 16 号（Accounting Principles Board Opinion No.16：以下，APB No.16）「企業結合会計」を調べた。Smith 会計士は，APB No.16 パラグラフ 67 を根拠として，当該取引において Old Florida 社が発行する株式は，Ajax 社の純資産の公正価値で計上されるべきであるとの結論に達した。APB No.16 パラグラフ 67 は次のように述べている。「買収会社の株式発行によって取得した資産は，当該資産の公正価値で計上される。すなわち，発行される株式は，受け取る対価の公正価値によって計上される。」

Smith 会計士は，当該取引に上記のパラグラフ 67 を適用するに際して，Old Florida 社を買収会社として取り扱った。APB No.16 パラグラフ 70 では，企

---

[3] Corline 氏は，Smith 会計士に相談する前に，すでに採用する会計処理について自分なりに決定していた。1982 年 6 月，Corline 氏は，検討されていた企業結合の予測される効果を反映させた貸借対照表を作成した。Old Florida 社の当時の支配株主に送付されたこの貸借対照表において，Corline 氏は，Ajax 社の資産評価額を，簿価である 4,576,371 ドルから，「公正価値」であると自らが主張した 14,636,771 ドルにまで増加させた。

業結合においてどちらの会社が買収会社となるかの判断規準について説明されている。パラグラフ70は，その一部において，次のように述べている。「株式交換による企業結合において，どちらが買収会社となるかの推定根拠は，結合後の会社の議決権の過半数を留保または獲得する合併会社における結合前の普通株主持分を識別することによって得られる，と当審議会は結論づける。」

　当該取引においては，Old Florida社ではなくAjax社が買収会社であることは明らかである。というのは，とりわけ，Corline氏をはじめとするAjax社株主が，結合後の会社の議決権株式の75％を獲得したからである。Old Florida社を買収会社とするSmith会計士の取り扱いは，当該取引の実質およびAPB No.16の規定と整合していなかった。Smith会計士は，Corline氏らAjax社株主が合併後の会社における支配主体となるであろうことを知っていた。Smith会計士はさらに，Corline氏がCorda社の社長になり，Corda社の取締役会メンバー7人のうち5人がAjax社と以前に関係を持っていた者で構成されるであろうことも知っていた。Smith会計士は，これらを承知のうえで，Old Florida社を買収会社として取り扱うことによって，Ajax社の資産の評価を簿価から「公正価値」であると主張した価額へと増大させたのである。

　Old Florida社とAjax社の企業結合に関する適切な会計処理方法を決定するに当たっては，買収会社を正しく識別することは決定的に重要な要因であった。Old Florida社を買収会社とするというSmith会計士の不適切な取り扱いによって，Ajax社の資産は，1982年9月30日時点の「公正価値」であると主張された価額へと，およそ960万ドル評価増されたのである。仮に，当該結合取引について，Ajax社を買収会社とする適切な会計処理が行われていたならば，Old Florida社の資産は現金のみであったため，資産の評価増は行われなかったはずである。

　Smith会計士は，当該取引へのパーチェス法の適用に関してAPB No.16を調べたにもかかわらず，「パラグラフ70については真剣に考慮せずに読みとばしてしまった」と述べている。Smith会計士は，Corline氏がAjax社の資産の評価額を増大させるように取引を構築しようとしていることを知っていたがゆえに，この取引に関して上記のような会計処理が採用できると判断したものとわれわれは考えている。

C. Ajax 社の資産の評価増

Smith & Stephens 会計事務所は，Ajax 社資産の評価を増大させるために，いくつかの記帳を行った。機械設備は簿価の 736,616 ドルから 1982 年 9 月 30 日時点の「公正価値」と主張された価額の 7,864,777 ドルに，棚卸資産は簿価の 2,668,872 ドルから 4,567,564 ドルに評価増された。

Smith 会計士は，Ajax 社の機械設備の評価を「公正価値」と主張された価額にまで増大させる根拠として，1982 年 5 月に Corline 氏が入手した査定資料を用いていた。しかしながら，Smith 会計士は，監査調書に綴じ込む目的で査定書のコピーを入手したのみであり，その査定を詳細にレビューしたり，査定の仮定が合理的かどうかを検討したりすることはなかった。

Old Florida 社と Ajax 社の企業結合に不適切な会計処理方法が採用された結果，Old Florida 社の株主に提供され，また本委員会に提出された Corda 社の財務諸表における資産と株主持分は著しく過大に表示されることとなった。その財務諸表は，企業結合の承認を求めるために Old Florida 社の株主に送付された委任状説明書，1982 年 9 月 30 日に終了する事業年度の Corda 社のフォーム 10-K 報告書，1982 年 12 月 31 日および 1983 年 3 月 31 日に終了する四半期の Corda 社のフォーム 10-Q 報告書に含まれていた。Smith 会計士は，1983 年 3 月 31 日に終了する四半期にかかるものを除き，上記報告書に含まれる財務諸表の草案を作成した。

D. 不適切な減価償却費の計上

企業結合に対する不適切な会計処理によって引き起こされた過大表示は，Smith 会計士が機械設備の評価増後の価額を用いずに減価償却費を計上したために，さらに大きくなった。株主に送付された委任状説明書および Corda 社の 1982 年度のフォーム 10-K 報告書に含まれていた，Smith 会計士によって作成された見積損益計算書では，見積貸借対照表に記載されている評価増後の機械設備の価額ではなく，Ajax 社のもともとの簿価に基づいて減価償却費が計算されていた[4]。

Smith 会計士が，対応する資産の評価額に基づいて減価償却費を計上しなかったために，見積損益計算書で報告されている純利益は著しく過大に表示されることになった。Smith 会計士は，見積財務諸表を作成するに際して減価償却費の調整について何ら考慮せず，「基本的には，2つの財務表を単純にまとめただけである」と述べている。Smith 会計士は，企業結合におけるパーチェス法の会計処理を調べるに際して APB No.16 を検討していたにもかかわらず，見積情報に関する APB No.16 パラグラフ 96 に目を通したかどうかに関しては覚えていなかった。

E. 耐用年数の変更

　Old Florida 社との結合前には，Ajax 社は Smith 会計士の了承を得て機械設備を耐用年数7年で減価償却していた。当時 Smith 会計士は，Ajax 社の機械設備が中古で購入されたものであり，7年の耐用年数が内国歳入庁のガイドラインにしたがっているため，耐用年数を7年とすることが合理的であると結論づけていた。

　Corline 氏は，企業結合日である 1982 年 9 月 30 日後の会計期間において，Corda 社が財務諸表を作成する場合には，機械設備の減価償却費をもともとの簿価である 736,616 ドルではなく，評価増後の価額である 7,864,777 ドルに基づいて計算しなければならないであろうことに気づいていた。7年の耐用年数に基づいて減価償却を行っていれば，資産の評価増による減価償却費の追加計上のために，経営成績は著しく悪化したであろう。企業結合後の Corda 社の最初の会計期間は 1982 年 12 月 31 日に終了する四半期であった。

　1982 年 11 月，Corline 氏と Smith 会計士は，来たるべき四半期の経営成績に減価償却費が及ぼすマイナスの影響について議論した。そこで，Corline 氏は機械設備の耐用年数を 20 年に延長することを提案し，Smith 会計士はこれ

4　APB No.16 パラグラフ 96 では次のように述べられている。「見積情報を表示する際，法人税，支払利息，優先株式配当，およびのれんを含む資産の**減価償却・アモチゼーション**は，企業結合を記録する際に認識された会計的基礎に合致するように調整されなければならない」（強調追加）。

に同意した。Smith 会計士は，耐用年数を 20 年とすることの根拠あるいは合理性を見出すための手続を何ら実施しなかった。Smith 会計士が機械設備の耐用年数を恣意的に 20 年にすることに反対しなかったということは，特に同会計士が以前に，機械設備の耐用年数を 7 年とするのが合理的であり，またそれが内国歳入庁のガイドラインにしたがってもいると結論づけていた事実を考え合わせると，重大な過失であり不適切なことであったとわれわれは考える。さらに Smith 会計士は，自身の経験上，新規の機械設備の耐用年数は最長でも 10 年であり，中古購入の場合の耐用年数はもっと短いと証言していることから，当該耐用年数の変更が不適切であることに気づいていたはずである。

Smith 会計士は，Corda 社が 1982 年 12 月 31 日に終了する四半期にかかるフォーム 10-K 報告書に含めた財務諸表の草案を作成した。減価償却費の計算に不適切な方法を用いた結果，1982 年 12 月 31 日に終了する 3 ヶ月の純損失 121,000 ドルは著しく過小表示されていた。

F. 回収不能な関係会社債権に対する引当金の不計上

1982 年，Corline 氏は，Corda 社の 100％子会社である Ajax 社と，Corda 社に対して，同氏の支配下にある 2 つの会社，Riverside 社および Corda International Holdings 社（以下，Corda International 社）との取引を開始させた[5]。これらの取引によって，Ajax 社と Corda 社には，Riverside 社と Corda International 社からの多額の関係会社債権が記録されることとなった。Ajax 社と，Riverside 社および Corda International 社との取引には，とりわけ，Ajax 社が製造した製品の売上，事務所スペースおよび設備のリース，在庫品の販売，経営管理料の支払いがあった。1982 年 9 月 30 日付の Corda 社の財務諸表には，これらの取引の結果として，Riverside 社に対する 451,074 ドルの債権と Corda International 社に対する 150,007 ドルの債権が計上されていた。

Smith 会計士は，Riverside 社の財政状態が危険な状態にあることを知って

---

5 Riverside 社は，Corline 氏が持分を有する公開会社である。Corda International 社は，Corline 氏の支配下にある休眠状態の非公開会社である。

いた。Corline 氏は，Riverside 社の 1982 年 6 月 30 日に終了する事業年度の監査を Smith & Stephens 会計事務所に依頼していた。この監査は，Smith 会計士とそのスタッフによって行われた。この監査によって，Riverside 社の運転資本はマイナス 636,000 ドル，資本の欠損額が 374,000 ドル，当期純損失が 435,000 ドルであることが判明した。Riverside 社の財政状態は極めて悪い状態にあったため，Smith & Stephens 会計事務所は，Riverside 社のゴーイング・コンサーンとして存続する能力を疑問視する限定意見を表明した。

　Smith 会計士が Riverside 社に対する債権の回収可能性について疑義を呈したとき，同様に Riverside 社の悪化した財政状態について知っていた Corline 氏は，これらの債権は将来回収可能になると Smith 会計士に確信させることを意図した説明を行った。これに対して Smith 会計士は，Corline 氏の説明に付随する不確実性について適切に考慮することなく，当該説明を受け入れた[6]。このように Smith 会計士は，Corline 氏の説明に基づき，Riverside 社への債権に対して引当金を計上するように Corda 社に求めなかった。さらに，Smith 会計士は，Corda 社が当該債権の全額を流動資産として財務諸表に計上することを認めた。

　Corda 社の事業年度末に行われた Corda International 社との取引によって生じた Corda 社の債権額は 150,007 ドルであった。この取引は，Corda 社に対して 200,000 ドルの利益をもたらすように Corline 氏が考案したものであった。すでにその取引の外見からしても，Smith 会計士は，取引の実質とその結果生じた債権の回収可能性について疑問を持つべきであった。事業年度末に行われた取引とは，Ajax 社が価値ゼロの陳腐化した在庫品を Corda International 社に 200,000 ドルで「販売」するというものであった。前述したように，Corda International 社は，Corline 氏の支配下にある休眠状態の非公開会社であり，やはり Smith 会計士によって監査された 1982 年度の財務諸表には，営業が行われていないことを反映してマイナスの運転資本および資本欠損が計上されて

6　Corline 氏は，Smith 会計士に対して，Riverside 社はテネシー河流域開発公社から借り入れた資金でテネシー州に製造工場を建設する交渉をしており，Corda 社は，その操業から生じる利益によって，債権を回収できるであろうと説明した。しかしながら，これらの計画からは何も生じなかった。

いた。Corline 氏によれば，そして（Smith 会計士によって監査された）Corda International 社の1983年度の財務諸表に示されているように，同社は，それら陳腐化した在庫品を，物々交換会社に対して，950,000ドルの広告債権を対価として売却した[7]。

Smith 会計士は，Corda International 社との取引の実質あるいは妥当性について疑問視しなかったようである。事業年度末に取引が行われたこと，およびCorda International 社が Corline 氏の支配下にあったという事実を認識していたのであるから，Smith 会計士は，Corline 氏の説明を額面どおりに受け入れるのではなく，監査手続を拡張し，取引の実質に関する独立の確証を得るべきであった。さらに，Smith 会計士は，当該取引によって生じた債権の回収可能性について疑問を抱くべきであった。

Smith 会計士は，Corda 社に，上記の回収不能債権に対する引当金を計上させられなかっただけでなく，その財務諸表において，当該取引にかかわっている関係会社の性質を適切に開示させられなかった。Riverside 社と Corda International 社に対する債権については，1982年9月30日付の財務諸表に注記されていたものの，Corline 氏がこれらの会社を支配しているという事実は開示されていなかった。しかし，このような開示は GAAP によって要求されるものであった[8]。

上記の関係会社債権にかかる損失に対して引当金を計上しなかったことにより，本委員会に提出された1982年9月30日に終了する事業年度および1982年12月31日に終了する四半期の Corda 社の財務諸表において，利益は少なくとも600,000ドル，著しく過大表示された。

7　Corline 氏の説明に基づいて，Smith 会計士は，Corda International 社が「物々交換」取引について 327,500 ドルの収益と 350,000 ドルの繰延収益を計上することを認めた。しかし，この「広告債権」はその一部たりとも売却されたり，利用されたり，現金化されたりすることはなかった。

8　SFAS 第57号「関連当事者との取引」は，関連当事者との関係の性質を開示することを要求している。

G. Smith & Stephens 会計事務所による監査報告書の不撤回

 1983年6月，Smith 会計士は，Old Florida 社と Ajax 社の結合に関する Corda 社の会計処理方法が不適切であり，GAAP に準拠していないこと，およびその結果として，1982年9月30日に終了する事業年度の Corda 社の財務諸表に著しい影響が及ぶことを知ることとなった。1983年6月ごろ，Smith 会計士は，イギリスにおける将来の株式公募との関連で財務諸表の作成支援を得るために Corda 社および Corline 氏が契約した全国規模の会計事務所の代表者から，これらの事実について知らされた。これらの事実を知った Smith 会計士は，別の全国規模の会計事務所にも相談した。この会計事務所も，Corda 社が以前に発行した財務諸表はGAAPに準拠して作成されていないと認めた。

 この相談の結果，Smith 会計士は1983年6月，Corda 社に対して，自身は全国規模の会計事務所の表明した結論に賛成であり，Smith & Stephens 会計事務所はこれらの財務諸表の修正に必要なあらゆる手立てを講じる準備があると通知した。しかし，Smith & Stephens 会計事務所は，1982年9月30日に終了する事業年度の Corda 社の財務諸表に対する監査報告書を撤回するための行動を何らとらなかった。

 1983年9月，Corda 社は Smith & Stephens 会計事務所に対して，独立監査人として別の会計事務所と契約を結んだ旨を通告した。この時点において Smith 会計士は，修正財務諸表がまだ作成されておらず，当該状況についての開示もなされてないことをわかっていたにもかかわらず，Smith & Stephens 会計事務所の監査報告書を撤回することも，監査報告書がもはや Corda 社の財務諸表と関係づけられるべきはないと Corda 社に通知することも考えていなかった。

 Smith & Stephens 会計事務所が当該監査報告書を撤回していないことについて本委員会のスタッフが調査を行った後の1984年2月13日になって初めて，Smith & Stephens 会計事務所は，監査報告書がもはや Corda 社が以前に発行した財務諸表と関係づけられるべきはないと Corda 社に書面で通知した。したがって，7ヶ月以上の期間にわたり，適正な表示がなされておらずGAAPに準拠していない財務諸表に関して監査報告書が利用されることを知りなが

ら，Smith & Stephens 会計事務所は当該監査報告書を撤回するための行動を何らとらなかった。

Ⅲ．会計事務所の方針および手続の欠陥

　Smith & Stephens 会計事務所が抱える，会計事務所としての実務および手続に関する以下の欠陥が，ここに記述されている監査の失敗を誘発する原因となった。Smith & Stephens 会計事務所における，監査契約に関連した計画，監督，レビューの手続における欠陥にはとりわけ次のようなものがある。

（ⅰ）同会計事務所は，監査実務と関連して，内部統制評価手続やその手続への準拠についてレビューした結果を文書化することを要求するための方針を何ら持っていない。監査基準書第1号パラグラフ320.01 は次のように述べている。すなわち，「内部統制への依拠および監査手続を限定することになる試査範囲の決定のための基礎として，存在している内部統制に対する適切な調査と評価が行われなければならない。」Smith & Stephens 会計事務所は1982 年9月30日に終了する会計期間にかかる Corda 社の監査において，適切なレビューを実施しなかった。

（ⅱ）GAAS における監査実施第1基準は，監査を適切に計画することを要求している。監査計画書の作成は，適切な監督のもとで行われなければならない。必要な監査手続を合理的な詳細さで文書化した監査プログラムの作成は，監査計画プロセスにおける本質的な要素である。現場での監査作業の開始に先だって，監査プログラムをレビューすることもまた，監督・レビュー機能の本質的な一部である。Corda 社の監査において用いられた監査プログラムは「型どおり」のものであり，Corda 社固有の事情に合わせてカスタマイズする試みはなされなかった。さらに Smith 会計士は，その監査プログラムあるいは補助者の行った手続やテストを，現場での監査作業が完了するまでレビューしなかった。Smith 会計士は，Smith & Stephens 会計事務所では，現場での監査作業の開始に先だって監査計画あるいは監査プログラムをパートナーがレビューすることを求める方針は存在していなかったと証言した。Smith 会計士によれば，Smith & Stephens 会計事務所には，SEC 監

査契約のための特別なレビュー手続は何も存在していない。

Ⅳ. 結論と所見

上記に基づき，本委員会は以下の結論を下す。すなわち，Smith 会計士および Smith & Stephens 会計事務所は，Corda 社に対する監査を，認識ある過失により一般に認められた会計原則と一般に認められた監査基準を無視して行った。さらに，本委員会に提出された報告書にCorda 社が含めた見積財務諸表および四半期財務諸表の作成に際して，Smith 会計士は，認識ある過失により一般に認められた会計原則を無視した。監査報告書が誤りであり利用者を誤導するものであるとの結論を下したにもかかわらず，それを速やかに撤回しなかったという点で，Smith & Stephens 会計事務所は職業的専門家としての責任感を著しく欠いていた。加えて，監査契約に関する同会計事務所の方針と手続には，あらゆる観点からみて欠陥がある。

上記の行動の結果として，本委員会は以下のことを認定する。すなわち，(1) James J. Smith 会計士および Smith & Stephens 会計事務所は，証券取引委員会実務規則第2条第e項(1)(ii)の意味において，職業的専門家として非倫理的で不適切な行為に従事し，(2) James J. Smith 会計士および Smith & Stephens 会計事務所は，1934年証券取引所法第10条第b項および同法規則10b-5に違反し，証券取引委員会実務規則第2条第e項(1)(iii)の意味において，1934年証券取引所法第13条第a項および同法規則13a-1，13a-11，13a-13，12b-20の違反を幇助および教唆した。

Ⅴ. 和解申入書および命令

James J. Smith 会計士および Smith & Stephens 会計事務所は，本委員会に和解申入書を提出した。その中で両者は，ここに述べられた事実，所見，結論を一切認否せず，本審決および命令の発行に同意している。本委員会は，この和解申入書を受理することを決定した。

したがって，ここに以下のことを命令する。

(1) James J. Smith 会計士および Smith & Stephens 会計事務所は，本委員会に出頭し，本委員会所轄業務に従事することのできる権利を永久に拒否される。
(2) 本命令の発令日から2年経過した後，以下に述べたことを示すことを条件として，James J. Smith 会計および Smith & Stephens 会計事務所は，本委員会に出頭し，本委員会所轄業務に従事することを再開するための申請を行うことができる。

 (a) Smith & Stephens 会計事務所は，本委員会に提出する報告書に含まれる財務諸表の監査が一般に認められた監査基準に準拠して実施されることに対する合理的な保証が得られることを意図した，監査の品質管理に関する方針と手続を採用していること。

 (b) Smith & Stephens 会計事務所は，AICPA の SEC 監査実務部会に加入していること，および，再開申請前の1年間に，SEC 監査実務部会が採用しているガイドラインにしたがったピア・レビューを受け，無限定の報告書を得ていること。

 (c) James J. Smith 会計士は，再開申請前の2年間の各年において，一般に認められた監査基準および一般に認められた会計原則に関する，合計40時間以上の職業的専門家向けセミナーあるいは大学における科目（本委員会が認定外としたものを除く）に登録し受講していること。

 (d) James J. Smith 会計士および同会計士が何らかの形で関与している会計事務所が，（ⅰ）SEC 監査実務部会のメンバーであり，（ⅱ）James J. Smith 会計士が再開申請をする日において，SEC 監査実務部会が採用したガイドラインにしたがったピア・レビューを受け，無限定の報告書を得ていること。

(3) 本委員会が再開に関する申請を審査する際には，上記のパラグラフ2(a)から2(d)で述べられた事項に加えて，James J. Smith 会計士および Smith & Stephens 会計事務所が本委員会に出頭し，本委員会所轄業務に従事するにふさわしいか否かを見極めるのに必要なあらゆる事項を検討する。

証券取引委員会

Smith & Stephens 会計事務所の和解申入書

　被審理人 Smith & Stephens 会計事務所（以下，被審理人）は，ここに，証券取引委員会実務規則第8条［17 C.F.R. §201.8］にしたがい，実務規則第2条第e項のもとで証券取引委員会（以下，貴委員会）によって承認された被審理人に対する行政審判に関して，貴委員会の検討に付すため本和解申入書を提出します。

I

　被審理人は，聴聞およびあらゆる証拠の披瀝に先だって，本行政審判，および貴委員会もしくはその代理人によって行われる他の行政審判に対する和解を目的として本申入書を提出します。同時に被審理人は，以下に述べるように本申入書が貴委員会によって受理されない場合には行政審判の中でいかようにも利用されないとの明確な理解をもって提出しています。本申入書が貴委員会によって受理されなければ，被審理人に対する何らの偏見を伴うことなく本申入書は取り下げられ，本申入書の全部または一部が本行政審判あるいは他の行政審判において記録の一部を構成したり，言及されたりすることはないものとします。

II

　貴委員会の認めるように，審決・命令および本行政審判の主題に対する貴委員会の管轄権に関する事柄を除き，被審理人は，証券取引委員会実務規則第2条第e項に基づく行政審判開始命令および審決・命令（以下，命令）に含まれるいかなる事実，所見，結論も認否せず，命令が以下に記される形で登録されることに同意します。

A. 被審理人は，(1) 職業的専門家として不適切な行為に従事し，(2) 1934年証券取引所法第10条第h項および同法規則10b-5 に故意に違反し，また，1934年証券取引所法第13条第a項および同法規則13a-1，13a-11，13a-13，12b-20 の違反を故意に幇助および教唆したと認定し，結論づける。
B. 被審理人が，貴委員会に出頭し，貴委員会所轄業務に従事することのできる権利を永久に拒否する。ただし，本命令の発令日から2年経過した後，以

下に述べたことを示すことを条件として，被審理人は，貴委員会に出頭し，貴委員会所轄業務に従事することを再開するための申請を貴委員会に対して行うことができる。

1. 被審理人は，貴委員会に提出する報告書に含まれる財務諸表の監査が一般に認められた監査基準に準拠して実施されることに対する合理的な保証が得られることを意図した，監査の品質管理に関する方針と手続を採用していること。
2. 被審理人は，AICPA の SEC 監査実務部会に加入していること，および，再開申請前の1年間に，SEC 監査実務部会が採用しているガイドラインにしたがったピア・レビューを受け，無限定の報告書を得ていること。

被審理人が貴委員会に出頭し，貴委員会所轄業務に従事することを再開するための被審理人の申請を貴委員会が審査する際には，上記の事項に加えて，被審理人の人格，誠実性，職業的専門家としての行為，貴委員会に出頭し貴委員会所轄業務に従事するにふさわしいか否かを見極めるのに必要なあらゆる事項の検討が含まれます。

Ⅲ

　上記に基づき，また，本行政審判および貴委員会もしくはその代理人によって行われる他の行政審判の目的のために，被審理人は，ここに命令の送達を認め，以下の権利を放棄します。

A. 証券取引委員会実務規則にしたがった本行政審判の告知，本行政審判での聴聞，証拠調査
B. 事実認定および法律上の結論についての提案の提出
C. 証券取引委員会実務規則第16条第 b 項にしたがった行政法判事による最初の判決，およびそれに関する異議と弁論の申し立て
D. すべての事後聴聞手続
E. 裁判所での本命令の司法審査
F. 発行する審決・命令の作成に貴委員会スタッフのメンバーが参画することに対する異議申し立て

Ⅳ

　被審理人は，貴委員会あるいはそのメンバー，役員，従業員，代理人，代表者から，本申入書を提出するよう，あるいは権利放棄に同意し，ここで述べられていることを承諾するよう，いかなる提案，約束，脅迫，あるいは誘導もなされていないことを証言します。また，本申入書の提出は，被審理人の自発的な行為であることを証言します。

1984 年 7 月 30 日

謹んで提出する
Arthur D. Stephens ［署名］

James J. Smith 会計士の和解申入書

　被審理人 James J. Smith 会計士（以下，被審理人）は，ここに，証券取引委員会実務規則第 8 条 ［17 C.F.R. § 201.8］ にしたがい，実務規則第 2 条第 e 項のもとで証券取引委員会（以下，貴委員会）によって承認された被審理人に対する行政審判に関して，貴委員会の検討に付すため本和解申入書を提出します。

Ⅰ

　被審理人は，聴聞およびあらゆる証拠の披瀝に先だって，本行政審判，および本委員会もしくはその代理人によって行われる他の行政審判に対する和解を目的として本申入書を提出します。同時に被審理人は，以下に述べるように本申入書が貴委員会によって受理されない場合には行政審判の中でいかようにも利用されないとの明確な理解をもって提出しています。本申入書が貴委員会によって受理されなければ，被審理人に対する何らの偏見を伴うことなく本申入書は取り下げられ，本申入書の全部または一部が本行政審判あるいは他の行政審判において記録の一部を構成したり，言及されたりすることはないものとします。

Ⅱ

　貴委員会の認めるように，審決・命令および本行政審判の主題に対する貴委員会の管轄権に関する事柄を除き，被審理人は，証券取引委員会実務規則第 2

条第 e 項に基づく行政審判開始命令および審決・命令（以下，命令）に含まれるいかなる事実，所見，結論も認否せず，命令が以下に記される形で登録されることに同意します。

A. 被審理人は，(1) 職業的専門家として不適切な行為に従事し，(2) 1934年証券取引所法第 10 条第 b 項および同法規則 10b-5 に故意に違反し，また，1934 年証券取引所法第 13 条第 a 項および同法規則 13a-1, 13a-11, 13a-13, 12b-20 の違反を故意に幇助および教唆したと認定し，結論づける。

B. 被審理人が，貴委員会に出頭し，貴委員会所轄業務に従事することのできる権利を永久に拒否する。ただし，本命令の発令日から 2 年経過した後，被審理人は，貴委員会に出頭し，貴委員会所轄業務に従事することを再開するための申請を貴委員会に対して行うことができる。このような申請を行うに当たって，被審理人は以下のことを十分に示す必要がある。

1. 再開申請前の 2 年間の各年において，一般に認められた監査基準および一般に認められた会計原則に関する，合計 40 時間以上の職業的専門家向けセミナーあるいは大学における科目（貴委員会が認定外としたものを除く）に登録し受講していること。

2. 被審理人および被審理人が何らかの形で関与している会計事務所が，(a) SEC 監査実務部会のメンバーであり，(b) 被審理人が再開申請をする日において，SEC 監査実務部会が採用したガイドラインにしたがったピア・レビューを受け，無限定の報告書を得ていること。

　　被審理人が貴委員会に出頭し，貴委員会所轄業務に従事することを再開するための被審理人の申請を貴委員会が審査する際には，上記の事項に加えて，被審理人の人格，誠実性，職業的専門家としての行為，貴委員会に出頭し貴委員会所轄業務に従事するにふさわしいか否かを見極めるのに必要なあらゆる事項の検討が含まれます。

Ⅲ

　上記に基づき，また，本行政審判および貴委員会もしくはその代理人によって行われる他の行政審判の目的のために，被審理人は，ここに命令の送達を認め，以下の権利を放棄します。

A. 証券取引委員会実務規則にしたがった本行政審判の告知，本行政審判での聴聞，証拠調査
B. 事実認定および法律上の結論についての提案の提出
C. 証券取引委員会実務規則第16条第b項にしたがった行政法判事による最初の判決，およびそれに関する異議と弁論の申し立て
D. すべての事後聴聞手続
E. 裁判所での本命令の司法審査
F. 発行する審決・命令の作成に貴委員会スタッフのメンバーが参画することに対する異議申し立て

Ⅳ

　被審理人は，貴委員会あるいはそのメンバー，役員，従業員，代理人，代表者から，本申入書を提出するよう，あるいは権利放棄に同意し，ここで述べられていることを承諾するよう，いかなる提案，約束，脅迫，あるいは誘導もなされていないことを証言します。また，この申入書の提出は，被審理人の自発的な行為であることを証言します。

1984年7月30日

謹んで提出する

James J. Smith [署名]

会計監査執行通牒　第 45 号

Accounting and Auditing Enforcement Releases No.45

1984 年 11 月 27 日
証券取引所法通牒　第 21520 号
行政審判書類　第 3-6381 号

Coopers & Lybrand 会計事務所および M. Bruce Cohen 会計士の事案に関する審決および命令

被審理人となった監査人　Coopers & Lybrand 会計事務所および当該会計事務所に所属の M. Bruce Cohen 会計士

被監査会社　Digilog 社（電子機器製造業，NASD 登録会社）

対象期間・書類　1981 年および 1982 年の 9 月 30 日に終了する事業年度にかかる年次報告書

会計上の論点　連結の範囲，転換権付き手形，偶発損失，引当金

監査上の論点　実質優先（経済的実質と法的形式の批判的評価），財務諸表の最も意味のある表示

関連する会計基準・監査基準　レギュレーション S-X 規則 3A-02(a) および規則 4-08(g)(1)，会計原則審議会ステートメント第 4 号，会計研究公報第 51 号，SAS 第 6 号

解　説

1. 概　要

　Digilog 社は，同社製品の国内売上を拡大しつつ，それにかかる費用・損失が財務諸表に与える悪影響を避けるために DBS 社を設立した。Digilog 社は，DBS 社の発行済株式の過半数を所有していなかったが，これら2社の関係についての経済的な現実を正確に描写するためには，連結が必要であることを強く示唆する支配状況にあった。このような状況において，Coopers 会計事務所および Cohen 会計士は，DBS 社の財務諸表と連結されなかっただけでなく，持分法も適用されていない Digilog 社の財務諸表に対して，無限定意見を表明した。また。Digilog 社の財務諸表は，DBS 社に対する貸付金と債務保証に関する偶発損失について引当てを行わなかった。Digilog 社の財務諸表の表示を最も意味のあるものとするためには，法的形式よりも経済的実質を優先し，Digilog 社と DBS 社の財務諸表は連結されるべきであった。

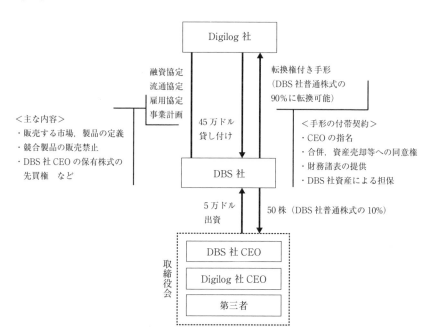

2. 会計上の論点

(1) 連結の範囲
- Digilog 社は，融資の見返りに DBS 社普通株式の 90 ％ に自由に転換可能な手形を受け取った。この権利は希薄化防止条項によって保護されており，合併，資産売却等への同意権や財務諸表の提供義務も規定されていた。
- Digilog 社財務諸表は DBS 社財務諸表と連結されなかった。もし連結が行われていれば，1981 年度には税引前利益が税引前損失に変わり，1982 年度には税引前利益の金額が減少していた。

(2) 偶発損失の引当て
- Digilog 社が DBS 社に供与または保証した融資にかかる偶発損失に対する引当ては行われなかった。
- DBS 社の財政状態は，Digilog 社財務諸表に開示されなかった。

3. 監査上の論点

(1) 連結の範囲
- DBS 社の設立に際して，DBS 社の経営成績を Digilog 社の財務諸表に連結する必要はないという監査人の見解が得られることが条件であった。
- 転換権付き手形は，連結を有利な時点にまで先送りするために実際の過半数所有を遅延させる方策として，あるいは実際の支配状況を偽装する手段として，用いられている可能性があった。

(2) 偶発損失
- Digilog 社と DBS 社の財務諸表を連結しないのであれば，DBS 社に対する貸付金と債務保証に関する偶発損失について引当金を計上すべきであった。

4. 本事案の実務的意義

連結の範囲をめぐる問題については，金融や会計の知識のある者が知恵をめぐらしてスキームを構築し，粉飾を支援する場合がある。形式的にはクリアし

ていていたとしても，全体として経済的な実態はどうなのかを常に考慮しなければならないことは現在も変わっていない。監査人が知恵比べで負けてはいけない。

この行政審判は，証券取引委員会実務規則第2条第e項に基づいて，以下に要約される主任会計官局によってなされた申し立てを記載した行政審判命令の登録により，本委員会によって開始された。本命令では，Coopers & Lybrand 会計事務所（以下，Coopers 会計事務所）および M. Bruce Cohen 公認会計士（以下，Cohen 会計士）を被審理人とする。被審理人は答弁書を提出した。被審理人は，この行政審判における本委員会の管轄権を認めるとともに，1934年証券取引所法第13条第a項（15 U.S.C. 78m(a)）にしたがって，Digilog, Inc. の1981年9月30日および1982年9月30日に終了する各事業年度の財務諸表に対して被審理人 Coopers 会計事務所が発行した無限定監査報告書を含んだ年次報告書が本委員会に提出されたことを認め，さらに，被審理人 Cohen 会計士は，両年度の監査において Coopers 会計事務所の契約パートナーであったことを認めた。

　被審理人は，この「審決および命令」が登録されることを認めた上で，もっぱら本行政審判および本委員会によって開始されるその他の行政審判のためだけに「同意および和解書」を提出した。「審決および命令」は，本行政審判を解決するために発行されたものであり，本委員会の法的権限[1]に基づく報告書ではなく，かつ，この「審決および命令」の第III部（a）および（b）における所見を除いて，連邦証拠規則の規則803(8)における意味での記録，報告書，陳述，データではないという理解のもとで，この「同意および和解書」は登録された。

I　行政審判命令の要約

　主任会計官局は次のとおり申し立てた。

A.　背　景

　Digilog, Inc.（以下，Digilog 社）は，Digi-Log Systems, Inc. という名称で，

---

[1]　たとえば，1934年証券取引所法第21条第a項（15 U.S.C. 78 (u)(a)）を参照されたい。

1969年にデラウェア州で設立登記された会社である。同社は，電子機器の開発，製造および販売に従事している。その主力製品は，マイクロコンピュータ，インテリジェント・データ端末装置，データ伝送検査装置およびプリント回路基板である。同社の役員オフィスと大多数の製造設備は，ペンシルバニア州モンゴメリービルに所在している。

遅くとも1981年1月以降，同社の普通株式は，証券取引所法第12条第g項（15 U.S.C. 78l(g)）に基づいて本委員会に登録されている。同社の普通株式は，ナスダックにおいて店頭で売買されている。本事案に関連する期間を通じて，同社は，前述の証券取引所法の規定に基づいて，年次報告書および四半期報告書を本委員会に提出することを要求されていた[2]。

B. 事業体間の関係

1980年度には，Digilog社のマイクロコンピュータ部門の収益のほとんどすべてが，ヨーロッパのシステム組立・販売業者1社から得られていた。この業者は，1981年度の仕入を同年度後半まで大幅に延期し，かつ削減する予定であった。この組立・販売業者との取引関係を開始するまで，マイクロコンピュータ市場におけるDigilog社の存在は取るに足らないものであった。同社のマイクロコンピュータは，アメリカの市場に効果的に浸透していなかった。遅くとも1980年10月1日から1981年3月31日まで継続して，同社はアメリカでのマイクロコンピュータ部門のマーケティング活動に力を注いだ。しかし，同社の国内マイクロコンピュータ市場への浸透度は低いままであった。

国内市場でのマイクロコンピュータ部門の売上を増加させようとの試みを同社が継続していれば，うまく機能する国内流通網を確立するための相当額の追加的支出が必要となったであろう。また，これらの活動は，一定期間にわたって重要な額の損失をもたらしたであろう。マイクロコンピュータ部門においてマーケティング活動を拡大することから生じる支出は，同社の報告利益に悪影

---

[2] Securities and Exchange Commission v. Diglog, Inc., et al.（民事訴訟第84-2029号（D.D.C. 1984年7月5日））を参照されたい。

響を及ぼすことになったであろう。そこで同社は，国内市場への浸透度を高めつつ，それにかかる損失が財務諸表に与える悪影響を避ける方法を模索した。

　Digilog 社は，国内流通網を有する会社の買収を含むさまざまな選択肢を考慮したが，それらを却下した。最終的に，同社は，マイクロコンピュータ・システムの組立とマーケティングの豊富な経験を有するある人物と連絡をとった。連絡を受けたその人物は当時，Commodore Business Machines 社のシステム部門の部長職を辞したところであった。その人物と Digilog 社は，マイクロコンピュータの国内売上を拡大するための同社のマーケティング活動について話し合った。一連の会合の中で，Coopers 会計事務所は，計画されている取引の会計処理について相談を受けた。その話し合いの結果，先に連絡をとった人物を最高経営責任者として Digilog Business Systems, Inc.（以下，DBS 社）が設立され，Digilog 社製マイクロコンピュータの独占的なマーケティング契約が交わされた。

　Digilog 社と DBS 社は，1981 年 3 月 25 日付で契約同意書（以下，同意書）を取り交わした。そこでは，Digilog 社製マイクロコンピュータを含むマイクロコンピュータ・システムを DBS 社が販売する事業協定に関する諸条件の概略が示されていた。この同意書には，Digilog 社が，DBS 社に対して，自社のマイクロコンピュータを全世界で販売する独占的な権利を与えること，および当初の運転資金を提供することが記載されていた。この取り決めは拘束力のあるものではなく，とりわけ DBS 社の経営成績を Digilog 社の財務諸表に連結する必要はないという Coopers 会計事務所の見解が得られることを条件としていた。その同意書は，Digilog 社と DBS 社によって作成されたものである。被審理人は，この同意書を示されはしなかったが，Digilog 社が当該取引を開始する前に，適切な会計処理に関する被審理人の判断を求めていたことには気づいていた。

　1981 年 4 月 30 日までに，Digilog 社，DBS 社，DBS 社の最高経営責任者のいずれかまたはそのうちの複数は，2 枚の転換権付き手形，融資協定，流通協定，事業計画および雇用協定を作成し，承認した。本行政審判命令は，両社のその後の活動によって強化されたこれらの諸協定が，契約その他によって，所有を通じた DBS 社に対する支配力を Digilog 社に実質的に与えたと申し立て

る。その例を挙げると，以下のとおりである。

a. 転換権付き手形に関しては，特に，DBS 社の当初の運転資金 500,000 ドルのうち 450,000 ドルを Digilog 社が提供すると規定されている。この 450,000 ドルの投資の見返りに，Digilog 社は，1986 年 3 月 31 日までの間，DBS 社普通株式の 90 % に自由に転換可能な手形を受け取った[3]。この権利はとりわけ希薄化防止条項によって保護されていた。当該手形ではまた，DBS 社が Digilog 社の現任の最高経営責任者または Digilog 社が納得するその他の者を同社の最高経営責任者として雇用すること，DBS 社は Digilog 社の同意なしに合併，資産の売却あるいは基本定款または付随定款の変更を行えないこと（合理的な理由なくこれを拒否することはできない），および，DBS 社は Digilog 社に対して月次および四半期の財務諸表ならびに監査済年次財務諸表を提供することが規定されていた。当該手形は，DBS 社の現在および将来の売掛金，設備資産および棚卸資産によって担保された。

b. 融資協定はとりわけ，Digilog 社が，1983 年 3 月 31 日までいつでも，総額で 1) 200 万ドル，2) DBS 社の事業計画に示された，融資申込み日の前月末時点での累積欠損，または 3) DBS 社の適格な売掛金の 160 %，のうち最も小さい金額を上限として DBS 社に融資することを規定していた。この融資契約のもとで，融資を受ける資格を維持するために，DBS 社は，同社の事業計画において予定した売上高累計額の少なくとも 80 % を達成すること，および累積営業費用を同事業計画において予定された金額の 120 % 以下に抑えることが要求された。さらに，DBS 社は，Digilog 社が納得する経営者を雇用することに同意した。これに加えて，当該協定では，DBS 社は，同社の事業計画を Digilog 社に提出することを求められた。この事業計画は，両社双方の合意によっていつでも改訂可能であった。当該協定は，Digilog 社に，DBS 社への直接融資に代わる他の融資方法を用意する権限を与えた。この融資協定は，作成されたものの利用されなかった。

---

3 デラウェア州の会社合併に関する法律は，「簡易」合併を実施するために親会社がいつでも子会社株式の 90 % 以上を所有することを認めている。「簡易」合併に関する規定は，親会社が少数株主持分を排除することを認めている。デラウェア州法第 253 条を参照されたい。

c. 融資協定において言及されている事業計画はとりわけ，DBS 社が営業活動を行う市場および製品を定義し，同社のマーケティング戦略および販売戦略を概説するとともに販売組織を説明し，販売担当取締役として雇用されるべき人物を指定し，販売特約店を列記し，概説されたサポート・サービス担当取締役として雇用されるべき人物を指定し，必要なスタッフ数とそのための支出額を計画し，Digilog 社製品の平均販売価格を詳述し，そして，当初 2 年間の予想営業損失を含めた今後 5 年間の経営成績の計画を示している。
d. 流通協定はとりわけ，DBS 社が特定の売上高目標を達成している限り少なくとも 5 年間は，同社が Digilog 社のマイクロコンピュータ新製品を全世界で独占的に販売することができると規定していた。DBS 社は，その事業をマイクロコンピュータの分野に限定し，Digilog 社の製品と直接競合する製品は一切販売しないことに同意した。
e. 雇用協定は，DBS 社と Digilog 社が承認した最高経営責任者との間で交わされた。その雇用協定では，当該最高経営責任者の雇用が何らかの理由で終了した場合，DBS 社は，当該最高経営責任者が所有している同社の株式をその時点の評価額で購入するオプションを有すると規定されていた。同社はまた，当該最高経営責任者が売却を希望する同社株式に対する第一先買権を有していた。雇用終了に関する規定および雇用契約におけるオプションは，「転換権付き手形」とともに，Digilog 社が DBS 社の全普通株式を取得することを可能にした。

DBS 社の当初の運転資金は 500,000 ドルであった。同社の最高経営責任者は，授権株式数のうち 50 株を 50,000 ドルで購入した。Digilog 社は，前述の転換権付き手形で 450,000 ドルを融資した。これについて，Digilog 社は，DBS 社の発行済株式の 90 % を取得する権利を有していた。DBS 社の取締役会は，DBS 社の最高経営責任者，Digilog 社の最高経営責任者および第三の人物の 3 名で構成されていた。

1981 年 6 月 23 日に，Digilog 社は，取引銀行である Industrial Valley Bank を通じて DBS 社に 150 万ドルの融資限度枠を設定した。この融資限度枠により，DBS 社は前述の契約上の取り決めを実行することが可能となった。この融資限度枠とその後の限度枠の引き上げは，DBS 社の主要な資金調達源となっ

た。1982年5月，Digilog 社は，この融資限度枠を 250 万ドルに引き上げることに同意した。ただし，DBS 社は，いかなる場合も Digilog 社の明示的な承認なしに，この融資限度枠から 200 万ドルを超える資金を得ることはできなかった。

C. Coopers 会計事務所による取引契約のレビュー

被審理人は，Digilog 社と DBS 社の最高経営責任者に会い，会計文献を調査し，提案された取引について議論し，（難しい監査・会計上の問題をしばしば解決する Coopers 会計事務所のフィラデルフィアオフィスに設けられた委員会である）技術委員会のメンバーを含め，当該監査契約に関与していなかったパートナーに意見を求め，そして，当該取引契約が完了する前と後に，両社の財務諸表を連結する必要はないと結論づけて，その旨を Digilog 社と DBS 社に口頭で通知した。Cohen 会計士は，意見を求めた Coopers 会計事務所の各パートナーと，少なくとも，転換権付き手形のために Digilog 社が DBS 社の経営成績を Digilog 社の経営成績と連結することが必要となるかという問題について討議した。意見を求められた Coopers 会計事務所の各パートナーは，連結は必要ないとの見解を示した。これらのパートナーは誰一人として，Digilog 社の 1981 年度および 1982 年度の財務諸表において最終的に採用されたものと異なる会計処理を要求しなかったし，追加的な開示も要求しなかった。被審理人もまた，持分法適用の必要性を検討したが，持分法は不適切であると結論づけた。

Digilog 社と DBS 社との取引によって生じた会計上の問題について判断を下すために，当該取引契約の完了前あるいは Digilog 社の 1981 年度および 1982 年度の財務諸表に対する Coopers 会計事務所の無限定監査報告書の発行前に技術委員会が召集されることはなかった。Coopers 会計事務所の本部は意見を求められなかった。

D. DBS 社の財政状態

予測どおり，DBS 社は，1981 年 4 月の営業開始と同時に，資金を失い始めた。たとえば，1981 年 12 月 31 日に終了する事業年度には，同社の累積欠損は770,000 ドルを超えていた。その欠損は，1982 年 12 月 31 日までに，2,278,000ドルを超えるところまで増加した。

DBS 社は，欠損の増大に応じて，Industrial Valley Bank から融資を引き出した。Digilog 社の事業年度末である 1981 年 9 月 30 日までに，直接の現金融資，転換権付き手形，営業債務および Digilog 社の保証のもとで供与された銀行融資の形で，DBS 社に供与または保証された融資総額は，120 万ドルを上回っていた。1982 年 9 月 30 日までに，その金額は 340 万ドルを超えるところにまで増加した。

Coopers 会計事務所は，1981 年 12 月 31 日および 1982 年 12 月 31 日に終了する事業年度の DBS 社財務諸表を監査し，無限定意見を表明した。1982 年度の監査において，Coopers 会計事務所は，Digilog 社が今後もマイクロコンピュータ事業を継続し，DBS 社を財政的に支援し続けるということについての確認書を要請し，これを入手した。両年度の契約パートナーは，被審理人Cohen 会計士であった。

E. Coopers 会計事務所による監査を受けた財務諸表

Coopers 会計事務所が無限定監査報告書を発行した 1981 年 9 月 30 日および1982 年 9 月 30 日にそれぞれ終了する事業年度の Digilog 社の財務諸表では，DBS 社の転換権付き手形が資産として計上されていた。当該財務諸表に対する 3 つの注記では，Digilog 社が保有する DBS 社に対する手形 450,000 ドルは1986 年 3 月 31 日までの間，1 株当たり 1,000 ドルで DBS 社株式の 90 % に転換可能であること，DBS 社は Digilog 社との間で独占的なマーケティング契約を締結していること，Digilog 社に対する DBS 社のその他の手形は，Digilog社が DBS 社にある設備を販売したことから生じたものであること，DBS 社は指定された価格で Digilog 社からスペースを賃借していること，DBS 社に対す

る売上高および売掛金の金額，ならびに指定された融資限度枠内で DBS 社が引き出した金額を Digilog 社が保証していること，が記載されていた。Digilog 社の財務諸表は，いずれの年度においても DBS 社の財務諸表と連結されなかった。当該財務諸表では，いずれの年度においても，DBS 社の手形および保証に関する偶発損失に対する引当ては行われておらず，また，DBS 社の財政状態は開示されていなかった。当該財務諸表は，本委員会に提出された報告書に含まれていた。

　被審理人は，Digilog 社の 1981 年度および 1982 年度の財務諸表の監査において，Digilog 社と DBS 社の間のすべての契約に関する情報に加え，両者の関係に関するその他の情報を入手することができた。各年度の Digilog 社の監査調書に含まれている，Cohen 会計士による覚書では，連結が必要かどうか，持分法を適用すべきかどうかが検討され，貸付金の回収可能性を毎年レビューしなければならない旨が記載され，また SAS 第 6 号に言及されているような開示の必要性について検討されていた。この覚書は，当該監査の過程において，Coopers 会計事務所のパートナーおよび監査補助者によってレビューされていた。Coopers 会計事務所は，Digilog 社に対して，連結も持分法の適用も必要ないという以前の助言を繰り返した。

　Coopers 会計事務所は，Digilog 社の 1982 年度財務諸表の監査および DBS 社の 1982 年度財務諸表の監査において，Digilog 社が有する DBS 社に対する売掛金の回収可能性と，DBS 社の継続企業としての存続能力を検討した。1982 年度の DBS 社の監査において，Coopers 会計事務所は，1 つには，Digilog 社が今後もマイクロコンピュータ事業を継続するとともに，DBS 社に対する財政的支援を継続する旨の Digilog 社からの確認書を根拠として，DBS 社の財務諸表に対する監査意見を限定しなかった。

　最後に，Coopers 会計事務所は，Digilog 社の注記における開示を検討したが，Digilog 社が DBS 社の財政状態あるいは経営成績に関して何らかの追加情報を開示することは提案しなかった。

　1981 年 9 月 30 日および 1982 年 9 月 30 日に終了する事業年度において，Digilog 社は，それぞれ 10,591 ドルおよび 2,382,441 ドルの税引前利益を報告した。Digilog 社の取締役が入手した内部利用目的の財務諸表では，Digilog 社お

よび DBS 社の営業活動が連結ベースで表示されていた。この財務諸表によれば，連結が行われていれば，Digilog 社は 1981 年 9 月 30 日に終了する事業年度には連結ベースで約 449,000 ドルの税引前損失を計上することになり，1982 年 9 月 30 日に終了する事業年度の税引前連結利益は約 1,183,000 ドルとなったであろうことが示されていた。当該財務諸表は本委員会に提出されず，Digilog 社の一般株主はこれを入手できなかった。

II 審　決

　本委員会は，前述した申し立てを前提として，次のように考える。
　財務会計においては，実質が形式よりも優先されるべきことは自明である。会計原則審議会ステートメント第 4 号では，これに関係して次のように規定されている。

　「財務会計は，ある事象の法的形式がその経済的実質と異なり，異なる会計処理が求められる場合には，当該事象の経済的実質を重視する。
　通常，会計処理が行われる事象の経済的実質はその法的形式と合致している。しかしながら，時として，実質と形式が異なることがある。会計担当者は，提供される情報が経済活動をよりよく反映するように，事象の形式よりも実質を重視する。」

　この基本的勧告を考慮しなければ，不適切な会計原則の選択や不十分な開示につながる。
　監査人は，取引または関係の経済的実質と法的形式とを分離しなければならないが，これには事実に関する難しい評価と判断がしばしば必要となる。形式と実質を批判的に評価する監査人の任務は　財務会計において最も重要なものである。契約その他による支配に関するような問題に実質優先概念を適用するには，監査人は，当該取引の実質・目的および適用される会計原則を理解しなければならない。監査人は，財務諸表における表示が取引の実質を読者にとって意味のある形で反映していることを確かめるために，当該取引を吟味しなけ

ればならない。たとえば、ある取引が経営成績をより良く見せることを意図したものである場合、この評価と判断は特に重要である。

　本事案および類似した状況で考慮すべき第1の問題は、連結が必要かどうかである。「連結財務諸表の目的は、主として親会社の株主および債権者のために、実質的にその企業集団が単一の企業であると仮定して、親会社および子会社の経営成績および財政状態を表示することである」(会計研究公報第51号パラグラフ1)。連結財務諸表は個別財務諸表よりも意味があり、また、企業集団のある1つの事業体が直接または間接に他の事業体の財務的な支配持分を有している場合、連結財務諸表は通常必要であると推定される (同上)。

　議決権の過半数所有は通常、会計研究公報第51号のいう「財務的な支配持分」の証拠となる。したがって、「ある会社が直接または間接に他の会社の発行済議決権付株式の50%超を所有していること」は「連結を指示する条件」と考えられなければならない (会計研究公報第51号パラグラフ2)。

　過半数を所有している場合に連結を指示する一般的な規則は、レギュレーション S-X の規則 3A-02(a) (17 C.F.R. 201.3A-02(a)) に示されている。そこでは「登録会社は次の場合には連結してはならない。(1) 過半数を所有していない子会社……」と規定している。規則 3A-02(a) は、過半数を所有していない場合のように連結に必要な支配関係がないにもかかわらず、会社が他の事業体の経営成績を連結することによって、報告する経営成績を人為的によくする目的で連結を利用することを防止するための、不正操作禁止規定として設けられたものである。

　しかしながら、実際に過半数を所有していなくとも、2つの事業体の関係についての経済的な現実を正確に描写するためには連結が必要であることを強く示唆する支配状況が生じる。連結方針の決定において、「(連結の) 目的は、その状況において財務諸表の表示を最も意味のあるものとすることでなければならない」(会計研究広報第51号パラグラフ3)。会計原則の適用において、実質は形式に優先されるべきである (会計原則審議会ステートメント第4号)。この最優先の目的を考慮すれば、ある事業体が契約その他による支配を通じて過半数所有と実質的に同じ効果をあげている場合、形式的に過半数を所有していなくても連結が要求される可能性がある。たとえば、In re Laventhol & Horwath, [1977] Fed.

Sec. L. Rep., CCH, ¶ 72,429（1977年9月21日）; In re Atlantic Research Corporation, [1963] Fed. Sec. L. Rep. CCH, ¶ 76,940（1963年12月6日）を参照されたい。

　過半数の議決権所有に自由に転換できる貸付債権のような，その形式はある会計処理を示唆するがその実質は別の会計処理を示唆する証券は，連結することが適切であるかどうかの分析に際して，監査人側の特別の注意を必要とする。他の要因と併せて考慮すると実際の過半数所有と同じ権利をすべて自由に享受できるということは，実際の過半数所有と機能的に区別できない状況をもたらすであろう。さらに，転換権付き債権が主として連結を有利な時点にまで先送りするために実際の過半数所有を遅延させる方策として用いられている可能性，あるいは実際の支配状況を偽装する手段として用いられている可能性を，慎重に考慮しなければならない。

　上記の分析から連結は必要ないという結論が導き出された場合であっても，最も意味のある表示とするために検討しなければならない原則が他にもある。その1つは，偶発損失に対する引当金計上の必要性である。FASB基準書第5号は，次の2つの条件がともに満たされた場合，偶発損失の見積損失額を費用計上することを要求している。

(a) 財務諸表の公表前に入手した情報によって，財務諸表日において資産が減損し，または負債が発生している可能性が高いことが示されていること。
(b) その損失額を合理的に見積ることができること。

　これらの各条件が満たされなかった場合であっても，資産が減損した合理的な可能性があるならば，偶発損失についての開示がなされなければならない（FASB基準書第5号脚注6）。このような開示が財政状態と経営成績に関する情報を含まなければならない状況もある。レギュレーションS-X規則4-08(g)(1)（17 C.F.R. 201.4-08(g)(1)）を参照されたい。

　本事案または類似した状況においては，財務諸表の表示をその利用者にとって意味のあるものとするために，上記の諸原則の適用が必要である。この取引の法的形式を見抜き，その経済的実質を慎重に考慮すれば，財務諸表を連結することが一般に認められた会計原則にしたがって最も意味のある表示を財務諸表利用者に提供するものであるということがわかる。

Ⅲ 命令

前述した内容に基づいて，本委員会は次のとおり認定する。

a. 1981年9月30日および1982年9月30日に終了する各事業年度のDigilog社の財務諸表は，DBS社の財務諸表と連結されなかっただけでなく，DBS社の経営成績を説明しなかった。

b. 1981年9月30日および1982年9月30日に終了する各事業年度のDigilog社の財務諸表は，DBS社に対する貸付金と債務保証に関する偶発損失について引当てを行わなかった。

もっぱら行政審判命令に記載された申し立てとここでの審決に基づいて，1981年9月30日および1982年9月30日に終了する事業年度のDigilog社の財務諸表の表示を最も意味のあるものとするためには，それはDBS社の財務諸表と連結されるべきであったというのが本委員会の見解である。

本委員会は，被審理人が遵守することになっている「同意および和解書」を受理することが適当であり，公益に資するものであると考える。「同意および和解書」は，それに参照することでここに組み込まれている。

本行政審判の結審を命令する。

証券取引委員会

Shirley E. Hollis
書記官代理

会計監査執行通牒　第 53 号

Accounting and Auditing Enforcement Releases No.53

1985 年 4 月 15 日
行政審判書類　第 3-6196 号

Russell G. Davy 会計士（569 Geary Street, San Francisco, California）の事案に関する本委員会の審決
証券取引委員会実務規則第 2 条第 e 項に基づく行政審判
救済的処分の根拠
詐欺行為
職業的専門家として不適切な行為

| 被審理人となった監査人 | Russell G. Davy 会計士 |

| 被監査会社 | SNG & Oil Energy 社（事実上の休眠会社）|

| 対象期間・書類 | 1979 年 12 月に証券取引委員会に提出された有価証券届出書に含まれている 1977 年，1978 年および 1979 年の 8 月 31 日に終了する各事業年度の財務諸表 |

| 会計上の論点 | 資産の架空計上，営業取引の仮装 |

| 監査上の論点 | 独立性，連邦証券諸法の詐欺行為禁止条項違反 |

解　説

1. 概　要

　Davy 会計士は，SNG 社の財務諸表に対する監査証明において，所有していない土地と鉱物採掘権を資産として計上し，有価証券取引に関連する金額を棚卸資産取引として処理し，さらには，営業活動を行っていないにもかかわらず売上高と売上原価を計上している財務諸表に対して，無限定監査報告書を発行した。同会計士は，職業的専門家として不適切な行為に従事し，同社によって

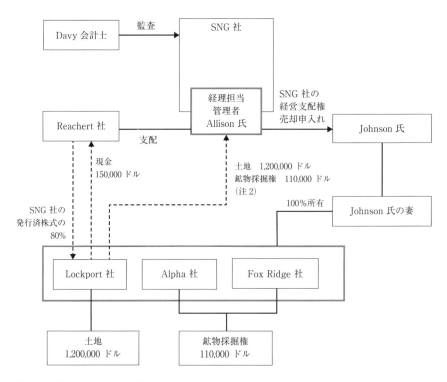

（注1）点線で示した契約は発効しなかった。
（注2）Lockport 社から SNG 社に譲渡される土地 1,200,000 ドルおよび鉱物採掘権 110,000 ドルは，SNG 社への現物出資 985,000 ドル，土地抵当借入 175,000 ドルの SNG 社による引受け，SNG 社による Lockport 社への現金 150,000 ドルの支払いが予定されていた。

行われた一般投資家に対する詐欺行為に故意に関与したと結論された。

2. 会計上の論点

(1) 資産の架空計上
  - 貸借対照表には，SNG社が実際には所有していない土地と鉱物採掘権が計上され，株主持分変動表には拠出されていない985,000ドルの資本が計上されていた。
(2) 営業取引の仮装
  - SNG社は，事実上，事業活動を行っておらず，営業収益はなかったが，損益計算書には，1,010,789ドルの「売上高」と978,264ドルの「売上原価」が計上されていた。これらの金額は銀行引受手形にかかる取引を反映したものであった。

3. 監査上の論点

(1) SNG社が土地と鉱物採掘権を所有していることを示す仕訳記録を，何らの検証もせずに信頼した。
(2) 土地と鉱物採掘権の譲渡契約書には署名がなく未完成であり，かつ当該契約は締結期限日を過ぎて無効であることに気づいていた。
(3) SNG社が営業活動を行っていないこと，およびSNG社が単に余裕資金を銀行引受手形に投資していただけであったということを知っていた。
(4) このような状況で，Davy会計士は明らかに，無限定監査報告書を発行する基礎を有していなかった。

4. 本事案の実務的意義

公認会計士が実質的に加担している許されない事例である。論外であり，このような事例については，厳罰処分の実例を示すことが何よりも重要である。

公認会計士が，会社が所有していない資産および会社が行っていない売上を報告した財務諸表に対する監査証明に関連して詐欺行為および職業的専門家として不適切な行為に従事し，かつ当該財務諸表が本委員会に提出される有価証券届出書に含まれた場合，当該会計士は，本委員会に出頭し，あるいは本委員会所轄業務に従事することのできる権利を拒否される。

出席者：
Stuart D. Perlman 氏（Russell G. Davy 会計士の代理人）
Linda D. Feinberg 氏，Thomas O. Gorman 氏および James G. Mann 氏（主任会計官局の代理人）

I

公認会計士である Russell G. Davy（以下，Davy 会計士）は，行政法判事の判決に対して上訴している。当該判事は，本委員会に提出された有価証券届出書に含まれている SNG & Oil Energy Company（以下，SNG 社）の財務諸表に対する Davy 会計士の監査証明に関連して，Davy 会計士が連邦証券諸法の詐欺行為禁止条項に違反し，職業的専門家として不適切な行為に従事したと認定した。当該判事は，Davy 会計士が本委員会に出頭し，あるいは本委員会所轄業務に従事することのできる権利を拒否されるべきであると結論づけた[1]。本委員会の所見は，Davy 会計士が再検討を請求していない事実の認定を除いて，本委員会が独自に実施した記録に対する調査に基づいている。

---

[1] 証券取引委員会実務規則第2条第e項は，関連する部分において，以下のように規定している。
「本委員会は，……職業的専門家として……不適切な行為に従事していた，あるいは……連邦証券諸法……または同法に基づく規則および規制に故意に違反していた……と本委員会が認定した者に対して，本委員会に出頭し，あるいは本委員会所轄業務に従事することのできる権利を一時的に，または永久に拒否することができる。」

II

　SNG社の経理担当管理者であるIan T. Allison（以下，Allison氏）の依頼により，Davy会計士は，1977年，1978年および1979年の8月31日に終了する各事業年度のSNG社の財務諸表を監査した。1979年10月26日に，Davy会計士は，SNG社のこれらの財務諸表に対して，一般に認められた監査基準に準拠して当該財務諸表を監査した旨および当該財務諸表が一般に認められた会計原則に準拠してSNG社の財政状態および経営成績を適正に表示している旨を記載した無限定監査報告書を発行した。Davy会計士の監査報告書およびその対象である財務諸表は，証券取引所法第12条第g項に基づいてSNG社の普通株式を登録するために1979年12月に本委員会に提出されたフォーム10での有価証券届出書に含まれた。

　1976年に設立されたSNG社は，事実上，事業活動を行っておらず，営業収益はなかった。1978年度末時点で，同社の総資産はわずか135,204ドルであった。1979年8月後半に，Allison氏は，弁護士であるRichard Johnson（以下，Johnson氏）にSNG社の経営支配権の売却を申し入れた。当時，SNG社の支配権は，Donald P. Reachert & Associates（以下，Reachert社）が有していた。

　売買契約の一部として，Johnson氏は，Lockport Meadows, Inc.（以下，Lockport社）が所有する「メドウズ」として知られている一区画の土地およびAlpha Svenska, Ltd.（以下，Alpha社）とFox Ridge Estates, Ltd.（以下，Fox Ridge社）が所有する別の物件における鉱物採掘権をSNG社に対して投資することを申し入れた。Johnson氏の妻は，Lockport社，Alpha社，Fox Ridge社の3社の唯一の株主であった。1979年10月24日に，Johnson氏はAllison氏に，Lockport社によって作成された2つの契約書を送付した。1つは，Lockport社とSNG社との間の契約（「譲渡契約」）であり，明記された価値がそれぞれ1,200,000ドルおよび110,000ドルの土地メドウズおよび鉱物採掘権をSNG社に譲渡することから生じるSNG社への985,000ドルの資本拠出，土地メドウズについての175,000ドルの抵当借入のSNG社による引受け，ならびにSNG社によるLockport社への現金150,000ドルの支払いを規定していた。もう1つは，Lockport社とReachert社との契約であり，SNG社の発行

済株式の 80% の対価として，Lockport 社が Reachert 社に 150,000 ドルを支払うことを規定していた。いずれの契約も，1979 年 8 月の指定された日までに締結されなければ無効となると規定されていたが[2]，契約書が完成したのは 11 月になってのことであった。しかし，これらの契約はまったく実行されなかった。本委員会が本事案の調査を開始した後の 1980 年 4 月になって，大幅に変更された契約が発効したようである。

Ⅲ

1979 年 9 月初めに，Allison 氏は，Davy 会計士に 1979 年度の SNG 社の監査を依頼した[3]。Allison 氏は，未完成の譲渡契約書の写しおよび土地メドウズの所有権も鉱物採掘権の所有権も計上していない SNG 社の財務諸表を Davy 会計士に提出した。その数週後に，同氏は，8 月 31 日時点で SNG 社が土地メドウズと鉱物採掘権を所有していることを示す新たな財務諸表と仕訳記録を Davy 会計士に提出した。Davy 会計士は，Allison 氏から提供された譲渡契約書の写しには署名がないことに気づいていた。実際，同会計士は当該契約書の上部にその状況を書き留めていた。同会計士はまた，当該契約は 8 月 24 日までに締結されなければ無効になると規定されていることにも気づいていた。しかし，同会計士は，監査報告書の発行に先立って，この土地と鉱物採掘権が実際に SNG 社へ譲渡されたかどうかを独自に確かめようとはしなかった。それにもかかわらず，10 月 26 日に発行された監査報告書では，8 月 31 日現在，SNG 社がこの土地と鉱物採掘権を所有していることを示した財務諸表の監査証明を行った。

Davy 会計士は，監査報告書を発行した後に，自分が証明した財務諸表が虚偽の情報を含んでいるという事実について注意を喚起するさまざまな書類を入手した。10 月後半に，Allison 氏は Davy 会計士に土地メドウズの鑑定書を送

---

[2] 1 つ目の契約の締結期限は 8 月 24 日，2 つ目の契約の締結期限は 8 月 31 日であった。
[3] Allison 氏の依頼により，Davy 会計士は SNG 社の 1977 年度および 1978 年度の財務諸表の監査を以前に実施していた。同会計士は，この両年度の財務諸表に対する無限定監査報告書を 1978 年 12 月 11 日付で発行していた。

付した。その中の「重大な事実の概要」には，鑑定が10月24日に行われたこと，およびLockport社がこの土地の所有者であることが記載されていた。さらに11月に，Marine Midland Bankは，Davy会計士に対して，10月31日現在，Lockport社が依然として土地メドウズを担保として175,000ドルを借り入れていることを認めた。そこでは，Marine Midland Bankは，この土地の売却代金から，あるいはその後にJohnson氏が行う他の取り決めを通じて，全額が返済されると期待していると述べられていた。Davy会計士はまた，この鉱物採掘権を鑑定した11月7日付Alpha社宛の書簡の写しも入手した。

Davy会計士の監査報告書における記述に反して，SNG社の財務諸表は，同社の財政状態と経営成績を一般に認められた会計原則に準拠して表示していなかった。SNG社の1979年8月31日付の貸借対照表によると，同社は1,200,000ドルの土地と110,000ドルのガス・石油・鉱物採掘権を所有していた。また，同社の同日付の株主持分変動表には，985,000ドルの資本拠出が計上されていた。さらに，この土地と鉱物採掘権に言及している財務諸表注記では，あたかもSNG社がそれらをすでに所有しているかのように説明されていた。SNG社は，1979年8月31日現在，実際にはこの土地と鉱物採掘権を所有していなかったので，同社の財務諸表にそれらを計上することは明らかに不適切であった。実際，Davy会計士もそれらは計上されるべきではなかったと認めた。したがって，8月31日までにSNG社への985,000ドルの資本拠出はなかった。そして，一般に認められた会計原則にしたがえば，SNG社の資産合計1,435,805ドルおよび株主資本合計1,108,647ドルは，それぞれ125,805ドルおよび123,647ドルでなければならなかった。

SNG社の資金運用表には，1978年度における棚卸資産の仕入103,675ドルが計上されていた。これは，SNG社が販売用商品を保有していたという印象を与えるものであった。実際には，この103,675ドルという金額は，有価証券取引に関連するものであった。さらに，1979年度の損益計算書には，1,010,789ドルの「売上高」と978,264ドルの「売上原価」を計上していた。しかし，これらの金額は銀行引受手形にかかる取引を反映したものであった。実際には，SNG社は営業活動を行っていなかった。一般に認められた会計原則は，有価証券取引を通常の財の仕入および販売として報告することを禁じている。

さらに，監査報告書における記述に反して，Davy 会計士は一般に認められた監査基準に準拠して監査を実施しなかった。上述のように，Allison 氏は，SNG 社が土地メドウズと鉱物採掘権を所有していることを示す仕訳記録をDavy 会計士に提出した。Davy 会計士は，Allison 氏が SNG 社の経理担当管理者であったので，それらの仕訳記録を信用して受け入れたと主張している。しかし，同会計士は，何らの検証もせずに Allison 氏が提出した仕訳記録を信頼してはならなかった。譲渡契約書には，8 月 24 日までに契約が締結されなければ無効となると定められており，かつ，Lockport 社は契約締結時に不動産譲渡証書，売買証書および契約書式を引き渡すことが規定されていた。しかし，Davy 会計士はこれらの書類を入手しようとしなかった。同会計士は，当該契約が締結されたという確証的証拠を有しておらず，したがって無限定監査報告書を発行するための基礎を有していなかった。さらに，同会計士は，契約が 8 月 31 日時点では未だ締結されていなかったことを示す明らかな情報を有していた。同会計士は，9 月に受け取った譲渡契約書には署名がないことを知っていた。加えて，Allison 氏は，9 月に，SNG 社への土地の譲渡が新たな過半数株主によって「完了されつつある」ことを同会計士に伝えた。

前述のように，Davy 会計士は，「売上高」1,010,789 ドルと「売上原価」978,264 ドルを報告している 1979 年度の SNG 社の損益計算書の監査証明を行った。しかし，同会計士は，SNG 社が営業活動を行っていないこと，およびSNG 社が単に余裕資金を銀行引受手形に投資していただけであったということを知っていたと認めている。実際，同会計士は，これら諸項目の会計処理方法の適切性に関して Allison 氏に質問したことを認めた。しかし，同会計士は，その会計処理が前年度の財務諸表における当該項目の会計処理と首尾一貫していたために，そして，彼が主張するところによれば，同社の財務諸表を利用するのはほんの「数人だけ」であると信じたために，Allison 氏に同意した。

監査人は，その根拠となる十分かつ適格な証拠資料を入手しない限り，無限定監査報告書を発行してはならない。この状況で，Davy 会計士は明らかに，無限定監査報告書を発行する基礎を有していなかった。同会計士は，監査報告書の発行前にすでに，SNG 社の財務諸表が著しく誤っていることを示す情報を得ていた。そして，監査報告書の発行後には，SNG 社が 8 月 31 日に土地メ

ドウズあるいは鉱物採掘権を所有していないことをはっきりと示す追加的情報を入手していた。しかし，同会計士は，何らの是正措置もとらなかった[4]。

以上のことから，本委員会は，Davy 会計士が職業的専門家として不適切な行為に従事したことは明らかであると考える[5]。

Ⅳ

本委員会はまた，Davy 会計士が連邦証券諸法の詐欺行為禁止条項に違反したと認定している。SNG 社がその資産の大部分を占める土地および鉱物採掘権を所有していることを証明する合理的な基礎を，同会計士は明らかに有していなかった。また，同会計士は，SNG 社が営業活動を行っていないことを知っていながら，多額の売上高を計上している SNG 社の損益計算書の監査証明を行ってはならなかった。また，同会計士は，SNG 社の財務諸表が著しく誤った情報を含んでいることに注意を喚起したに違いない情報を監査前にも監査後にも入手していたが，これをまったく無視した。

Davy 会計士は，独立監査人としての責任を完全に放棄した。最近，連邦最高裁判所は次のように述べている。

「会社の財務状況を全体として描写する公共の財務報告書の監査証明を行うことによって，独立監査人は公共の責任を負い，……（かつ）一般投資家に対してとともに，会社の債権者と株主に対しても最終的な義務を負っている。この『公共の番犬』という役割は，……公共の信頼に対する完全な誠実性を要求する。……公益に奉仕するというこの独立監査人の義務は，証券市場の完全性の維持を保証するものである……。」[6]

---

[4] Davy 会計士は，自身が監査証明を行った財務諸表は SNG 社内部のみでの利用を目的とするものであると信じていたと主張している。しかし，以下で述べるように，彼がこのように仮定する根拠はなかった。

[5] このような行為は，故意による連邦証券諸法違反に関する認定は別として，本委員会実務規則第 2 条 e 項に基づいてなされる職業的専門家に対する懲戒処分の独自の根拠となる。前掲の注 1 を参照されたい。

本委員会は，SNG 社によって行われた一般投資家に対する詐欺行為に Davy 会計士が故意に関与したと結論する。少なくとも，同会計士が，監査報告書に依拠すると想定される一般投資家に対して自身の行為が与える影響に無関心であったのは極めて軽率であった[7]。したがって，本委員会は，Davy 会計士が SNG 社の財務諸表の監査証明に関連して，証券法第 17 条第 a 項ならびに証券取引所法第 10 条第 b 項および同法規則 10b-5 に規定されている詐欺行為禁止条項に故意に違反したと認定する[8]。

V

　Davy 会計士は，本委員会には本委員会実務規則第 2 条第 e 項に基づいて会計士に対する行政審判を行う権限はないと主張している。しかし，会計士を懲戒する本委員会の権限は，「（本委員会の）行政審判の完全性および社会一般を保護するための（本委員会の）権限に必要な付随物」として，司法上支持されている[9]。また，本委員会実務規則は，「（本委員会の）法定の義務を執行するに当たって（本委員会が依拠している）職業的専門家が，正当な注意を払い，合理的な程度の能力をもって自己の業務を遂行することを確保する手段」を本委員会に与えている[10]。

　Davy 会計士はさらに，自身が本委員会所轄業務に従事していないので，本委員会は同会計士に対する管轄権を有していないと主張している。同会計士

6　United States v. Arthur Young & Company, 104 S. Ct. 1495, 1503, 1504（1984）。
7　1979 年 11 月 30 日から 1980 年 1 月 10 日にかけて，Allison 氏あるいは Johnson 氏は，Davy 会計士の監査報告書および同会計士が監査証明を行った財務諸表を含んだ SNG 社のデュー・ディリジェンス手続に関する書類の写しを，National Quotation Bureau, Inc. によって発行される「ピンクシート」に掲載されている SNG 社のすべてのマーケット・メーカー，その他のブローカー・ディーラー，および登録仲介業者と一般投資家に送付した。
8　先に示したように，本委員会は，Davy 会計士が故意に行動したことは明らかであると考える。
9　Touche Ross & Co. v. SEC, 609 F.2d 570, 582（2d Cir. 1979）。また，Keating, Muething & Klekamp 事案（証券取引所法通牒第 15982 号（1979 年 7 月 2 日），17 SEC Docket 1149, 1164），ならびにそこでの注 5 および注 6 に引用されている判例を参照されたい。
10　前掲の Touche Ross & Co. v. SEC。

は，自身が監査証明を行った財務諸表は SNG 社内部のみでの利用を目的としたものであると信じていたこと，SNG 社が有価証券届出書を本委員会に提出することを知らなかったこと，そして，監査報告書を提出することに同意していなかったこと，を主張している。

これらの主張には，まったく理がない。本委員会実務規則第 2 条第 e 項は，本委員会の諸プロセスの完全性を保護するために設けられたものである[11]。Davy 会計士の行為がこれらのプロセスを侵害したこと，および同会計士が本委員会所轄業務に従事していることは明らかである。

同会計士は，SNG 社の監査証明を行うよりもかなり前の 1975 年から，他の公開会社 2 社の財務諸表の監査を Allison 氏から委嘱されていた。そして，同会計士が監査した財務諸表および監査報告書は，当該会社が本委員会に提出した書類に含まれていた。Allison 氏が SNG 社の 1979 年度の財務諸表監査を Davy 会計士に依頼したとき，その監査は SNG 社内部のみでの利用を目的とするものであると同会計士が想定する根拠はまったくなかった。同会計士は，その監査が限定的な目的のためのものであると Allison 氏に言われたわけではなかった。したがって，同会計士は，特に Allison 氏とのそれまでの経験に照らして，正反対の推論を行うべきであった。すなわち，SNG 社の監査済財務諸表および監査報告書は広く公表され，本委員会への提出および投資家への株式の売出しを含む多くの目的に用いられる可能性があると想定すべきであった。実際，Davy 会計士は次のように証言した。

「私が行うすべての監査において，私は……消費者，最終消費者，株主，銀行，および財務諸表を利用するその他の人々のために行動しているとの確信を得なければならない。」

いずれにしても，SNG 社の監査済財務諸表は本委員会に提出されないという Davy 会計士の根拠のない信念は，同会計士に対する行政審判を行う管轄権

---

11 William R. Carter 事案（証券取引所法通牒第 17597 号（February 28, 1981），22 SEC Docket 292, 297）。

を本委員会から奪うものではない。本委員会はさらに，1980年1月または2月に，Davy会計士が，本委員会に提出されたフォーム10での有価証券届出書を含んだ，同社のデュー・ディリジェンス手続に関する書類を受け取ったことに注目している。当該有価証券届出書には，監査報告書とその対象である財務諸表が含まれていた。Davy会計士はデュー・ディリジェンス手続に関する書類を検討しなかったと主張しているが，同会計士は当該書類に「目を通し」，財務諸表を「見た」ことは認めている。この書類を一見しただけでも，同会計士は，当該財務諸表がどのように利用されるのかに注意を向けるべきであった。しかし，Davy会計士は何らの対応もとらなかった。したがって，本委員会は，同会計士が監査報告書およびSNG社財務諸表の本委員会への提出を承認していたと結論する。

Davy会計士はさらに，行政法判事が自分に対して偏見を抱いていたと主張している。聴聞会前の協議において，判事が，Davy会計士はSNG社のデュー・ディリジェンス手続に関する書類を受け取った後に何らの対応もとらなかったことから，本委員会に対する監査報告書の提出を承認「したことになる可能性がある」と述べたのは，早まった判断を下したことになると同会計士は主張している。Davy会計士はまた，自身が聴聞会で証言していたときに判事にしつこく問い質されたと主張するとともに，Davy会計士が信頼性を欠いているという認定も判事の偏見を示していると主張している。

Davy会計士の主張にはまったく根拠がない。本委員会は，早まった判断が下されたという同会計士の主張を以前に考慮し，却下した。そして，この問題に関する先の命令を再確認している。判事は，聴聞会を進行するに当たってDavy会計士に対する何らの偏見も示さなかった。本委員会は，Davy会計士が公平な聴聞会の機会を与えられたことは明らかであると考える。最後に，Davy会計士の信頼性に関する判事の認定は，判事が偏見を有していたことを示すものではない[12]。

VI

Davy会計士は，判事によって課された制裁が厳しすぎると主張している。

同会計士は，自身がすでに 70 歳を超えており，約 40 年間会計士として実務に携わっていると述べている。さらに，本事案に関連する期間を通して，妻の死に起因する神経症の状態にあったと主張している。

　Davy 会計士の不適切な行為はこれ以上ないほどに重大であった。同会計士の行為は，職業的専門家に対する要求事項を著しく無視している。財務諸表を監査する公認会計士に要求される独立した判断を行使するのではなく，同会計士はまさに Allison 氏が望むことを行うことを選んだ。Davy 会計士が監査人としての職業的専門家の責任を放棄したことは許されることではない。このような職業的専門家の責任の不履行は，「連邦証券諸法の目的の達成を危うくするものであり，一般投資家に大きな損害を与える可能性がある」[13]。

　こうした事情のもとで，本委員会は，Davy 会計士が本委員会に出頭し，あるいは本委員会所轄業務に従事することのできる権利を拒否されるべきであるという判決に同意する[14]。

　適切な命令が別途発行される[15]。

12　Davy 会計士はまた，正当な手続を拒否されたと主張している。本委員会のスタッフによる SNG 社の調査は 1980 年 3 月に開始されたが，同会計士は自分が「調査対象」であることを通知されなかったと主張している。しかし，連邦最高裁判所は最近，「(本委員会の) 調査……が行われていることを，通常，調査対象を含めて誰にも知らせない」という本委員会の方針を是認した (SEC v. Jerry T. O'Brien, Inc., 104 S.Ct. 2720, 2727 (1984))。Davy 会計士は，追加的な証言を行うために本委員会での聴聞会をあらためて開催することを請求しているが，本委員会は，この請求を認める根拠はないと考える。したがって，その請求は拒否される。
13　前掲の Touche, Ross & Co. v. SEC, 609 F.2d at 581。
14　本委員会の見解では，Davy 会計士が従事した職業的専門家として不適切な行為は，本委員会が課す制裁を十分に正当化するものであり，本委員会は，Davy 会計士が詐欺行為禁止条項に違反したという認定がなかったとしても，同じ制裁を課すであろう。
15　本委員会は，Davy 会計士および主任会計官局によって提出された意見をすべて慎重に考慮した。彼らの主張は，本審決において示されている見解と矛盾または一致する程度に応じて，却下または支持される。

証券取引委員会（Treadway（委員），Cox（委員），Mahinaccio（委員），Peters（委員））（なお，委員長 Shad は参加していない）

John Wheeler
書記官

救済的制裁命令

本日発行された本委員会の審決に基づいて，Russell G. Davy 会計士が，本委員会に出頭し，あるいは本委員会所轄業務に従事することのできる権利を拒否されることを命令する。

証券取引委員会

John Wheeler
書記官

【責任編集・翻訳・解説】

福川　裕徳（ふくかわ　ひろのり）

1994 年	一橋大学商学部卒業
1999 年	一橋大学大学院商学研究科博士後期課程単位修得
2002 年	博士（商学）（一橋大学）
2012 年	一橋大学大学院商学研究科教授　現在に至る
［著書］	『監査判断の実証分析』国元書房，2012 年
	『財務諸表監査』（共著）国元書房，2015 年
［論文］	Audit risk assessments using belief versus probability. *Auditing: A Journal of Practice & Theory* Vol. 30, No. 1 (2011): 75-99.（共著）
	Effects of audit partners on clients' business risk disclosure. *Accounting and Business Research* Vol.47, No.7 (2017): 780-809.（共著）

（翻訳担当　第 12 号，第 16 号，第 36 号，第 38 号）

【翻訳・解説】

鈴木　孝則（すずき　たかのり）

1982 年	東京工業大学工学部卒業
1998 年	早稲田大学大学院社会科学研究科博士後期課程満期退学
2006 年	博士（学術）（早稲田大学）
2011 年	早稲田大学商学学術院教授　現在に至る
［著書］	『契約理論による会計研究』（分担執筆）中央経済社，2009 年
	『会計情報のモデル分析』（編著）国元書房，2013 年
	『経営者による報告利益管理 ―理論と実証―』（分担執筆）国元書房，2016 年
［論文］	「規制下における営業と統制のトレードオフ」『早稲田商學』425 (2010): 53 - 70.
	「内部統制報告制度における情報システムの意義」『管理会計学』19(2) (2011): 37 - 52.
	「ディスクロージャーの拡張可能性」『早稲田商學』440 (2014):69 - 98.
	「短・中・長期のマルチタスク」『早稲田商學』445 (2016):131 - 161.
［翻訳］	『21 世紀の公開会社監査』（共訳）国元書房，2010 年
	『会計ディスクロージャーと企業行動』（分担翻訳）中央経済社，2011 年

（翻訳担当　第 39 号）

鳥羽　至英（とば　よしひで）

1969 年	早稲田大学第一政治経済学部（経済学科）卒業
1974 年	Indiana University (Bloomington), Graduate School of Business, MBA program

　　　　　　卒業
1976 年　早稲田大学大学院商学研究科博士後期課程単位修得
1983 年　商学博士（早稲田大学）
2017 年　早稲田大学商学部退職，国際教養大学客員教授　現在に至る
［著書］『財務諸表監査』（共著）国元書房，2015 年
　　　　『ノート　財務諸表監査における懐疑』国元書房，2017 年
（翻訳担当　第 2 号，第 29 号）

永見　尊（ながみ　たかし）

1989 年　千葉大学法経学部卒業
1995 年　早稲田大学大学院商学研究科博士後期課程単位修得
2007 年　慶應義塾大学商学部教授　現在に至る
2009 年　博士（商学）（早稲田大学）
［著書］『条件付監査意見論』国元書房，2011 年
　　　　『財務諸表監査』（共著）国元書房，2015 年
［論文］「公正価値監査における質問のパースペクティブと職業的懐疑心」『會計』第 187 巻第 2 号（2015）：211-223.
　　　　「公正価値監査における合理性の判断規準」『會計』第 191 巻第 2 号（2017）：258-270.
（翻訳担当　第 27 号，第 32 号）

林　隆敏（はやし　たかとし）

1989 年　関西学院大学商学部卒業
1994 年　関西学院大学大学院商学研究科博士課程後期課程単位取得満期退学
2005 年　関西学院大学商学部教授　現在に至る
2007 年　博士（商学）（関西学院大学）
［著書］『継続企業監査論』中央経済社，2005 年
　　　　『国際監査基準の完全解説』（共著）中央経済社，2010 年
　　　　『わが国監査報酬の実態と課題』（共著）日本公認会計協会出版局，2012 年
　　　　『ベーシック監査論（7 訂版）』（共著）同文舘出版，2015 年
［論文］「アメリカの処分事例にみる職業的懐疑心」『會計』第 187 巻第 2 号（2015）：97-110.
（翻訳担当　第 18 号，第 45 号，第 53 号）

大森　一幸（おおもり　かずゆき）

1978 年　早稲田大学政治経済学部卒業

同年　　公認会計士第2次試験合格
同年　　朝日会計社（現有限責任あずさ監査法人）入所
　　　　主に品質管理関係を担当し2017年5月退任
2018年　みのり監査法人理事長就任　現在に至る
（翻訳担当　第13号）

〈検印省略〉

SEC 会計監査執行通牒　1982年-1985年

平成30年3月31日　初版発行

| 責任編集者 | 畠　川　稔　廣 |
| 発行者 | 國　元　孝　民 |

発行所　國元書房
〒113-0034
東京都文京区湯島 3-28-18-605
電話 (03)3836-0026　FAX (03)3836-0027
http://www.kunimoto.co.jp　E-mail : info@kunimoto.co.jp

印刷：フリーテック(株)　製本：松岳社青木(株)　装幀：三嶋明日香

© 2018　Printed in Japan

ISBN978-4-7638-0568-1

〈(社)出版者著作権管理機構　委託出版物〉

本書の無断複写は著作権法上での例外を除き禁じられています。複写される場合は，そのつど事前に，(社)出版者著作権管理機構（電話 03-3513-6969，FAX 03-3513-6979，e-mail : info@jcopy.or.jp）の許諾を得てください。